教育部、财政部"职业院校教师素质提高计划"——职教师资本科《秘书学》专业培养标准、培养方案、核心课程和特色教材开发项目（VTNE052）系列成果

职教师资本科秘书学专业丛书

丛书主编 / 王 雯

会议组织与服务

Conference Organization and Services

谢 思/著

社会科学文献出版社
SOCIAL SCIENCES ACADEMIC PRESS (CHINA)

丛书总序

古人云："国之废兴，在于政事；政事得失，由乎辅佐"，这充分体现了秘书职位的重要性。秘书专业是一门实践性、应用性很强的专业。做好秘书工作不仅需要扎实的理论知识，更需要丰富的实践经验和动手操作能力。为了使从业人员就业时能尽快适应秘书工作岗位，应以实践为导向、以能力为本位。

丛书包括三本教材：《办公室事务管理》《秘书学专业教学法》《会议组织与服务》。《办公室事务管理》教材编写突出课程实践性和开放性的特点，实现理论和实务的有机结合，既注重专业知识理论基础，又兼顾专业能力培养和实际工作指导；《秘书学专业教学法》聚焦教师向职教师资本科秘书学专业学生传授知识的方法，有助于提高学生专业能力、教师职业道德能力及实践操作能力，是研究秘书学教学过程及其规律的教材；《会议组织与服务》培养秘书学及相关专业学生的理论研究和实际操作、解决问题能力，注重理论与实践并重，通过理论实践一体化教学，让从业人员能办会、会办会、办好会。

丛书从"能力本位"观念出发，分析了秘书专业"能力本位"对秘书从业人员的要求，秘书职业"能力本位"包括诚实守信的处世态度，任劳任怨、认真负责的工作作风，责任感，敬业精神，团队意识，品德修为，性格修养，仪表气度等。丛书具有如下特点，一是系统设计框架，丛书涵盖了秘书从业人员面临的办事、办会基础议题，内容之间紧密衔接。二是以实践为导向，秘书工作必须重视实践环节，促使学习者把所学理论知识迅速转化为实际能力，在工作过程中加深对知识的理解和运用。在丛书中，涉及秘书专业的内容均以秘书实践为导向，为从业人员解决实践中的问题。三是以培养从业者职业能力为终极目标。职业能力包括了职业专门技术能力和职业关键能力两部分，涵盖了技术技能、理论知识、态度素质等从业需要的全部能力。本丛书将职业技术能力的培养与职业关键能力的培养紧密结合，旨在使学生既提升做事的能力，又学会做人的本领；既有迅速上岗的能力，又有职业可持续发展能力。

作为职教师资本科秘书学专业核心教材，本丛书是教育部、财政部"职业院校教师素质提高计划"——"职教师资本科《秘书学》专业培养标准、培养方案、核心课程和特色教材开发项目"的研究成果。丛书对于进一步完善秘书学人才培养培训体系，推动秘书工作的科学化、规范化发展具有基础性和创新性价值。这一系统成果，既是开展从业人员培训的专门教材，也是在职自学的重要读物，同时也将为秘书管理部门加强和改进管理工作提供有益借鉴。希望各管理部门、从业人员和培训机构能够充分利用好这些成果及资源。

前　言

　　会议作为一种集众人的智慧、以民主的方式来讨论议题、进行交流的活动形式，广泛存在于社会中，并且在现代社会发展进程中越来越重要。会议的组织以及服务与管理是国家、企事业单位、组织机构进行决策的重要手段，做好会议的组织与服务工作使得各类决策的讨论、制定、发布、执行更加积极有效。

　　根据《国务院关于加强教师队伍建设的意见》以及教育部办公厅印发的《职教师资本科专业培养标准、培养方案、核心课程和特色教材开发项目管理办法》（教师厅〔2013〕5号）指导思想，以推动教师专业化为引领，以高素质"双师型"师资培养为目标，作为教育部、职教司"文秘职教师资本科专业建设开发"项目组，我们开发编写了《会议组织与服务》，致力于进一步完善本专业职教课程体系。

　　会议的组织管理与服务技能是文秘专业学生必须掌握的核心技能，它不仅培养文秘学生的会务能力，同时也能够锻炼学生的组织能力、协调能力、应变能力等，对学生职业素养的培养、综合技能的养成，起着非常重要的作用。

　　《会议组织与服务》结合高等职业教育的特点，贯彻项目化教学改革的要求，对会议组织与服务的教学内容进行了创新与整合，融应用性、先进性、专业性、技能性与师范性于一体，突出理实结合，以帮助学生掌握会务的知识与技能，实现职教文秘师资人才培养目标。由于会议的组织与服务工作具有很强的综合性，需要多方面知识的储备与积累，我们在知识准备上进行了丰富与更新；同时，会议的组织与服务工作具有很强的实践性，我们加强了会议技能的训练，增强学生的会议体验，切实提高学生的会务能力。

全书设计采用任务驱动型方式编写而成，以项目、任务为载体，穿插相关知识，强化技能训练。学生在完成"任务"的过程中，学习应用相关知识，掌握会议组织与服务的方法与技巧。本书共设计七章，29节。每个任务按照学习目标、任务描述、任务分析、知识准备、任务实施、技能训练、任务测试、教学评价8个模块的模式编写，按会议认知、会议策划、会前筹备、会中服务、会后工作、常规会议实务、会议业现状与发展趋势的顺序对会议工作进行了分析、介绍，比较全面地涵盖了会议组织与服务所必需的常用知识点和技能点。

本书的编者为职业院校富有教学经验的专业教师。其中，第一章和第七章由云南国防工业职业技术学院颜绍梅老师编写，第二章由昆明理工大学李伟老师编写，第三章由四川省档案学校徐惠珍老师编写，第四章由佛山市南海信息技术学校杨旻老师编写，第五章由云南大学谢思老师编写，第六章由云南开放大学徐萍老师编写。谢思老师负责全书的体系设计和统稿工作。

本书在编写过程中，尽量吸收和借鉴本专业领域相关的最新成果，但囿于经验和视域的不足，难免有失欠缺，恳请专家、读者不吝赐教，我们将不胜感激。另外，本书在撰写过程中，引用了很多的参考文献，在此对作者们致以衷心的感谢。

谢　思

2022 年 12 月

目　录

第一章
会议认知

　　会议是一种普遍的社会现象，几乎有组织的地方就有会议。自古以来，各个国家、各种组织都会通过各种途径和方式与外界进行信息交流和物质交换，而会议就是其中的一种重要社会活动形式。在现代社会，人们更加重视会议的功能，把会议作为组织的一种重要的管理手段。作为管理者得力助手的秘书有必要深入理解会议的内涵及功能、掌握会议的基本流程和举办有效会议的技巧。

第一节　会议的内涵

学习目标

◆ 理解会议的概念

◆ 熟悉会议的类型

◆ 能区分不同类型的会议

任务描述

　　李文大学毕业后，应聘在某集团公司办公室担任行政文秘，为此，他很自豪，他暗下决心一定要努力工作、表现突出。可是，李文很快发现，公司三天两头开会，各种各样、大大小小的会议常常搞得他不知所措、忙得焦头烂额。于是李文开始思考，应怎样才能做好这项工作呢？

任务分析

作为一个新的秘书人员，刚到一个新的单位工作，首先应该主动搜集、阅读公司办公室管理的有关文件资料，用最短的时间熟悉公司的各种管理制度，尤其是办公室工作制度；其次应正确运用所学的专业知识，熟悉有关会议的基本知识，熟知会议的基本类型，掌握办会的基本技能；最后还应主动向办公室的领导、同事虚心请教，在会议的组织和服务工作中认真观摩、总结、提高。

知识准备

一 会议的概念

无论是远古时代的部落议事会，还是当今社会的国际性会议，任何一种会议都是基于一定的客观需要，为解决现实问题而举行的。会议已成为人类社会活动中不可缺少的一种交流方式（见图1-1）。

关于会议的阐释有很多。《现代汉语词典》第7版对于会议的解释包括两个层次：第一，会议是有组织有领导地商议事情的集会，如全体会议、厂务会议、工作会议等；第二，会议是一种经常商讨并处理重要事务的常设机构或组织，如中国人民政治协商会议、部长会议等。《韦氏新大学词典》对会议的解释是：会议是一种会晤的行为或过程，是为了一个共同目的的集会。就字面含义来理解，"会"有会合、会面的意思；"议"则是指商议、商讨。从本质上看，会议其实就是把人们召集起来共同讨论事情、解决问题的一种社会活动方式。

综合以上各种会议的阐述，本书的会议是指在遵循一定的会议规则前提下，在特定的时间和场所，有组织、有领导、有目的地围绕某个议题，三人及以上在一起共同商议，以便达到交流信息、解决问题等目的的议事活动。

"会议"乃"会"而"议"之，"会"而不"议"则非"会议"。会议必须做到会而有议、议而有决、决而有行，否则就是闲谈或议论，不能被称为会议。从会议展开的方式来看，报告、发言、讲话、辩论等口头交流是与会成员传递信息、交流思想、阐明立场、表达意志的主要方式，也是会议展

图 1-1 会议现场

开的基本方式。没有口头交流的会议不是真正意义上的会议。当然，也可以辅之以书面和声像交流的方式。

会议组织与服务，是指由会议的主办方或会议活动组织者专门针对某一场会议而开展的贯穿会议全过程的策划、组织、开展与服务、善后、评估等工作。会议组织与服务是秘书工作的基本内容和要求，也是秘书必须具备和掌握的工作技能。

＊知识链接＊

为了加深对会议含义的理解，我们还可以引证自古而今诸多的阐述，比较典型的如下。

《史记·平津侯主父列传》："每朝会议，开陈其端，令人主自择，不肯面折廷争。"

宋苏轼《东坡志林·勃逊之》："与勃逊之会议于颍，或言洛人善接花，岁出新枝，而菊品尤多。"

明王在晋《三朝辽事实录·袁可立报刘爱塔事疏》："已会议于六月二十五夜先取复州，仍令高飞约定爱塔。"

清孔尚任《桃花扇·辞院》："这等又会议不成，如何是好？"

民国孙中山《民权初步》："凡研究事理而为之解决，一人谓之独思，二人谓之对话，三人以上而循有一定规则者，则谓之会议。"

（资料来源：会议：百度百科，https：//baike.baidu.com/item/%E4%BC%9A%E8%AE%AE/9531378。）

二 会议的种类

会议分类较为复杂，没有统一的标准，划分的结果有所不同。秘书人员要熟悉常见的会议分类，以便更好地做好会议的组织与服务工作。

（一）按照会议的性质划分

1. 决策性会议：按照法定的程序或章程定期召开，为解决一些重大事项、形成决议的会议。如党代会、人代会、职代会、妇代会，企业组织的常委会、理事会、董事会、股东大会等。

2. 日常工作性会议：主要是指根据实际有关法律法规和政策，研究本单位、部门如何贯彻执行的具体工作方案、步骤与方法的会议。如工作布置会、经验交流会、现场办公会、总结会、联席会等。

3. 专业性会议：主要是指为解决某个领域或工作中的某些专业性问题进行讨论、研究和交流而召开的会议。如研讨会、论坛、听证会、答辩会、鉴定会等。

4. 商务性会议：主要是为进行商业贸易等经济性活动而举行的会议。如招商会、订货会、博览会、贸易洽谈会等。

5. 信息性会议：主要是为发布重大信息、纪念重大事件而召开的会议。如新闻发布会、记者招待会、报告会、咨询会等。

（二）按照会议的规模划分

1. 大型会议：一般认为，与会者在 1000 人以上的会议。如人民代表大会、博览会等。

2. 中型会议：与会者在 100~1000 人的会议。如学术交流会、酒会等。

3. 小型会议：与会者在 3~100 人的会议。如党政联席会、座谈会等。

（三）按照会议的区域划分

1. 国际会议：指参会人员来自不同国家和地区，内容涉及不同国家和地区的议题。一般要有 3 个或以上的国家和地区的代表参加的会议。

2. 全国会议：指参会人员来自某个国家内各地，内容涉及全国性的议题。

3. 区域会议：指参会人员来自省、市、县的各组织机构并召开的会议。

4. 单位或部门会议：指某个机构、部门召开的会议。

（四）按照会议的主办者划分

1. 政府会议：由政府机构主办的会议。

2. 企业会议：由企业主办，以行政、管理、技术、营销等为主要内容，以促进企业的发展为主要目的的会议。

3. 社团会议：由协会、公会、妇联、学联、学会、商会、基金会、研究团体等主办的会议。

4. 事业单位会议：由学校、医院、科研机构、文体单位等主办，以文化、教育、卫生、体育、科学技术为主要内容的会议。

（五）按照会议采用的方式手段划分

1. 现场会议：一般是指参会人员坐在同一个会场中，按照既定程序开会。

2. 电话会议：是指通过电话线路，将一个会场的声音信号传送到其他会议，让多个会场的人同时听会，这样大大节约了时间和成本。

3. 电视会议：是指通过电视台或者有线电视信号将现场的声音和画面传到不同的会场中，让异地会场的人有身临其境的感觉。

4. 网络会议：是指利用网络技术进行会议信号的传递，由于网络具有交互性，会议的各方均可以通过网络进行发言、讨论，比电话、电视会议的单向沟通方式效果更好。

＊ *知识链接* ＊

音频会议：用户参与音频会议可以获得更为丰富的会议体验。音频会议能够在对话中体现声调的变化和更多的含义，可以促进了解并快速达成目的。音频会议的一个主要优点，是无论使用公用电话交换网和移动电话网络，还是在全球 Internet 上使用 IP 电话（VoIP），基本上都可以从任意位置轻松访问音频会议。

Web 会议：Web 会议支持在两个或多个参与方及地点之间直观地共享文档和应用程序。这种实时信息共享是一种针对音频会议的主要增强功能，因为参与者通过它能够显示、参与和/或记录正在讨论的话题，从而提高关注程度和加强长期记忆。

视频会议：从内容方面来看，视频会议是一种体验最丰富的会议类型，它可以将视频与音频和 Web 会议结合起来使用。在业务市场，视频会议解决方案跨越了四个层面：（1）个人计算机上运行的桌面视频；（2）主管人员桌面上独立完整的视频设备；（3）配备有增强的屏幕、摄像头和麦克风的会议室系统；（4）利用高清（HD）音频/视频设备来营造现场感的远程监控解决方案。

（六）按照会议的周期划分

1. 定期会议：定期会议是指有固定周期，定时召开的会议。

2. 不定期会议：不定期会议是指召开时间不固定，或因突发性事件的产生，根据需要而召开的会议。

﹡知识拓展﹡

世界厕所峰会

它是最令人厌烦的会议吗？当听到这个名字时，你想笑就笑吧，不过，这个会议有着非常利人的目标：把干净卫生的水带给全球 25 亿需要水的人。世界厕所组织有来自 177 个国家的 477 个国际会员，该组织希望通过努力可以改善那些占世界 40% 却从未使用过冲水厕所的人的卫生状况。2001 年，世界厕所组织在新加坡举行了第一届世界厕所峰会，一直难登大雅之堂的厕所问题终于第一次受到全世界的关注。此后，这个会议在世界各地进行，其中包括北京、贝尔法斯特、莫斯科、首尔、上海、台湾、新德里、墨尔本等城市（见图 1-2）。

（资料来源：百度百科，世界厕所峰会，https：//baike.baidu.com/item/%E4%B8%96%E7%95%8C%E5%8E%95%E6%89%80%E5%B3%B0E4%BC%9A/22225961？fr=aladdin。）

技能训练

1. 课堂讨论

全班参与，每个学生选择一种常见的会议名称，共同讨论并分析。

图 1-2　世界厕所峰会

（1）该种会议的类型。

（2）该种会议的任务。

要求：学生在讨论过程中，将讨论结果记录下来，整理成表格。

2. 案例分析

2014 年 5 月 4 日上午，第三届中国国际养老服务业博览会开幕式暨"第三届中国养老服务业发展论坛"在北京国家会议中心举行。来自 20 个国家和地区，以及国内 28 个省区市的养老机构、联盟组织、老年产品研发机构等单位参展。博览会继续秉承"感恩、关爱、服务、发展"的宗旨，论坛以"凝智聚力　创新服务　人人共享　和谐发展"为主题，全面展示国内外养老服务领域的先进理念、服务管理技术、经验以及优质产品，是理念创新、产品创新、规模盛大的展会。

讨论并思考：

（1）案例中的会议属于哪种类型的会议？

（2）会议的主题、目的、内容是什么？

3. 会议观摩

（1）利用现代网络技术，由教师有选择地播放或引导学生观看不同类型的会议视频。

（2）组织学生参观校内外的会议室、会堂、会展中心。

（3）组织学生观摩、参与校内外的会议组织与服务工作。

（4）要求学生撰写参观、参会的总结。

任务测试

1. 浏览中国的主要会议网站，对其类型、功能进行归类与说明。

2. 查阅资料，分析并列举出不同类型会议的举办要求、特征和作用。

3. 查阅网站和资料，列举 3~5 个国内国际有影响的、重大的会议名称、来源、主题等。

教学评价

1. 通过本任务的学习和训练，你是否达到学习目标？请学生、老师进行客观评价。

2. 学生反思自己在训练中的表现，请对自己的收获、不足、改进措施展开思考。

3. 师生从教学方法、教学技能、教学媒体三个维度共同对本任务的课堂教学进行分析与评价。

内　容		评　价		
学习目标	评价项目	个人评价	小组评价	教师评价
专业知识	会议的含义	Yes/No	Yes/No	Yes/No
	会议的要素	Yes/No	Yes/No	Yes/No
	会议的分类	Yes/No	Yes/No	Yes/No
专业能力	能分析某种会议的要素	Yes/No	Yes/No	Yes/No
	正确判断会议的归类	Yes/No	Yes/No	Yes/No
学生完成任务后的反思：				
师生课堂教学评价：				

第二节 会议的功能

为什么世界上每天有数以万计的会议在召开？为什么有那么多人不辞旅途辛苦地赶到异国他乡去参加会议？正是由于会议有着其他事务不可取代的独特功能，在现代社会里，不论是党政机关、公司企业、医院学校，大到全球峰会、小到部门办公室会议，开会已经成为我们日常工作中不可或缺的一部分。

学习目标

◆ 理解会议的特征

◆ 掌握会议的功能

◆ 能在办会过程中发挥会议的功能

任务描述

罗杰在公司办公室上班已经一个月了，参与了各种类型的会议组织与服务工作，看着繁忙中的公司领导、办公室其他工作人员的身影，罗杰不由自主地想，公司有必要这样频繁地开会吗？开会真的能解决问题吗？

任务分析

罗杰产生的疑惑主要原因在于他尚未了解会议的重要意义。作为办公室的秘书，一定要正确认识到任何事物的存在都有其必然性与合理性，会议作为一种社会广泛运用的管理方式，有着其自身的独特性、功能性、价值性。为此，罗杰首先应认真学习、深入理解会议的本质特征；然后，在此基础上理解并掌握会议在政府、企业、事业单位等各种机构管理中所发挥的功能和重要意义，最终作为秘书的他才能重视并做好会议的组织与服务工作。

知识准备

一　会议的特性

（一）会议的目的性

任何一种会议，都有明确的会议议题和主题，是为实现某个目的而召开的，如研究问题、交流思想、获取知识、表达观点、贯彻指示、分析对策、安排任务等，具有明确的针对性。

（二）会议的信息性

会议是一种信息传递、交流的活动。会议能够传递某种信息、人们可以在会议上进行信息交流，而且在信息交流的过程中通过观点、意见的碰撞"擦出智慧的火花"，从而产生新的思想、观念，达成新的共识。所以，会议最本质的属性就是信息传递、信息交流与信息创造功能。

* 经典案例 *

国外某次关于"大气臭氧层"的国际性会议，会议组织者在主会场门前道路旁，放置了一些冰雕的企鹅。因为阳光的照耀，冰雕的企鹅在融化。那天，当地和全世界新闻都出现了"企鹅在融化"的图片及关于"大气臭氧层"相关新闻报道。一个抽象的话题，因一个小小的创意，而突出了会议的主题，并通过媒体得以将会议信息迅速传播，引起了全球的关注。

（资料来源：《全球十大著名广告策划案》，豆瓣，https://www. douban. com/group/topic/3844029/。）

（三）会议的社会性

会议还是一种社会活动。人是社会性动物，需要广泛地开展社会交往，会议为人们进行社会交往提供了一个非常好的交流平台。会议是人们聚集在一起进行的发言、谈论、交流等活动，从而促使参会者成为工作、事业或私人间的朋友，使自己的工作、事业和生活更加顺利和精彩。正是会议的这种社会性、交互性，使得电视会议、电话会议、网络会议等新型会议无法取代一般会议。

（四）会议的聚集性

会议会带来相应的人流、信息流、资金流和物流的聚集。会议的参加者必然在特定的时间和地点相聚，他们或多或少会带着相关的信息到会上与他人交流，参会者还要缴纳一定的会议注册费，并发生交通、住宿、餐饮、旅游、娱乐等活动，这些活动也需要花费资金；此外，现代会议往往举行会中展览，它又带来了相关物流的集聚。

二 会议的功能

会议是一种复杂的人际互动活动，探讨会议的功能，对增进我们对会议作用的了解是非常有必要的。

（一）决策功能

会议的最终目的是通过民主商议达成共识、做出决策的一种重要手段。社会在不断发展，行业与行业之间、部门与部门之间的联系比历史上任何时候都更加紧密、更加重要，现代决策越来越依靠集体的智慧。尤其是针对重大、复杂的问题，召集有关人员研究讨论、分析得失、权衡利弊，集思广益寻求合理、满意的最佳决策是会议活动的基本功能（见图1-3）。在这种情况下，通过会议达成共识、解决问题，会议的功能更是得到充分的体现。

图1-3 会议研讨

* 知识链接 *

做出高度生态的好决定

"管理层总是认为应该自己做决定"，弗洛朗斯·加可麦提说，"有时他们宁可不做决定也不愿意自己的决定受到别人的抨击"。

而太多高层为找寻最佳解决方法而筋疲力尽，也不愿去找一个实际可行的方法，在操作中再来改进。有些团队则是为决定而决定，而不是等待问题成熟后再判断。

这样做：一个好的决定是"高度生态"的，也就是说对参与者有益，对公司有益，对其涉及的整体环境也有益。意识到这点能够改变决策者的视野。"与其决定孰是孰非，不如接受反对意见，增加自己看问题的角度。"

实际操作：不贬低别人的发言（"我不同意"），而是在集体的意见上增加自己的看法。到决策的时候，与其少数服从多数，不如达成一致意见。具体来说，让每位与会者发表对这个决定的看法。如果有意见，欢迎他们发表，然后集体共识就会慢慢达成了。

（资料来源：《如何开好一个会议？》，文档库，http：//www.wendangku.net/doc/d8ecab8bb14e852458fb5798-2.html。）

（二）民主功能

会议是民主得以实现的重要形式和载体，民主是会议目标得以实现的重要途径。会议可以促进纵向、横向的沟通与交流，便于决策者直接了解下情和民意，下级可以发表自己的看法和见解，使决策的制定更加符合实际和群体利益。现代会议制度的科学性、规范性，重视体现会议的民主参与、群策群力，保证了实现民主平等的和谐气氛。

知识链接

建立非防御性的开放氛围

一般来说，10位与会人员中有3位性格外向，善于垄断话语权；3位谨言慎行，尝试发表意见；另外4位则沉默不语。"每个人其实有很多话想说，却说不出口"，贝纳尔·玛丽·西盖说，"表面上是他们的无能和拒绝参与，而真正原因就是缺乏一位能够给予每个人发言机会的明智领导"。

1958年美国心理学家威尔·舒茨（Will Schutz）提出个人在集体中的三大需求：参与需求（感觉到自己的位置）、控制需求（感觉到自己有影响力）和开放需求（能够和他人建立亲密联系）。如果这些需求没有被满足，它们就会转变成恐惧：害怕不再属于集体、害怕自己的能力不被承认、害怕提出可能被集体批判的观点。所以，每个人都是依赖他人和会议进程使自己的观点变得有价值。

这样做：可以向非暴力沟通工作坊（CNV）借鉴一些经验：尊重发言

顺序，不随意插话；敢于说"我"，而不是用"大家"和"你"来开头；不受任何批评和判断的影响，发表自己的意见；认真聆听别人的发言，不主观推断言外之意。这些建议能够帮助摆脱侵略性或防御性的态度，建立和谐热情的氛围。不过看起来简单，做起来可不容易。

（资料来源：《职场人必修的开会技巧：品略》，http：//www. pinlue. com/article/2020/05/1705/0210523441813. html。)

（三）沟通、协调功能

会议研讨的主题常常关乎全局，需要参会部门、人员的通力配合。会议的沟通就是在会议进行过程中，与会人员相互之间通过直接地交换意见，实现相互间信息的瞬间共享。随着科技的迅猛发展，人们的沟通方式越来越多，人们可以通过 E-mail、多媒体等形式进行沟通，但是，群体沟通，即会议这种方式，是任何其他沟通方式都无法替代的。这种方式最直接、最直观，最符合人类原本的沟通习惯。

会议的协调功能就是通过会议，使与会人员达成共识，在共同的目标指导下，达到思想的统一和行动的一致。成功的协调都是以有效沟通为前提的，认真听取彼此的观点，理解彼此关心的问题，对目标达成过程中预期困难达成谅解和共识，进行充分的交流和信息反馈，才能更好地圆满完成会议的目标任务。所以，现代企业的基础管理就像盖房子时打地基一样，沟通平台和沟通方式是最重要的一环。

＊知识链接＊

国外群体心理学家研究表明，会议参加者超过 10 人以上，就容易出现不思考问题和滥竽充数的人。有的单位规定与会者一般不超过 12 人。据研究表明，参加会议的人数与人们之间沟通的渠道数量和难度成正比，如公式所表明：$\sum mn=1=n\times(n-1)$。式中，$\sum$——总和符号；m——需要沟通的渠道数量；n——与会者人数。

如果是 3 个人的会议，就会出现 6 条［即 $3\times(3-1)=6$］沟通渠道，而 14 个人的会议就会出现 12 条沟通渠道。与会者越多，能够充分利用个人才智、相互进行沟通的可能性就会越小。

（资料来源：《会议主持的礼仪知识》，百度文库，https：//wenku．baidu．com/view/bfacaf951611cc7931b765ce05087632301274f7．html。）

（四）执行功能

会议可以传达各种机构组织和决策者的信念，在会议中传达组织的经营理念，统一上下员工的步调，改进组织管理中的缺失，让企业、各种机构组织能够运行得更好。同时通过会议，集思广益，把大家的意见统一一起来使之成为企业、各种机构组织即将遵循的一个方向，这样才能众志成城，又快又好地将目标变为现实。

（五）监督功能

许多公司或部门的常规会议其主要目的是监督、检查员工对工作任务的执行情况，了解员工的工作进度；同时，借助会议这种"集合"的、"面对面"的形式，来有效协调上下级以及员工之间的矛盾。如各种形式的总结、评比会，都能起到监督的作用。

技能训练

1. 案例分析

自 1924 年以来，联邦快递（UPS）在每个班换班的时候都要开一个工作前的交流会。在这些高度结构化的三分钟会上（全世界 1700 个联邦快递中心都开），在司机们开始一天的工作前，经理们向司机们传达重要的信息——天气和道路情况，安全以及顾客服务提醒，还有宣布诸如雇员的纪念日或者生日之类的事。深层地说，这个会还通过以天为基础时间单位来反复强调，帮助把公司的价值观尤其是安全和效率灌输给雇员们。

思考并讨论：

（1）该公司是否有必要每天都开这样的会议？为什么？

（2）分析该会议发挥了会议的哪些功能。

训练要求：所有学生应积极发言，教师适时启发点评，学生需将讨论要点记录下来。

2. 现象分析

客人们走进会议室，发现一个奇怪的现象：墙上贴着"禁止吸烟"的标语，而桌上却摆着烟灰缸。以下各项最符合会议主办者心理的是（ ）。

    A. 主人是支持禁烟的，摆上烟灰缸只是为了考验客人们；

    B. 主人的思想是混乱的，做出了自相矛盾的事情；

    C. 主人既不反对禁烟，也不赞成禁烟；

    D. 主人实际上是允许客人们吸烟的。

要求：学生课堂回答他的选择后，说明其选择的理由。

任务测试

1. 联系实际，举例说明会议的本质。

2. 联系实际，阐述会议的功能。

教学评价

1. 通过本任务的学习和训练，你是否达到学习目标？请学生、老师进行客观评价。

2. 学生反思自己在训练中的表现，请对自己的收获、不足、改进措施展开思考。

3. 师生从教学方法、教学技能、教学媒体三个维度共同对本任务的课堂教学进行分析与评价。

内 容		评 价		
学习目标	评价项目	个人评价	小组评价	教师评价
专业知识	会议的特性	Yes/No	Yes/No	Yes/No
	会议的功能	Yes/No	Yes/No	Yes/No
专业能力	从会议的特性认识会议的特殊性	Yes/No	Yes/No	Yes/No
	从会议的功能理解会议的重要意义	Yes/No	Yes/No	Yes/No
学生完成任务后的反思：				
师生课堂教学评价：				

第三节　会议的要素与流程

学习目标

◆ 掌握会议的基本要素

◆ 熟悉办会的一般程序

◆ 能根据会议的要素和流程设计与办会

任务描述

乐实公司决定在年底举办一个2019年度客户联谊会暨2019年产品订货会，总经理交给秘书小王一个任务，要求小王尽快拿出一个会议方案，筹备好、组织好这个会议。小王的方案在时间、地点、人员、分工（各部门的配合与职责）、财务、产品、活动等各方面的设计安排得到总经理的认可，之后，会议如期举办，整个过程环环相扣、气氛热烈，会议取得了极大的成功。小王是如何做到的呢？

任务分析

秘书小王办会的成功，关键在于小王首先充分考虑了会议的各个基本要素，注意发挥各要素的联系与作用，会议要素主要包括会议时间、会议地点、与会人员、会议议题、会议名称、会议程序、会议结果等。另外，秘书小王在办会过程中还较好地做到熟悉程序、遵循会议的基本流程，做到会前充分准备、会中周到服务、会后及时反馈总结，从而保证了会议的顺利进行。

知识准备

一　会议的要素

任何会议都由一定的要素构成，缺少某些必备的要素，会议很可能就无法召开。会议的构成要素一般有：形式要素，主要包括会议的名称、时间、地点、与会人员、会议方式等；内容要素，主要包括会议的指导思想、会议目标、会议主题、会议结果等；程序要素，主要包括会议准备、会议进行、会议结束、会议决定的落实等；财务要素，主要包括会议经费、会议设备、会议服务设施等。

在各要素中，会议时间、会议地点、与会人员、会议议题、会议名称、会议程序、会议结果是最基本的要素，其间又以会议议题为中心。

（一）会议时间

会议时间有三种含义：一是指会议召开的时间；二是指整个会议所需要的时间、天数；三是指每次会议的时间限度。

1. 会议召开的时间。要考虑多种因素。首先是需要，如每周一次的工作例会，通常放在周末的下午，利于承上启下。其次是可能，即最好是每位与会者都能参加的时间。如日本的有些企业召开各部门干部汇报会，常定在下班前半小时，而不是安排在刚上班时。最后是适宜，即要考虑气候、环境等自然因素以及社会因素。

2. 会议所需要的时间。会议需要时间可长可短，尽量紧缩。会议组织者应尽可能准确地预计需要时间，在会议通知中写明，便于与会者有计划地安排。

3. 会议的时间限度。每次会议时间最好不超过一小时。如果需要更长时间，应该安排中间休息。会议是共时性的团体活动，在同一时间内，大家才能够集合开会。任何会议都有明确而清晰的时间需求和计划，否则会议就无法开成、开好。

＊*阅读资料*＊

列宁曾专门为人民委员会倡导和制定了开会的纪律，其内容如下。

（1）只请与讨论问题有关的人参加。

（2）不许迟到，无故迟到半小时罚款五卢布，半小时以上罚十卢布。

（3）开会有事只许递纸条，禁止说小话。

（4）给报告人的时间是十分钟。

（5）给发言人的时间，第一次是五分钟，第二次是三分钟。

（6）发言不得多于两次。

（7）对议程赞成或反对的每次表决，占一分钟。

（8）例外情况按人民委员会的特别决议处理。

从上述规定中，可以看出列宁是多么珍惜时间和重视纪律，他反对讲废话，反对办事拖拉的官僚主义作风。

（资料来源：《如何做好会议主持人》，第一范文网，https：//www.diyifanwen.com/fanwen/zhuchijiqiao/1242617192122890_3.htm。）

（二）会议地点

大家只有在同一时刻会合到同一地点，才能开会。因此，会议必须有集会的地点，即会址、会场。会议地点，又称"会址"。既是指会议召开的地区、城乡、单位，又是指会议召开的具体会场。

为了使会议取得预期效果，选择会议的最佳会址得考虑会议的性质、规模，大型或国际性会议还要考虑政治、经济、文化多种因素。如今，现代通信技术高度发达，人可以不受地域约束，借助电话、电视、互联网等现代通信工具举行远距离会议，每一个终端，都可以视为会议的会场。

（三）与会人员

会议的到会者大体分为：主办者、主持人、参会者、秘书人员、其他服务人员等。大型代表会议，通常都有正式到会代表、列席代表、会议主席团、会议执行主席、会议秘书处、会议秘书长、会议代表团团长、会议服务人员。

1. 主办者

会议的主办者是会议活动的具体组织者，其任务主要是根据会议的目标和规则制定具体的会议方案并加以实施，为会议活动提供必要的场所、设施和服务，确保会议的顺利进行。

2. 主持人

主持人是会议过程中的主持者和引导者，也往往是会议的组织者和召集者，对会议的正常开展和取得预期效果起着领导和保证作用。

会议主持人通常由有经验、有能力、懂行的人，或是有相当地位、威望的人担任。一般有两种情况：一种是当然主持人，是由其职务和地位，也就是由组织的章程或法规决定的；另一种是临时的主持人，比如，各种代表会议，或几个单位、几个地区的联席会议，则由代表们选举或协商产生。特别重大的会议，则需产生相应人数的主席团，由主席团成员集体或轮流主持会议。

＊知识链接＊

会议主持是一门学问，一门艺术，会议主持人应了解和具备基本会议主持技巧和礼仪。

◆ 做好会前的准备工作。开会前要明确会议目的，确定议题、程序和开会的方法方式；选定出席的人员；要求参加者事先做好准备。

◆ 严肃会议作风。一要准时到会，不能迟到。二不准私下交谈，早退席。三是发言不能信口开河，不能离题胡扯。四要集中时间和精力解决主要问题。五要发扬民主，不搞一言堂。

◆ 保持自然大方的主持姿态。主持人主持会议时，从走向主持位置到落座等环节都应符合身份，其仪态姿势都应自然、大方。

◆ 语言要规范、幽默。所有言谈都要服从会议的内容和气氛的要求，做到口齿清楚，思维敏捷，积极启发，活跃气氛。

◆ 引导会议内容。会议进行过程中，主持人对持不同观点、认识的人，应允许其做充分解释，会议出现僵局时要善于引导，出现空场、冷场时应及时补白。遇有离题情况，应巧妙柔和地使议论顺势回到议题上来。

◆ 减少会议时间。准时开会，不准拖延时间。严格限制会议时间，避免讲那些与议题无关的废话。

◆ 重视会议效率。主持人应随时掌握会议进程，使会议始终不离宗旨，保证会议顺利进行，达到预期目的。

（资料来源：《会议主持需要注意哪些礼仪知识？》百度知道，https：//zhidao. baidu. com/question/492617520. html。）

3. 参会者

（1）正式成员，即具有正式资格，有表决权、选举权和发言权的会议成员，是会议活动的主要成员。

（2）列席成员，即不具有正式资格，有一定的发言权但无表决权和选举权的会议成员。列席成员的数量一般不超过正式成员。

（3）特邀成员，即由会议的主办者根据会议的需要而专门邀请的成员。这类成员的地位较特殊，其在会议中的确立和义务由会议主办者或会议的领导机构来确定。

（4）旁听人员，即受邀请参加会议，但不具有正式资格，既无发言权也无表决权的会议成员。这类成员一般坐在指定的旁听席上。

（四）会议议题

会议议题是根据会议目标来确定并付诸会议讨论或解决的具体问题。举行会议最重要的事是必须明确"为什么议"和"议什么"。议题是会议所要讨论的题目、所要研究的课题，或是所要解决的问题。议题必须具有必要性、重要性、明确性和可行性。会议围绕这样的议题展开讨论、进行研究，才容易取得共识或最后表决通过。每一次会议议题应尽可能集中，不宜太分散，否则容易分散与会者的注意力，不利于问题的解决。

（五）会议名称

正式会议必须有一个恰当、确切的名称。俗话说，名不正则言不顺。会议的名称要求能概括并显示会议的内容、性质、参加对象、主办单位或组织、时间、届次、地点或地区、范围、规模，等等。如"2019第九届中国服务贸易年会"、"2019第6届中国消防协会青年消防学者论坛"，这样的会议名称就很明确（见图1-4）。

图1-4 会议名称

会议名称必须用确切、规范的文字表达。它既用于会前的"会议通知"，使与会者心中有数，做好准备；又用于会后的宣传，扩大会议的效果；更用于会议过程中使与会的全体成员产生凝聚力。大中型的会议名称被制作成横幅大标语，置于会议主席台的上方或后方，作为会议的标志，简称"会标"。会标必须用全称，不能随意省略，以免不通，产生误会。

（六）会议程序

会议程序即会议的安排进程，通常包括会议的准备作业、会议的开幕作业、会议的正式进行、会议的完毕作业。会议程序以会议议程和日程的方式表现。会议流程是按照时间的顺序安排的、彼此之间有紧密逻辑联系的会议工作环节的集合。一般的会议流程规范主要包括会前准备、会中服务、会后工作三个环节。

（七）会议结果

会议结果，即会议结束时实现目标的情况。由于影响会议结果的因素众多，会议结果可能会与预想的目标一致，也可能会与预想目标有一定差距。无论出现哪种情形，都要求有会议结果，通常可以以会议决议、合同、条约、协定、声明等文件的形式记载下来，然后做好会议结果的直接传达以及归档保存工作。

二 会议的流程

（一）会前筹备

1. 确定会议目的

决定召开会议之后，首先要确定的就是通过会议预期要达到的目标，目标一般表现了领导决定召开会议的初衷。

2. 确定参会人员

确定参会人员是指根据实现会议目标的需要来确定会议主持人、参会人员。参会人员一旦确定，会议的其他事项的安排就比较容易进行。

3. 拟定会议议程

（1）确定会议议题。让与会者明白开会要交流、讨论的主题是什么，有哪些议题。

（2）拟定会议方案。主要包括：确定会议开始和结束的时间，确定会议的地点，制定会议日程表等工作。

＊Tip 小提示 ＊

会议时间安排须知

◆ 上午8~9点，正是员工从家到公司，准备开始一天工作的时候。这个时候的员工，心绪尚且混乱，还需一段时间才能进入工作状态。因此，在这一时间段举行会议、试图让员工回应会议提议或进行业务分析，从人的生理和心理角度来看，是不现实的。

◆ 上午9~10点，员工已经开始进入工作状态。在这个时间段最适合进行一对一的会谈，同样也是进行业务会谈的最佳时机。

◆ 上午10~12点或下午2~4点，最适合调动员工集思广益。大家利用头脑风暴，不断想出新点子、新方法。

◆ 下午4~5点，最好不要安排会议。这个时段的员工开始进入一天当中的倦怠期，人人希望马上回家，在这个时段举行会议往往会事倍功半。

4. 准备会议文件

为使会议取得预期效果，秘书应根据议程安排准备主体文字资料，如开幕词、主要发言、会议决议、闭幕词等。根据会议议题准备背景资料，包括相关的数据、报表、各类报告等，这些文件要在会前发给与会者，尤其是关键人物。

5. 布置会场

会场的选择和布置应符合会议要求，及时预订，突出主题、美观大方、干净简洁。另外，还要依据议题讨论的需要，合理布置所需要的设施、仪器、设备，如麦克风、水杯、摄像仪器等。

6. 发布会议通知

发布会议通知的形式主要有书面、电话、函件、邮件等形式，有时是几种方式的结合。会议通知的内容主要包括会议日程、时间、地点等重要信息。会议通知通常需要回复，组织内部的可以通过口头告知，组织以外的要求在规定时间内向主办方以函件回复。

（二）会中服务

1. 会议记录

会议记录是具有法律效力的档案，因此，会场上应指定一个秘书人员作为专门的记录员，保证记录准确、完整、清楚。

2. 会中服务

会中服务主要包括接站工作、报到与签到工作、会议记录、收集会议信息、编制会议简报、传接电话、医疗卫生工作、照相服务、会议的值班工作与保密工作，等等。

＊知识链接＊

秘书在会议过程中可以按照服务标准的 6S 开展服务，"6S 服务"是以"关注随时随地，满意无处不在"为理念，通过"Smiling（微笑）、Sincere（诚挚）、Speciality（专业）、Speedy（快速）、Survey（信息反馈）、Satisfaction（满意）"来诠释其内涵。

（资料来源：《6S 服务》，百度百科，https：//baike. baidu. com/item/6S％E6％9C％8D％E5％8A％A1/10391976？ fr＝aladdin。）

（三）会后工作

1. 清理会议室

清理所有的文件、物品，需要归档的整理齐全，不需要的按要求销毁，关闭所有设备。

2. 整理会议记录，形成会议纪要

会议纪要是在会议记录基础上总结会议的重要观点和重要决议，在会议主持人或领导确认后，在最短时间内发给与决议有关的部门和个人。

3. 总结评估会议

会议结束后，必须对会议的组织和效益、得失进行评估和总结。

技能训练

1. 班级主题会议演练

会议主题	为什么我们班的集体活动很难组织？
时间	一节课
地点	教室
教学方法	角色扮演法、情境设计法、分组教学法
教学条件	会议设计、多媒体设备
演练任务	学生分组，分配任务；学生观看，讨论并分析会议的类型、要素、流程、特点
演练评价	师生共同总结，评判会议组织与服务中存在的优点、不足，提出改进措施

2. 案例分析

当沃尔玛还是一颗冉冉上升的新星的时候，萨姆·沃尔顿实施了一项礼拜六早上在位于堪萨斯的本顿谷总部办公室，从 7 点半开始开 1~2 小时的战略会议的政策。虽然时间的选择有公司苦役的味道，但这个会已经成为沃尔玛管理层雇员的试金石。今天，超过 1000 名管理团队成员亲自到场，同时参与开会的还有全国的区域经理，他们或者利用电话，或者利用网络视频会议系统。沃尔玛管理层认为，在周末清晨开会，可以让新的商业改进措施及时在当天实施，在某些情况下——对于周末购物潮来说刚好赶点。"改进可能是各种情况，从商品的摆放，到我们处理货物的方法，到顾客告诉我们的能够做得更好的地方"，沃尔玛发言人丹·佛格曼说。

思考并讨论：

（1）本会议的要素有哪些？

（2）你认为本会议是否存在利与弊？表现在哪些方面？

训练要求：

全班学生积极参与讨论，教师适时启发指导，要求学生将讨论结果记录下来。

任务测试

1. 列举一个会议类型，说明该会议必需的基本要素有哪些？
2. 简述会议的基本流程。

教学评价

1. 通过本任务的学习和训练，你是否达到学习目标？请学生、老师进行客观评价。

2. 学生反思自己在训练中的表现，请对自己的收获、不足、改进措施展开思考。

3. 师生从教学方法、教学技能、教学媒体三个维度共同对本任务的课堂教学进行分析与评价。

内　容		评　价		
学习目标	评价项目	个人评价	小组评价	教师评价
专业知识	会议要素	Yes/No	Yes/No	Yes/No
	会议流程	Yes/No	Yes/No	Yes/No
专业能力	能运用会议要素安排会议	Yes/No	Yes/No	Yes/No
	能根据会议流程办会	Yes/No	Yes/No	Yes/No

学生完成任务后的反思：

师生课堂教学评价：

第四节　有效会议

学习目标

◆ 理解有效会议的内涵

◆ 了解无效会议的现象及危害

◆ 能运用有效会议的实施步骤提高办会效率

任务描述

某公司经理在中午下班前 10 分钟，让秘书王艳通知部门下属开会，议题是就本月产品销售业绩下滑问题进行讨论，并要求大家提出意见，会上有的发言、有的沉默、有的打瞌睡，会议时间一直持续了近一个小时还未结束。这时候，大家都早已经饥肠辘辘，这样的会议召开能有效吗？

任务分析

开会是为了达成共识、取得成效。为达到这一目标，开会必须遵循会议的原则，不必要的会议尽量不开，必须开的会议应合理安排、主题明确、坚持节俭，同时要选择合适的时间、场所、方式、人员，才能最终达到预期的效果。作为领导助手的秘书，有必要、有责任提醒领导注意开会的时间安排。

知识准备

一　有效会议的界定

现代人常常"谈会色变"。有关学者的研究报告显示，有 1/3 的经理受访者认为，他们花在开会上的时间有一半是浪费的。如何开好会、使会议富有成效，尽量避免时间、人力、物力、财力的浪费，是每一个管理者同时也是秘书必须关心研究的重要课题。会议是政府、企事业单位管理活动中一种重要的手段，是集思广益的渠道，群策群力的重要方式，会议管理需要技巧。要使会议有产出、有价值、有参与性，需要会议有一个清晰的目标，一个开放的对话环境，以及一个强有力的领导者。

什么样的会议才能称之为有效而成功的会议，目前学术界较为统一的看法是：有效会议是指能在最短的时间内达到目标的会议。正如哈佛商学院的会议管理专家所说的那样："要时刻牢记：会议的目的是会议的驱动器。"预先设定的会议目标以及衡量会议是否取得成效的标准就是会议是否在规定的时间内达到预期的目标。

二　有效会议的原则

有效会议的召开必须遵循以下基本原则。

（一）必要性

会议如果开得适度合理，有利于推动工作的进展，可以提高工作的效率。要不要开会，值不值得开会，是掌握会议必要性的前提。坚持必要性的原则必须根据内容和实际情况来准确判断采取会议这种形式的价值，即与其他形式（如发文件、电话联系、电子邮件等）相比，开会是否为最好的手段。这样，才能做到不必要的会坚决不开，可开可不开的会不开，或者将几个会合并开。但遇到紧急情况或危机事件时，需集体协商、处理，就必须开会；一项重大决定或管理办法推出，需经会议形式才能颁布或执行时，也需要开会。

（二）高效性

开会必然会耗费人力、物力、财力和时间，即存在投入与产出的问题，因此，开会得讲求高效率。高效率的要求，就是要尽可能减少投入，但又要达到最佳的效果。

＊经典案例＊

将效率提高 2 倍的站立式会议

在办公室中召开的会议，一般而言大部分是坐在椅子上的，但是如果坐在舒适的椅子上喝着茶召开会议，则会闲谈或因无关的事情浪费会议时间，这样的例子是很多的。

为了消除这些弊端，三星引入了站立式会议（Standing Meeting）。站立式会议是指，撤去会议室中的椅子，将议桌制成高高的圆桌，所有人都站着开会。

例如，某会议主办者 A 因一件紧急议案而召开会议，相关部门的所有职员立即聚集到会议室，但是会议室里既没有桌子也没有椅子。A 在将所准备的公开资料分发给员工之后，拿出一只小闹钟并将闹钟时间定为 20 分钟。职员们就站在原地热烈地交换意见。

就在对议案得出结论之际，闹钟响了。会议主持人在对会议结论和随后的执行事项责任进行再次确认之后结束会议。这一过程所需时间不过 30 分钟左右。

三星就这样将会议重点放在效率而不是形式上，继续创造会议文化。

（资料来源：《三星的有效会议》，中国会议产业网，http：//www. meetingschina. com/news3165. html。）

（三）目标性

所有的会议都是为了达到某一目的、解决某一问题而召开的。有的是为推动来年的工作而召开年会，有的是为培养团队精神而召开总结表彰会，有的是为传递信息而举行新闻发布会，有的是为企业的未来发展而召开战略研讨会。

＊经典案例＊

谷歌搜索产品的副总裁 Marissa Mayer，平均每周开差不多 70 个会议，在谷歌这样的公司里，大部分的工作都在会议中开展，Mayer 的目标就是确保她的团队有明确的工作指令、战略方向以及有足够支撑行动的信息，并且同时让他们感觉有前进的动力并受到尊重。

Mayer 留了大量的小块时间段（5~10 分钟）去参加那些有特定议题或者关于特定项目的小会，如关于站点表现的周例会、新产品发布等，名为钻小会（Carve out micro-meeting）。员工将他们的名字写在她 office 外面的一块白板上，然后她按照先进先出的方式对队列进行处理。有时候是 PM 需要她在一次市场活动上的认同，有时候是一些员工想向她 sell（推销）自己的一个想法或者设计。Mayer 说："我们很多有意思的产品都是在这个 office hour 里捣鼓出来的。"

为了给会议增加点压力以保持参会人员的注意力，谷歌的集会一般都会非常特色地在墙上投影一个巨大的计时器，给特定的会议或者议题做倒计时……Mayer 同时对这个 timer 也有一个忠告：对 timer 保持健康的幽默感。

（资料来源：《优听丨向谷歌学习高效开会 6 大秘诀！》，搜狐，https：//www. sohu. com/a/166120992_ 384266。）

（四）严肃性

开会，作为一种重要的管理手段具有鲜明的严肃性和权威性。它要求管理者要自觉维护会议的宗旨和规范。不能随随便便就开会，想开就开，想开多久就多久，缺乏会议的目标与充分的准备，破坏会议的严肃性与有效性。

（五）节俭性

会议的召开应严格按照我党提出的"精简"会议精神执行，即能不开的会不开，能简单开的就不能兴师动众地开，这样，既避免了与会者的舟车劳顿，又节约了大量的会议经费。召开会议时，尽量把节约做到细处、实处。具体而言就是要控制开会时间、控制会议规模，开支要精打细算、目的务必明确。

＊知识链接＊

有效的会议规范

会议规范是指大家达成共识的会议守则。会议规范主要包括以下条款。

◆ 所有与会者将每周工作安排时间表交给会议安排人，以找出最适宜所有参会人的开会时间。

◆ 超过1小时的会议应有书面通知、议程表及相关资料。

◆ 所有与会者都要准备在会上发言。

◆ 准时开始，准时结束。

◆ 各业务单位负责人对决议能否达成负直接责任。

◆ 所有与会者应知道维护别人的尊严，不在会中羞辱别人，这条规则最重要，需特别注意。

◆ 意见不同是好事，议论才能面面俱到，甚至有人扮"黑脸"。

◆ 会议结束2~3天后，所有与会者应拿到会议记录。

◆ 所有与会者应承担起对会议质量进行反馈的职责。

◆ 必要时请第三方监控，以保证会议质量。

任务实施

【实施流程】：明确会议目标→会议组织准备→选择合适的会议主持→有准备的参会者→严格的现场管理→及时反馈与总结

一　明确会议目标

有效会议最能凸显其有效性的两个基本特征就是目标、效率。目标就是确定会议的主题，要解决什么问题，最终要达成怎样的共识；效率就是要在最短的时间或者在既定的时间内取得会议既定的目标，或者在既定的时间内解决更多的问题。

开会一定要确保所有与会人员都明确会议讨论的主题，以及预计要讨论的深度。另外一定要确保与会人员对主题的理解一致无偏差，否则鸡同鸭讲、南辕北辙，不会达成任何共识。

二　会议组织与准备

会议是否有效涉及很多方面，缺一不可。会议体系的设计、会议组织准备、主持人能力、参会者积极参与等都会影响会议的效果。一些要素如果选择不当，就会变成低效或无效。只有严格把关、控制、整合、规范好每个要素细节，熟练运用好工具流程模板，掌握好技巧，最后会议才会富有成效。

此外，有效会议要求合理控制预算。要学会分析并合理地使用预算，让额外花费的钱使与会者受益。办会者还应最大限度地使用技术帮助，如投影、话筒、摄像机、录音笔、网络等各种现代设施设备与技术，可以有效提高会议效果。

＊知识链接＊

1. 一种常见的会议成本计算方法：会议成本＝隐性成本＋显性成本＝2×3G×R×S+X

其中，2 是常数，表示每一个与会者因为参会而中断原来的正常工作而造成的相关经济损失的系数。G 是与会者在一定单位时间内的工资额。国外通常用 3 作为系数乘以工资额来计算个人在一定单位时间内所创造的实际劳动所生产的总值。R 表示参会的人数。S 代表与会者为参加会议所花费的时间。X 是会议的显性成本，包括场地费、食宿费、交通费、文件材料费、设备费以及其他费用。

2. 日本太阳公司为提高会议效率，实行开会分析成本制度，为的就是提醒大家要提高效率。会议成本＝每小时平均工资的 3 倍×2×开会人数×会议时间（小时）

公式中平均工资乘3，是因为劳动产值高于平均工资；乘2是因为参加会议要中断正常工作，损失要以2倍计算。因此，参加会议的人越多，成本越高。

无论是员工还是管理者，计算会议成本之后，都会有一个非常直观的感受，发现自己在无形中浪费了宝贵的时间，所以都会引起重视。

（资料来源：① 会议成本，百度百科，https：//baike.baidu.com/item/%E4%BC%9A%E8%AE%AE%E6%88%90%E6%9C%AC/535733？fr＝aladdin；② 大部分会议都是无效的！搜狐，https：//www.sohu.com/a/230176638_ 738053。）

三　选择合适的会议主持

一个有力的、能掌控全局的会议主持人，能掌控会议讨论的方向、掌控会议讨论的深度、把握会议进展的节奏。成功的主持人应具备相应的会议能力和技巧，包括用心做调查报告、主持控场能力、会议决策技巧、决策工具使用、沟通反馈技巧、总结归纳能力、应对意外情况发生、化解冲突、会议记录监督协助等，主持人在整个会议中起决定性作用。

四　有准备的参会者

成功的会议有赖于组织者和与会者双方的努力。参会者有没有做充分准备？是否愿意或具备良好的表达沟通能力？有没有全身心投入参与其中（还是做个旁观者）？会后有没有按照决议分工去执行等？参会者是会议的重要组成部分，应在会议之前做好充分准备，理解会议的目标和议题，形成自己的意见，准备好自己的问题，积极结合问题进行讨论并提出自己的意见，才能实现有效会议。否则，如果参会者不积极参与，或是当"陪会者"，最后也会开成无效会议。

五　严格的现场管理

为了保证会议的成功，应重视进行会议现场管理。一定要严格地对照计划表上的事项进行操作，任何疏漏都会导致会议的失败。此外，会议现场负责人需要有随机应变的能力。成熟的会议工作人员，会针对不可预见的问题与可能的场景危机，事前准备好解决方案，将最坏的结果罗列出来，然后逐一提出解决方案。

六　及时反馈与总结

成功的会议需要有创造性的设计，积极的谈判和交流的技巧，规范的操作和财务管理，优秀的包装和系统的反馈。在会议结束后秘书必须总结一下该会议给与会者提供了多少价值？是否达到预期的目标？会议的成本投入是否合理？为此，秘书应及时编写会议总结并发放给有关人员，将上述问题的分析与答案汇总起来，应用于下一次的会议计划，将有利于今后会议的改进，以确保会议不断取得成功。

＊知识链接＊

无效会议

一、无效会议的危害

1. 会议目标不能实现

"会而不议，议而不决，决而未行，行而未果"是对当今会议的一种写照。很多管理者认为，浪费时间的三个企业活动中，肯定有会议，占调查总数57%的人认为，会议有一半时间都浪费掉了，是无效的。

2. 会议成本的巨大浪费

开会究竟要花费多少成本？很多人对这个问题并不清楚，常因对成本的忽视而滥开会议。会议成本通常包括3个部分。直接成本，即开会所开支的差旅、食宿、会议材料、会议场地及设施设备等费用；时间成本，指时间是有价值的，包括参会者和会议服务工作人员的时间成本；机会成本，是一种隐性成本，是指如果改变投入会议的时间、精力及经费的使用用途所能产生的效益。

3. 挫伤员工士气

会议费时低效，会让与会者产生受挫感，弱化对组织的认同，降低执行会议决议的积极性。正如乔治·M.普林斯所言，"大多数的会议都是以日程安排表里不一，缺乏足够的效率，浪费人的才华而闻名。这样的会议给参会者带来了高度的挫折感和痛苦"。

二、无效会议产生的原因

1. 前期准备不足

主要表现为没有足够的时间准备会议，仓促开会；开会理由不充分，开会缺乏必要性；会议文件准备有缺陷；参会人员安排不合理，会议方式选择不当，等等。

2. 会场控制不力

最为突出的问题反映在会议主持人身上，不能严格控制会议时间，不能控制会议讨论方向，不能有效维持会议纪律，不能得出会议有效结论。

3. 忽视会后跟进

忽视会后跟进会让之前的会议劳动和决议失效。主要症结在于与会者和会务工作人员缺乏对会议的反思，不对决议事项进行积极推进与追踪。

三、无效会议的预防

无效会议意味着会议的失败，它不仅会造成时间的浪费，更重要的是它还会成为组织实现目标的障碍，对组织、工作人员带来极大的连锁伤害。事实上，有效的管理者可以针对这种现象，预先尽量避免无效会议的滥开。

无效会议的预防性管理措施

时间	会议一般应安排在周二至周四上午或是下午两点半之后,避免安排在周一或周五
地点	地点尽量设置在一个封闭的会议室内,而且最好围着圆桌进行
开会对象的选择	事先通知必须出席会议的人,将出席会议的人分为必须参加者、可以旁听者和可选择参加者几类

续表

主持人的技能	选择具有亲和力、影响力的人担任主持人一职
参会者的技能	参会者一定要具有倾听能力
会议的准备工作	一定要提前做好具体的准备工作
开会的原因、目的和结果	在会议举行之前将开会的原因、目的和结果通知所有的参会者

资料来源：梁春燕、李琳主编《会议组织与服务》，北京大学出版社，2010。

技能训练

1. 课堂讨论

（1）在发达国家的直销行业有一句话叫"More meeting，more money；no meeting，no money"，翻译过来就是"会议多，挣钱多，会议没，挣钱没"。因此，要想提高你的业绩，就要开好会议。请问你对这句话的看法是什么？

（2）最近，有的地方和部门为了显示根治"会海"的决心，纷纷提出"无会日""无会周"的举措，请问你对这种现象的看法是什么？

（3）某销售主管管理着6名业务代表，其中一个业务代表在与一个客户联系时出现了问题，这个问题不具备普遍的代表性。而销售主管却集中所有6名业务员，一起针对出问题的业务代表的问题进行讨论。请问你对这个会议的看法是什么？

2. 案例分析

某公司有位经理是一个人在北京工作，有一次该经理安排一个会议，时间定在星期五的下午4点，会议的内容是组织员工一起讨论销售业绩和改进的方法，会议一直开到晚上6点，可很多问题还是没有解决。会后经理请参会者吃饭。虽然该经理最后请大家吃了饭，但是参会者仍感到不舒服。在周末的晚上，员工们都想充分地利用周末与家人团聚。

思考：

（1）本次会议的安排存在什么问题？有哪些不良影响？

（2）针对这类会议，你认为怎样安排才能提高效率？

3．课外调查

（1）你所在单位（公司、学校等）是否存在会议效率不高的问题？
　　　□是　　□否
（2）如果存在，请从下列选项中选出符合你所在公司实际情况的选项，并提出改进意见。

存在问题	是否存在	改进意见
主持人毫无影响力	□是　□否	
会议地点的布局让人很有压迫感	□是　□否	
会前准备不足，会议议题让人不明所以	□是　□否	
会议总是选在午饭时间进行	□是　□否	

任务测试

1．有效会议应遵循的基本原则有哪些？

2．简述有效会议的基本步骤。

教学评价

1．通过本任务的学习和训练，你是否达到学习目标？请学生、老师进行客观评价。

2．学生反思自己在训练中的表现，请对自己的收获、不足、改进措施展开思考。

3．师生从教学方法、教学技能、教学媒体三个维度共同对本任务的课堂教学进行分析与评价。

内　容		评　价		
学习目标	评价项目	个人评价	小组评价	教师评价
专业知识	有效会议的含义	Yes/No	Yes/No	Yes/No
	有效会议的原则	Yes/No	Yes/No	Yes/No
	无效会议的危害	Yes/No	Yes/No	Yes/No
专业能力	能运用有效会议的步骤办会	Yes/No	Yes/No	Yes/No
学生完成任务后的反思：				
师生课堂教学评价：				

第二章
会 议 策 划

"凡事预则立，不预则废。"对于会议组织而言，充分的会议准备对会议的顺利进行和会议效果的实现具有十分重要的作用，而在会前准备的众多工作中，要先完成的就是会议策划。会议策划作为会议管理中的重要环节，与一般的策划、谋划有所不同，其具有较强的战略性，通过分析情况、发现问题、确定目标、设计优化方案等程序最终形成一套系统的环节。这种战略性的策划，可以更好地保证会议高效完成，进而实现举办会议的目的。无论是哪种性质、规模的会议都需要进行策划，只是在策划上投入的时间、人力、物力有所差别。

第一节　会议策划概述

◆ 理解会议策划的概念

◆ 掌握会议策划的原则和内容

◆ 理解会议策划的功能

◆ 能按照会议策划的内涵分析会议的功能

任务描述

临近年终，为答谢大客户、常旅客对公司事业发展的大力支持，××航空公司定于 12 月举办一次大型的客户答谢会。因此，公司分管营销工作的副总经理让刚应聘到公司的担任行政秘书的小李负责策划此次会议。由于经验不足，小李为此甚是发愁、感到一头雾水，不知如何策划此次会议。如果你是小李，你知道如何策划会议吗？

任务分析

小李之所以对领导安排的会议策划工作感到发愁、束手无策，究其原因在于小李对于会议策划没有建立起基本的认识。策划是为达到一定目标，对未来某项工作进行的构思、谋划，并制定合理可行的执行方案，其内容主要归纳为"5 个 W，1 个 H、B、O"，策划有着其独特的功能与特点。小李要完成好任务，应首先了解会议策划的内涵。

知识准备

一　策划与会议策划的概念

（一）策划的概念

陈放的《策划学》[①] 认为，策划是指运用人的智能，对未来所做的事情进行预测、分析，使之有效完成。

策划就是策略、谋划，是为实现一定目标，对未来某项工作或事件预先进行系统的、全面的构思、谋划，制定和选择合理可行的执行方案，并根据目标要求和环境变化对方案进行修改、调整的一种创造性的社会活动过程。

（二）会议策划的概念

会议策划是对会议进行管理和决策的一种程序，它是一种对会议活动的进程以及会议活动的总体战略进行前瞻性规划的活动。它是在会议活动开始的最初阶段就要进行的，有时甚至要贯穿于会议活动始终的一种优先的、提前的、指导的活动。

二　会议策划的内容

会议策划的内容包括会议的目标与任务、主题、议题、参会人员、规

[①]　陈放：《策划学》，中国商业出版社，1998，第 10 页。

模、日程、议程、时间、地点、名称、经费预算、形象等多个方面的内容，概括起来可以归纳为"5个W，1个H、B、O"。

（一）Why，即"为什么"开会，开会的目标是什么

为什么开会，就是开会所要达到的目标和任务。会议往往是为了达到某种目标而召开的，会议的目标和任务决定了会议策划的很多环节。只有确定了会议的目标和任务，才能确定会议的主题、议题、参加人员、时间地点、日程议程、经费预算等内容。

（二）Who，即参加会议的人员是"谁"，主办方希望哪些人来参加会议

对于会议的主办方和承办方来说，通常在会议目标确定后就要确定与会者。在确定参会人员的时候，除了与会议目标和内容相关的与会者外，往往也会邀请一些其他的嘉宾，比如政府官员、专家学者等。

（三）What，即"什么类型"的会议

根据会议要达到的目的，确定会议的形式（模式）。会议是为了统一思想、协调矛盾、达成共识，还是表彰先进、教育群众，根据会议目的、受众范围，来选择相应适合的会议方式。

＊知识链接＊

会议模式类型

一、传统会议模式

报告式：这是一种较为传统的会议模式，其基本形式就是一人讲多人听。这种模式比较适用于诸如人大会议等严肃的会议。

研讨式：研讨式会议模式具有较强的科研性，适用于专业性较强的人群就共同的专业兴趣探讨一个项目等。

座谈式：座谈式是一种适用于上下级、上下级部门之间沟通交流的会议模式，此种会议模式要求参会人员就某一中心议题轮流发表自己的意见和见解。

现场式：现场式会议是一种现场办公、现场处理事务的会议模式，这种会议模式适用于高层领导下基层或者处理突发事件。

联谊式：此种会议模式是机关、企事业单位常用的一种会议模式，此种模式在形式上较为活泼，适用于具有互补性的部门之间、单位之间开展。

庆典式：庆祝性活动会，适用于特殊时间（节日等）或具有商务、公关目的的会议。

远程式：这是一种正在逐步兴起的会议模式，能有效解决与会者不能聚在一起开会的问题，随着科学技术的发展，这种会议经历了从电话会议到卫星电话再到视频会议的形式。

讲座式：此种会议模式通常是一位或多位专家进行演讲，观众在讲座后进行相应的提问。

论坛式（沙龙）：论坛式也被称为沙龙，模式较为灵活，通常是由有共同兴趣爱好的一群人聚在一起就某个问题的各个方面各抒己见，发言人之间、发言人与听者之间均可自由交流。

二、现代新型会议模式

除了传统的会议模式，近些年来有一些新的会议模式不断出现，比如：头脑风暴、玻璃鱼缸会议、休闲式会议、网络会议。

（四）When，即"什么时候"召开会议

确定会议日期之前，需要查阅相关的日程表，查看会议时间是否与其他会议或活动冲突。会议时间的确定不能仅凭会议策划人主观意见而定，而是需要综合考虑会议主办单位主要领导人、被邀请的领导人、贵宾的时间，选择大多数人的空闲时间作为会议的时间。

（五）Where，即在"什么地方"召开会议

对于会议地点的选择，可以根据会议的级别和需要，选择不同的会议地点，也可以根据会议对周边环境的要求，确定会议地点。在会议策划中，需要提前预约会议地点，并在会议地点确定之后，及时告知与会者。会议地点的选择一般来说，要考虑地点、历史、服务设施、费用、景点、安全等诸多因素。

（六）How，即会议"怎样进行"

当会议目标、议题确定后，就要考虑会议怎样进行，也就是对会议的日程、议程、程序进行策划，将会议的各个环节按照先主后次的原则进行安排，使其紧紧相扣、紧密相连。

（七）Budget，即会议"经费预算"

会议预算是一个组织对一定时期内的会议计划做出评估和判断，制定会议财务计划的过程。会议经费预算的制定，要采用目标导向，紧紧围绕企业的目标而展开，以会议成本为考量，以会议效果为评估的核心，尽可能做到以最少的投入，取得最大的成效。

（八）Others，即会务工作的策划

一般来讲，在会前要成立会议机构，负责处理具体的会务工作。会务工作主要分为会前准备工作、会议期间的协调服务工作以及会后工作。

三　会议策划的功能

会议策划有其独特而重要的功能。会议的组织者、筹办者只有充分理解会议的重要功能与作用，才能通过科学的专业策划和充分的准备，使会议取得预期的效果。

（一）决策保证功能

决策保证功能是会议策划最基本的功能。会议的召开往往是为了交流信息、统一思想、达成共识，做出决策。因此，会议策划能有效保证决策的理智化、程序化和科学化。

（二）预测未来的功能

预测未来的功能就是策划者针对策划主体发展中的问题进行超前研究后，预见会议的进展情况、会议产生的效果以及会议中可能出现的意外情况。

（三）竞争功能

竞争功能就是策划者以智谋及策划方案协助策划主体赢得政治竞争、经济竞争、技术竞争和形象竞争等方面的主动地位，并在此基础上有所作为。

（四）管理创新功能

会议策划是策划者遵循科学的策划程序，从寻求策划主体的问题和缺陷入手，探索解决管理问题的有效途径的管理创新的过程，因此，会议策划具有明显的管理创新功能。

四　会议策划的特点

（一）目的性

任何策划方案都有其目的性，都是针对一个目标任务进行的筹划活动。

（二）预测性

策划是人们基于实际情况和调研进行的科学预测，具有一定的预测性和前瞻性。

（三）科学性

策划不是突发奇想的结果，而是在一定的调研和思考的基础上形成的。因此，具有较强的科学性。

（四）可操作性

会议策划的可操作性包括三个方面：一是策划实现条件的可操作性，如经费、场地、人员；二是具体实施上有可操作的方法；三是构思方案便于实施。

五　会议策划的原则

（一）目的性原则

任何会议的召开，都出于一定的目的，是为了解决某种问题，达到某种目标任务，具有较强的目的性。会议策划作为对会议进程以及会议活动的前瞻性规划，同样具有较强的目的性，其目的就是促进会议顺利召开，最终通过会议的召开达到会议的预期目标。

（二）利益主导原则

会议作为社会组织的一项常规活动，在组织运行中扮演着重要的角色。会议的召开与组织的发展和利益息息相关。因此，会议在策划之初，就应从为组织谋取利益的角度出发，确保通过会议的顺利召开，为组织带来相应的利益。例如，新产品营销方案的讨论会议，能促进新商品打入市场，最终为组织带来经济效益。

（三）整体规划原则

会议策划要讲求整体性原则，对会议的各个环节进行前瞻性的规划，包括会议的名称、时间地点、日程议程、参会人员、经费预算等多个方面，任何一个环节都不能忽略，而且要尽可能详细、具体。

（四）客观现实原则

会议策划要遵循客观现实原则，立足实际，从实际情况出发。会议策划需要考虑的实际情况大致包括：一是会议的实际情况，即会议的规模、目标任务等；二是会议主办、承办方的实际情况，这里主要指主办、承办方所能提供的会议经费，会议的规模、规格要与经费相匹配，量力而行；三是参会人员的实际情况，会议时间的确定要综合考虑参会人员的时间安排，听取大多数人的意见，不能仅凭一人而定。

（五）可操作性原则

会议策划既要尽可能地全面具体周密，又要具有可操作性。所谓可操作性，就是会议策划的内容要具有可操作性，而不能停留于空想。例如，一个公司内部的会议，就不能把会议地点策划在人民大会堂。

（六）周密性原则

会议策划要遵循周密性原则，会议策划的周密性主要表现在两方面：一是会议策划的内容要全面，缺一不可；二是会议策划的每一项内容要尽可能详细具体，尤其是会议日程、议程和程序的策划。

（七）整合性原则

会议的召开需要投入大量的人力、物力，因此在会议策划的时候，要学会对现有资源进行整合，充分利用现有条件，尽可能地在节省会议经费开支的基础上，保证会议顺利召开，达到会议的目标和任务。

（八）规范性原则

"无规矩不成方圆。"会议的策划要遵循规范性原则。一是每一项内容要根据相应的策划要求进行策划，例如，会议地点的策划，要充分考虑一系列的因素，不能根据策划人的喜好而定；二是会议策划方案的撰写，要严格按照会议策划方案的写作要求。

技能训练

情境实训

某公司于年底召开年度工作会议，公司各级管理干部和员工代表参会。听完总裁年度工作总结后，参会人员以业务模块划分为不同的小组，到指定的会议室进行小组讨论，小组讨论之后再将小组会议记录交给会务组。过了一会儿，就出现了麻烦：有的小组反映他们的会议室太小，位子不够；有的小组抱怨他们的会议室正好有其他的会议在召开；有的小组则反映他们的会议室离主会场太远，要走很长一段路才能到达指定会议室；而有的小组则是由几个人员较少的不同部门职工代表组成的，由于这些代表工作性质完全不同，被编排在一起，讨论起来比较困难，气氛也不够热烈，影响了讨论质量和效果。会后，职工代表纷纷对会议安排表示不满，影响了会议效果。

训练要求：

（1）以班级为单位，班长担任总裁，副班长担任会务组人员，其他同学以组为单位，分别扮演上述材料中的各小组。

（2）副班长对本次会议策划的不足向总裁做口头汇报。

（3）分组讨论，此次会议失败的原因。对此次会议重新进行策划，每组推荐一名学生作为主要会议策划者，然后向总裁汇报新的会议策划方案。

任务测试

什么是会议策划？

会议策划的内容包括哪些？

会议策划的功能和特点分别是什么？

教学评价

1. 通过本任务的学习和训练，你是否达到学习目标？请学生、老师进行客观评价。

2. 学生反思自己在训练中的表现，请对自己的收获、不足、改进措施展开思考。

3. 师生从教学方法、教学技能、教学媒体三个维度共同对本任务的课堂教学进行分析与评价。

内　容		评　价		
学习目标	评价项目	个人评价	小组评价	教师评价
专业知识	策划与会议策划的概念	Yes/No	Yes/No	Yes/No
	会议策划的内容	Yes/No	Yes/No	Yes/No
	会议策划的原则	Yes/No	Yes/No	Yes/No
	会议策划者的功能	Yes/No	Yes/No	Yes/No
	会议策划的特点	Yes/No	Yes/No	Yes/No
专业能力	能概括某次会议的内容	Yes/No	Yes/No	Yes/No
	能联系实际理解会议的原则	Yes/No	Yes/No	Yes/No
	能分析某个会议发挥的功能	Yes/No	Yes/No	Yes/No

学生完成任务后的反思：

师生课堂教学评价：

第二节　策划会议

学习目标

◆ 理解会议主题、议题、议程的概念

◆ 熟悉会议策划的基本环节

◆ 能编制会议经费预算表

◆ 能按照会议策划方案要求拟定会议策划方案

任务描述

赵楠大学毕业后应聘在一家公司担任总裁秘书，刚上班不久总裁就让其安排一次部门经理会议，讨论公司新产品的营销方案，要求各个部门经理必须参会，并做好相关的准备，介绍本部门的营销想法和创意。

赵楠在接到总裁的指示后，就自己定了会议时间和会议地点，并很快向各个部门经理发出了会议通知。总裁知道此事后，极为不悦，严厉批评了赵楠。赵楠很委屈，不知道自己做错了什么。后来，在公司其他秘书的提醒下，赵楠才明白，原来安排一次会议并不是这么简单的事情。会前需要做很多的准备工作，确定会议的时间、地点、人员以及其他的一些细节，并形成会议策划方案，领导审阅批准会议方案后才能安排具体的准备工作。

任务分析

赵楠之所以被总裁批评，究其原因在于赵楠把会议筹办想得过于简单，没有做好相关的会议策划工作。完善的会议策划是会议顺利召开的前提，会议策划包括多方面的内容，只有对会议策划内容的各个方面提早进行策划安排，才能保证会议的成功召开，最终促进会议目标任务的实现。

知识准备

会议的策划工作环节多、事项多、工作比较复杂，要使会议策划成功，需要遵循以下工作步骤。

一 会议策划前的准备工作

1. 查阅与本次会议有关的资料。

2. 对参会各方的观点和利益点进行评估。

3. 明确会议的议题、议程及要点。

4. 针对会议规模的大小，成立相应规格的会务筹备小组，负责会议的各项具体工作。

5. 召开预备会议，将准备工作落实到个人，做到分工明确。

6. 对会议中可能出现的意外情况进行估计，并根据不同的意外情况制定相应的应对预案。

7. 与参与会议的相关部门或者个人进行沟通，征求其意见和想法。

8. 查阅相关资料，借鉴同类型会议的成功经验。

二　会议目标和任务策划

（一）会议目标和任务的含义及其关系

会议的目标，是指会议组织者想要通过策划、组织、召开会议达到的预期目的。会议任务，是指一次特定的会议为实现既定目标所承担的具体责任和所要完成的具体工作。

会议目标和任务的关系可以表述为：会议目标是实现会议各项具体任务的指向标，会议任务是实现会议目标的具体步骤。

（二）会议目标和任务策划的意义

1. 明确会议的目标和任务

会议具有较强的目的性，组织召开会议无不是为了达到某种目的、实现某种目标，或交流学习，或布置工作，或统一思想，或形成决策。总而言之，召开会议是实现组织预期目标的一种手段。会议目标和任务的策划，其首要意义就是明确"为什么开会"这一基本问题。

2. 制约会议的议题和议程

会议目标和任务实现的关键在于将其落实到具体的会议议题和议程上。会议议题和议程服务于会议目标和任务，并为目标和任务所制约。有什么样的会议目标和任务，就决定了有什么样的会议议题和议程。

3. 决定与会人员和会议规模

哪些人参加会议，会议规模多大，并不是随心而定的，必须根据会议的目标和任务要求来确定。比如，要制定党的路线、方针、政策，就必须召开党的全国代表大会。

4. 影响会议模式

会议模式和会议技术手段的选择必须服务于会议目标和任务，助力会议目标和任务的实现。例如，为加强国家和地区之间的平等对话和交流合作，以论坛的形式举行会议较为合适。

5. 引导会议的进程和结果

会议结果与会议目标一致，是评判会议成功的重要标准。科学合理的会议目标以及围绕目标而制定的主题、议题、议程、程序能给予会议正确的会议导向，进而引导会议沿着预先设定的方向发展，最终取得与会议目标一致的结果。

（三）会议目标和任务策划的原则

1. 会议目标要明确、切实

任何会议的召开都必须基于明确的目的，目标不明确或可开可不开的会议坚决不开。会议目标和任务的制定必须从实际出发，切合工作实际，切忌好高骛远。不切实际、过高或过低的会议目标，无益于会议的举办，也会对会议产生负面的影响。

2. 实现会议目标和任务的条件要成熟

对会议目标和任务进行策划的过程中，要对实现会议和目标的条件进行评估。在时机、条件不成熟的情况下，不能仓促举行会议，否则严重影响会议的效果。只有当客观条件具备、与会各方具有沟通的愿望时，会议才能获得成功。

3. 处理好目标层级之间的关系

会议的目标根据实际需要可以是一个，也可以是多个。当会议目标有多个时，要处理好目标层次之间的关系。

三　会议主题策划

（一）会议主题的含义

通常情况下，在会上讨论、审议的事项、问题都称为议题。但有的会议有时会突然出现"会议主题"这一术语。会议主题，是相对于具体议题而言的一个概念，是会议中贯穿各项议题的主线。

值得注意的是，并非所有的会议都会设置会议主题。一般性的会议，特别是一些研究日常工作的会议，并没有设置会议主题的必要。但是，诸如交流、对话、研讨性质的会议，通常都会设置一个鲜明的主题，以便吸引社会的关注，帮助与会人员达成共识。

（二）会议主题策划的意义

会议主题作为会议的中心思想，整个会议围绕其展开。好的会议主题是会议成功的重要因素，因此，确定会议主题，使之有号召力、有时代感、引人入胜，是会议策划的一项重要任务。

例如，2016年G20杭州峰会的主题"构建创新、活力、联动、包容的世界经济"，既体现出我们国家要借助"一带一路"与更多国家良性互动，实现与其他国家共赢的大国担当，又体现出世界各国要创新发展理念、建设开放型世界经济、完善全球经济治理的共同愿望。

这样的主题就很有号召力，能吸引全球的目光。

（三）确定会议主题的方法

会议主题的提出有两种情况：一是领导提出；二是由秘书部门广泛征求意见，经筛选整理后，报领导审定。不管哪种方式，确定会议主题时应注意以下几点：一要根据当前的形势和政策，要有明确的依据；二是要结合本单位的实际，建立在调查研究、实事求是的基础上，尽量避免主观性和片面性；三是要有明确的目的。

会议的主题要有创意，并且要具备前瞻性、总结性、时尚性。

四　会议议题策划

（一）会议议题的含义

会议议题是根据会议目标确定并于会上审议讨论的具体问题。它决定着会议的性质和方向，是会议目标的具体体现。会议议题策划得好与不好是会议成功与否的重要因素。会议议题的形式主要有书面形式（议案、议程表、提纲）和口头形式两种。

（二）会议议题策划的意义

1. 体现会议目标和任务

任何会议都有两个基本问题，即"议什么""为何议"。其中，"议什么"在于明确会议的议题，"为何议"在于明确会议的目标。在会议的目标和任务明确后，就必须通过主题和议题来体现和完成。在会议活动中，不允许存在脱离会议目标的议题，任何与会议目标无关的议题都应该摒弃，以免影响会议效果。

2. 引导会议信息交流

议题是与会者交流、讨论的核心，是引导与会人员发言、交流的指挥棒。会议中的一切发言都应紧紧围绕会议议题展开，一切与会议议题无关的发言都应立即制止，以免影响会议效率和效果。

（三）会议议题策划的要求

1. 服务于会议目标和任务

会议议题是由会议目标和任务决定的，是会议目标和任务的具体化形式，因此会议议题的策划要紧紧围绕会议的目标和任务，切不可偏离会议目标和任务。

2. 有利于提高会议效率

会议议题策划的高效性要求主要体现在会议议程的安排要注重轻重缓急，节奏紧凑，避免拖延。

3. 准确

会议议题的准确性要求除了体现在议题内容要紧扣会议目标和任务，还体现在通过会议议题要能有效正确地解决现实中存在的问题。

（四）会议议题策划的方法

1. 领导确定议题，办公室和有关部门准备材料

一般是领导人（总经理、党委书记等）确定会议议题，由办公室人员和有关部门收集准备材料。

2. 办公室主任主动收集议题

在一定时间内，由单位办公室针对要讨论的问题深入各个部门收集材料，然后整理成系统意见，报告给主管领导同意后，再安排时间予以讨论。

3. 下级部门提出议题

主要是下级部门向上级汇报或者是请上级审议的问题。由办公室汇总，经主管领导同意后，提交会议讨论。

4. 上级机关提出议题

主要是上级领导机关布置本单位讨论研究的问题，或上级领导机关下达指示和需要汇报的问题。由办公室汇总，经主管领导同意安排讨论。

五　与会人员范围及会议规模的策划

（一）与会人员范围的确定

1. 会议的与会人员是依据会议的目的、性质、议题以及议事规则来确定的

与会人员一般包括主持人、记录员、会议代表、列席代表和听众等。什么人应当参加什么会议，在大多数情况下是固定的。例如政治局会议，政治局会员当然是与会人员；省的常委会议，常务委员当然是与会人员；此外，有些会议，其名称就确定了大部分的与会人员，如"×××省××年县级图书馆馆长会议"，与会人员当然是全省范围内的各个县的县图书馆馆长。但是在少数情况下，仍然需要会议工作人员提出与会人员名单，呈报主管领导审定。此时，文秘工作部门在接到会议组织要求后，就需要根据会议的议题等线索，提供与会人员名单，并邀请有关人员列席。

2. 确定与会人员范围时应注意以下几点

（1）全面性。对于按规定参加会议的人员以及与会议议题相关应该列席的人员，在提名时做到不漏提、不错提。

（2）必要性。秘书提供的与会人员必须是与本次会议的内容直接相关者，且具有一定的典型性，以做到提名合情合理、不宽不严。

（3）明确性。秘书提供的与会人员应该具体到某人且确定其能参与会议，而不是模糊不清。

（4）控制成本。控制会议成本和确定与会人员数量有关，因而要对出席会议的人数有精确的统计，以便做好其他准备工作。

（5）报请领导审定。秘书人员提出的与会人员名单，应提前报请领导审定，并做出必要的说明，不能等到召开会议前才提出，更不能"先斩后奏"。提名人员的名单只有通过领导审定后才能最后确定并通知。

（二）会议规模的策划

1. 会议规模的含义

一是会议存在的时间，存在的时间越长，规模就越大；二是会议占有的空间，包括动用的人和物的总和，动用的人员和物资越多，规模就越大。一般来说，决定会议规模的主要因素是动用的人员，其中又以参加会议的总人数为主要依据。

2. 策划会议规模应综合考虑以下几个方面的因素

（1）效果：若会议最终的效果明显，能达到会议的目标任务，则有必要召开大规模、高规格的会议，反之则没有必要；若小型会议就可达到会议的目标任务，则没有必要召开大型会议。

（2）效率：大型会议的举办，需要严格控制会议进行的节奏，提高议事效率，否则容易造成会议拖延等一系列问题。

（3）场地：根据场地的使用时间和空间确定会议规模。

（4）成本：会议的召开需要投入大量的人力和物力，规模越大成本越高，因此在确定会议规模时要充分考虑会议经费，做到量力而行。

六 会议时间、地点的策划

（一）会议时间的策划

1. 会议时间的含义

会议时间具有两层含义，一是指会议召开的具体时间；二是指会议的起止时间，也称会期。

2. 会议时间的策划应注意以下几点

（1）会议召开的时间是由机关、单位的领导人员确定的，也有的是由办公室提出意见建议，由领导来决定的。会议时间长短应该根据会议内容来考虑，会期的安排应适时、高效，力求科学，避免耗时费财，能一天开完的会，就不要勉强拉长到两天、三天。

（2）确定会议时间的方法。

①调查法。在确定会议时间前，对参会者能参会的时间进行调研，选择

大部分人可以参会的时间作为会议召开的时间。

②选择与会人员中关键人物最佳的时间开会。

3. 策划会议时间应当把握的几条原则

（1）时机原则；（2）需要原则；（3）成本和效率原则；（4）协调原则；（5）合法合规原则。

（二）会议地点的策划

1. 会议地点策划的含义

会议地点的策划包括两方面的含义：一是选择合适的地方，如国际性会议要考虑选择在什么国家或地区以及什么城市举行；二是选择合适的场馆（包括会场、住宿的宾馆饭店等）。国际性或全国性会议，要考虑政治、经济、文化等大因素；专业性会议，应选择富有专业特征的城乡地区召开，以便结合现场考察。小型的、经常性的会议就安排在单位的会议室。选择会址，还要考虑会场设施、交通条件、安全保卫、气候与环境条件等因素。

2. 策划会议地点应考虑以下几个因素

（1）地点：会议地点与会议举办者及与会人员所在地的距离；会议地点周边的生活配套设施怎么样；会议期间，会议地点的气候将怎样。

（2）历史：主办者以前是否在这个地点举办过会议；他人以前是否在这个地点举办过会议。

（3）服务设施：会议地点是否有汽车租赁服务；会议地点是否有商店；公共区域及设施；是否有足够多的电梯供与会者使用；会议地点是否设有欢迎与会者的标志；走廊和公共区域是否干净整洁；是否有足够多的公共卫生间，这些地方是否干净且设施齐备。

（4）费用：会议地点的收费情况是怎样的；会议地点的收费是否有淡季折扣；会议地点对附加收费有哪些规定。

（5）安全：会议地点是否设置了可用的火灾警报系统；会议地点是否有一支保安队伍；会议地点距离最近的急救中心有多远。

＊知识链接＊

新奇的会议地点

近年来深受欢迎的会议地点（尤其是对于小规模的社交会议和活动）还有博物馆、画廊、历史古迹遗址、图书馆甚至动物园等地方。美国就曾经有一个全国性协会的下属分支机构把一个分会放在动物园召开，并提供午餐。当时，这个协会正在举行年会，作为分会主办方的一个分支机构提议把会议改在晚上去动物园召开，结果受到热烈欢迎。许多机构会把一些特殊活动放在主题公园举办，届时主题公园将关闭部分对外餐饮服务以满足特殊活动的需要，与会者在就餐后将在公园停留几个小时。

（资料来源：https：//www.douban.com/note/567255113/?form=undefined_i。）

七　会议议程、日程、程序的制定

（一）制定会议议程

1. 会议议程

会议议程是对会议顺序的总体安排，主要涉及会议所讨论的具体事项，需要解决的问题。会议议程不仅能够规范会议的内容，而且能够约束沟通秩序和沟通节奏，起到固定会议程序的作用。会议议程包括两项内容：一是会议的议事程序，二是列入会议的各项议题。

2. 会议议程的安排应注意以下几点

（1）议程要围绕会议目的安排，确保议程符合整个会议的中心议题。

（2）安排会议议程时，应充分了解每项议程的重要程度，按照事情的轻重缓急编排处理的先后顺序，重要的事情安排在会议的前端，不重要的事情安排在议程的后端处理。这样，能保证关键人物的时间，保证重要的人物都能够出席会议。

（3）一般来说，每个单元时间的会议都要有议程，而且每个议程的时间不宜过长，以免给与会人员造成疲惫感。

（4）科学合理安排时间，上午8：00—11：30，下午15：00—17：30是人精力最旺盛、思维能力及记忆力最佳的时机。因此，安排会议议程要注意将全体会议安排在上午，分组讨论可以安排在下午，参观活动可以安排在晚上。

（5）会议组织者在安排会议议程时，应预估每项议程所需的时间并加以标注，以便控制整个会议的速度与节奏，节省与会者的时间，提高会议效率。

※ 知识链接 ※

会议议程的制定程序

1. 明确目标和参加者：要清楚为什么要开会以及哪些人将参会

（1）明确目标；（2）在会议议程上陈述目标；（3）列出与会人员。

2. 安排各议程事项的时间：重点应注意控制好会议时间的长短和敏感话题两个问题

编排议程应注意两个原则：（1）按照议案的轻重缓急编排处理的先后次序；（2）预估每一个议案所需的处理时间并清楚地标示出来。

3. 确定每一项议程，应考虑以下因素

（1）目标；（2）准备及贡献；（3）时间安排；（4）演讲者；（5）提前分发会议议题。

4. 决定会议讨论形式

（1）典型的会议形式：自由讨论式。

（2）头脑风暴形式：在会议开始之前进行准备，想出尽可能多的办法——想法越特殊、越有创意、越与目前政策不一致越好；会议进行过程中，追问其他人的想法，进行自由的联想，并思考出其他新的想法；要批评或是评论其他任何的建议或想法，要等到所有的想法都说完之后再进行评论。

（3）团队列名方法：是一种更加优化的头脑风暴法，可以最大限度地收集小组成员的意见，让所有小组成员在规定时间内独立思考并记录下自己的观点，然后轮流发言，直到穷尽所有人的所有观点，防止会议由少数人控制。

【会议议程范文】

××航空公司 2019 年度工作会议暨安全工作会会议议程

时间：

地点：

主持人：

1. 宣布会议开幕

2. 公司总裁作年度工作报告

3. 民航××监管局领导讲话

4. 公司总裁室各分管领导做工作汇报

5. 各职能模块负责人做工作汇报

6. ××年度先进表彰

7. 安全、绩效、党风廉政建设责任书签署

8. 公司党委书记、董事长总结发言

（二）制定会议日程

1. 会议日程

会议日程是指会议各项活动在会期内的每一天中的具体安排，可分为上午、下午、晚上三个时间段，它是与会人员参加会议活动和人们了解会议情况的重要依据。日程表一般由会议文秘组根据会议议程拟出，印发给出席领导、与会人员和其他有关人员。

2. 会议日程的内容

会议日程的内容不仅要包括会议的主题活动，还应包括聚餐、参观等其他会议的各项辅助活动。

3. 会议日程表的发放

为使与会代表做好充分的会前准备，会议日程表应在会议之前发放到与会代表手中，发放时间可以选择在会议前两周为宜。发放方式可采取邮件发送、提供下载链接等，值得注意的是，无论采取什么样的方式发放会议日程

表，都应确认与会代表是否已经收到会议日程表，以确保不耽误与会代表参会。

【会议日程范文】

××航空公司××年度工作会议暨安全工作会会议日程

日期	时间		内容	地点	主持人	备注
2018.02.06（周二）	上午	09：00—09：15	×××副总裁传达中国民航局等上级单位工作会和安全工作会议精神	报告厅1	×××	
		09：15—12：00	各职能模块负责人做工作汇报	报告厅1	×××	
	下午	13：30—16：00	分组讨论	二楼会议室	×××	
		16：00—17：00	各小组召集人向大会汇报小组讨论情况	报告厅1	×××	
2018.02.07（周三）	上午	08：45—09：15	总裁室各分管领导做工作汇报	报告厅1	×××	
		09：15—09：45	×××副总裁宣读表彰决定并主持颁奖仪式	报告厅1	×××	
		09：45—10：15	×××副总裁主持责任书签字仪式	报告厅1	×××	
		10：15—10：45	×××总裁作年度工作报告	报告厅1	×××	
		10：45—11：15	民航××监管局领导讲话	报告厅1	×××	
		11：15—12：00	×××党委书记、董事长总结发言	报告厅1	×××	

（三）制定会议程序

会议程序是为完成会议议程而按照工作顺序和时间的先后依次安排的会议工作体系，是对会议议程的具体化，是为会议各项活动依次排列的顺序。

【会议程序范文】

1. 宣布会议开始

2. 全体起立

3. 奏国歌

4. 请坐下

5. 请×××同志讲话

6. 请×××同志宣读×××决定

7. 会议结束

＊*知识链接*＊

会议议程、会议日程和会议程序都是关于会议活动先后顺序的安排。它们之间的区别如下。

会议议程是整个会议活动顺序的总体安排，但不包括会议期间的辅助活动，其特点是概括、明了，一旦确定，不得任意改动，凡有2项以上议题的会议，都应当事先制定议程。

会议日程是将各项会议活动（包括辅助活动）落实到单位时间，凡会期满一天的会议都应当制定会议日程，以便与会者和会议工作人员了解会议的具体进程。

会议程序则是一次具体会议活动的详细顺序和步骤，是会议议程的具体化和明细化，可供会议主持人直接操作。

规模较大、活动较多、会期较长的会议，往往同时制定会议的议程、日程和程序，以适应不同的需要。会期较短、议题较少，并且较为灵活的会议只需制定一份会议议程即可。

八　会议名称的策划

会议名称是对外提供关于会议基本信息的引领性标题。俗话说，名不正则言不顺。正式会议必须有一个恰当而确切的名称。会议名称要求能概括并显示会议的内容、性质、参加对象、主办单位或组织、时间、届次、地点或地区、范围、规模等信息。

（一）确定会议名称的方法

（1）由"单位+内容+会议种类"构成，如"中国共产党第十八次全国代表大会"，其中"中国共产党"是组织的名称，也可以称为单位；"第十八次全国"是会议的内容；"代表大会"是会议种类。

（2）由"单位+年度+内容+会议种类"构成，如"××公司2019年总结表彰大会"。

（3）由"时间+会议内容+会议类型"构成，如"2020年××省春运票价听证会"。

（二）确定会议名称的注意事项

（1）会议名称要用确切、规范文字表达。

（2）会议名称应与会议的主题、类型相符。

（3）一般企业会议不允许冠以"中国"或"中华"等称谓。

九　会议经费预算的策划

会议是社会组织运行中的常规活动，除了社会组织内部的一些例会外，组织会议都需要一定的开支，在会议召开之前做好会议经费预算是保证会议顺利进行的重要环节。

（一）会议经费的来源

（1）主办者承担，即谁办会谁出资，由主办者承担会议经费。

（2）与会者承担，即通过向与会者收取会务费、参会费来筹集会务费，一般的学术会议、论坛、经验交流会等会议的费用往往都由与会者承担。

（3）社会赞助，由赞助商提供会议费用。

（4）转让无形资产使用权，即通过转让会议冠名权、协办权等无形资产来获得会议经费。

（5）上级划拨，由会议主办者的上级单位直接划拨会议经费。

（二）会议经费支出项目

一般而言，会议经费的支出项目主要有以下几个方面。

（1）交通费用：出发地至会场的交通费用；会议期间的交通费用；返

程交通费用。

（2）会场费用：会场租金；会场设备租用费用；会场布置费用；其他费用。

（3）住宿费用：可分为与会者全部承担、主办单位承担一部分、主办单位全部承担。

（4）餐饮费用：早中晚三餐费用、酒水及服务费、会场茶歇费用。

（5）会议宣传费用：刊登新闻稿、召开记者会、录音录影等产生的费用。

（6）人员劳务费：多用于专家、特邀嘉宾的劳务报酬费。

（7）各种临时费用。

（三）会议经费预算表的编制

会议经费预算表一般包括以下内容。

（1）会议的基本信息：会议的基本信息包括会议的主题、起止时间、地点、参会人数等。

（2）会议的目的和意义：会议目的和意义的说明，是为经费预算提供充分的理由支撑。

（3）会议的主要经费开支项目：尽可能详细地列出全部的经费开支项目，做到重要的项目不遗漏。

（4）每个项目的经费：做预算之前要对有关情况进行调研和比较，做到经费尽可能准确、实际。

（5）备用金：经费的预算很难做到绝对的准确，而且会议过程中还会产生一些临时的开支，因此在做预算时都应准备一定的备用金。

（四）经费预算表模板

×××会议经费预算	
会议基本信息	1. 会议主题：
	2. 会议起止时间：
	3. 会议地点：
	4. 会议参加人员、人数：
会议目的和意义	

续表

会议经费支出项目			支出金额(单位:元)
会议经费 支出项目及金额	交通费用	出发地至会场的交通费	
		会议期间的交通费	
		返程交通费	
	会场费用	会场租金	
		会场设备租借费用	
		会场布置费用	
		其他费用	
	住宿费用	酒店(宾馆)住宿费用	
	餐饮费用	早中晚三餐	
		酒水及服务费	
		会场茶歇	
	宣传费用	宣传	
		录音录影	
	人员劳务费	专家、重要嘉宾劳务费	
备用金	各种临时支出		

* 知识链接 *

中央和国家机关会议费管理办法（节选）

第二章　会议分类和审批（节选）

第六条　中央和国家机关会议分类如下：

一类会议。是以党中央和国务院名义召开的，要求省、自治区、直辖市、计划单列市或中央部门负责同志参加的会议。

二类会议。是党中央和国务院各部委、各直属机构，最高人民法院，最高人民检察院，各人民团体召开的，要求省、自治区、直辖市、计划单列市有关厅（局）或本系统、直属机构负责同志参加的会议。

三类会议。是党中央和国务院各部委、各直属机构，最高人民法院，最高人民检察院，各人民团体及其所属内设机构召开的，要求省、自治区、直辖市、计划单列市有关厅（局）或本系统机构有关人员参加的会议。

四类会议。是指除上述一、二、三类会议以外的其他业务性会议，包括小型研讨会、座谈会、评审会等。

第三章　会议费开支范围、标准和报销支付

第十四条　会议费开支范围包括会议住宿费、伙食费、会议场地租金、交通费、文件印刷费、医药费等。前款所称交通费是指用于会议代表接送站，以及会议统一组织的代表考察、调研等发生的交通支出。会议代表参加会议发生的城市间交通费，按照差旅费管理办法的规定回单位报销。

第十五条　会议费开支实行综合定额控制，各项费用之间可以调剂使用。

单位：元/人天

会议类别	住宿费	伙食费	其他费用	合计
一类会议	500	150	110	760
二类会议	400	150	100	650
三、四类会议	340	130	80	550

综合定额标准是会议费开支的上限。各单位应在综合定额标准以内结算报销。

第十六条　一类会议费在部门预算专项经费中列支，二、三、四类会议费原则上在部门预算公用经费中列支。

会议费由会议召开单位承担，不得向参会人员收取，不得以任何方式向下属机构、企事业单位、地方转嫁或摊派。

第十七条　各单位在会议结束后应当及时办理报销手续。会议费报销时应当提供会议审批文件、会议通知及实际参会人员签到表、定点会议场所等会议服务单位提供的费用原始明细单据、电子结算单等凭证。财务部门要严格按规定审核会议费开支，对未列入年度会议计划，以及超范围、超标准开支的经费不予报销。

第十八条 各单位会议费支付，应当严格按照国库集中支付制度和公务卡管理制度的有关规定执行，以银行转账或公务卡方式结算，禁止以现金方式结算。

具备条件的，会议费应当由单位财务部门直接结算。

［资料来源：《关于印发〈中央和国家机关会议费管理办法〉的通知》（财行〔2016〕214号），中华人民共和国中央人民政府网，http：//www. gov. cn/xinwen/2016-07/13/content_ 5090862. htm。］

十 会议策划方案的草拟

会议策划方案也称为会议方案，是秘书人员根据负责筹备会议的主要领导人提出整体的思路，具体落实形成的文字方案，是会议策划的具体体现。会议策划方案由秘书人员起草后，应上报相关领导审查批准。

（一）会议策划方案的内容

一般而言，会议策划方案应包括以下几项内容。

（1）会议概述。介绍会议的名称、召开缘由、指导思想、目的任务、意义影响等，重点介绍会议的必要性和可行性。

（2）会议时间。会议时间可以是某一天的某个时间段，也可以是某天到某天。

（3）会议地点。即会议召开的地点，包括会场所在地以及具体的会议室。

（4）会议对象、规模、规格。即与会代表范围，会议是中型会议还是大型会议，是高档次会议还是普通会议。

（5）会议机构。会议的主办方、承办方、协办方以及拟组建的会议机构。

（6）会议主题、议程。会议主题对会议的主要内容进行高度概括，以便与会人员能对会议的目的、要点一目了然，印象深刻；会议议程是对会议顺序的总体安排，主要涉及会议所讨论的具体事项，需要解决的问题。会议议程主要包括两项内容：一是会议的议事程序，二是列入会议的各项议题。

（7）会议形式。主要介绍会议召开、议事、形成决议的方式。

（8）会议日程。会议日程是对每天活动的具体安排，也可以看作是会议的时间表，应该具体列出每天每个时间段会议的详细内容，以控制会议的进程。

（9）会议的宣传方式。如召开新闻发布会、编写会议简报、邀请记者采访、发送新闻稿件等。

（10）会议经费来源及预算。介绍会议经费的筹措方式、金额、开支情况。

（11）会议前期准备工作。即为保证会议顺利召开且达到会议召开目的所做的前期工作，包括成立会议机构、确定会议地点、布置会议场地、准备会议材料、发放会议通知等。

（12）其他应该说明或注意的事项。以上内容可根据会议规模的大小和规格的高低做适当的增减，大型的高规格会议，其会议策划方案要尽可能地周密详细。相反，组织内部的小型会议策划方案可以相对简单一些，但不论如何简洁都应保证会议的顺利召开。

（二）会议策划方案的拟写

会议策划方案一般包括以下几个方面。

（1）标题拟写：会议策划方案标题的拟写一般采用："单位名称+会议名称+会议策划方案（会议方案）"的格式，如××公司春节联欢会会议策划方案（会议方案）、××××学会第××次全国会员代表大会会议策划方案（会议方案）。

（2）正文撰写：会议策划的正文部分一般而言可以分为两部分，一是会议策划的制定依据，这一部分只需简单阐述就行；二是正文的主要内容，这一部分的写作要求条理清楚、一目了然，所以一般要求分项写出，具体内容应该包括会议名称、时间、地点、主办单位、承办单位、任务意义、日程安排、议程、会议准备工作等各方面的具体情况。如会议名称；会议地点；会议对象、规模、规格等。

（3）附件：如有附件，在正文下方写明附件的序号和名称。

（4）落款或签署：会议策划方案的末尾要写明具体的会议策划部门或策划人员并注明成文日期。

【会议策划方案范文】

××航空公司 2022 年度工作会暨安全工作会议

会议策划书

一、会议名称：

××航空公司 2022 年度工作会暨安全工作会议

二、会议主题：

巩固发展基础，坚持稳中求进

三、会议时间：

2022 年 2 月 6 日~2022 年 2 月 7 日

四、会议地点：

××航空公司总部办公楼、××省大剧院

五、会议规模及参会人员范围：

（一）2022 年 2 月 6 日（周二）

1. 公司总裁室领导（12 人）

2. 各部门 KM1 及以上管理干部（64 人）

（二）2022 年 2 月 7 日（周三）

1. 公司总裁室领导（12 人）

2. 特邀嘉宾：民航×××安全监督管理局领导（1 人）

3. 各部门 KM1 及以上管理干部（64 人）

4. 受表彰集体代表与获奖个人（30 人）

5. 员工代表（10 人）

六、主承办单位：

主办单位：××航空公司

承办单位：××航空公司办公室

七、会议组织机构：

组　　长：××航空公司办公室主任

副　组　长：××航空公司办公室/文秘管理室经理

　　　　　　××航空公司办公室/行政事务室经理

　　　　　　××航空公司办公室/外事事务室经理

工作小组分组情况如下：

秘书组：负责会议材料

组织组：负责会议现场调度及秩序维护

宣传组：负责会议宣传工作

会务组：负责会场布置及会中服务

联络组：负责对外联络特邀嘉宾及保障

后勤组：负责会议用餐

保卫组：负责会场秩序维护、电梯维护等

八、会议日程及议程安排

日期	时间及安排	汇报内容	责任人	地点
2月6日（周二）	09：00—09：15	传达上级单位工作会和安全工作会精神	×××	报告厅
	09：15—12：00 各职能模块负责人做工作汇报	公司安全工作汇报	×××	
		公司运行质量工作汇报	×××	
		公司成本控制及效益管理工作汇报	×××	
		公司人力资源建设及绩效工作汇报	×××	
		公司党建工作及群团工作汇报	×××	
		公司服务工作汇报	×××	
		公司飞行管理及训练工作汇报	×××	
		公司维修工作汇报	×××	
		公司营销工作汇报	×××	

续表

日期	时间及安排	汇报内容	责任人	地点
2月6日（周二）	12:00—13:00	午餐	×××	公司餐厅
	13:30—16:00 小组讨论	安监、运行、飞行、飞管、客舱、保卫	×××	会议室四
		维修、信息、货运、标管、飞引	×××	会议室五
		营销、财务、地服、创服、分公司、基地	×××	会议室六
		办公室、规划、人资、党办	×××	会议室七
	16:00—17:00	小组分组讨论情况汇报	×××	报告厅
	17:00—18:00	晚餐	×××	公司餐厅
2月7日（周三）	08:45—09:15 总裁室领导做工作汇报	运行副总做工作汇报	×××	报告厅
		财务总监做工作汇报	×××	报告厅
		维修副总裁做工作汇报	×××	报告厅
		营销副总裁做工作汇报	×××	报告厅
		总工程师做工作汇报	×××	报告厅
		总飞行师做工作汇报	×××	报告厅
	09:15—09:45	年度先进表彰颁奖仪式	×××	报告厅
	09:45—10:15	2019年年度目标责任书签字仪式	×××	报告厅
	10:15—10:45	公司总裁作年度工作报告	×××	报告厅
	10:45—11:15	民航××监管局领导讲话	×××	报告厅
	11:15—12:00	公司董事长、党委书记总结讲话	×××	报告厅
	12:00—13:00	午餐	×××	公司餐厅

九、会议须知

（1）所有参会人员需着正装参会，并提前15分钟签到入场。因工作无法参会需向分管副总请假，并向办公室报备，以便办公室统计参会人员情况。

（2）所有参会人员应注意会议保密，涉及公司战略规划部署等重要信息不得向他人透露。

（3）所有参会人员需严格遵守会议纪律，开会期间将手机设置为静音或振动模式，保持会场安静。

十、附件

（1）《××航空公司 2022 年度工作会暨安全工作会议预算表》。

（2）《××航空公司 2022 年度工作会暨安全工作会议会务组织与分工安排》。

（3）《××航空公司 2022 年度工作会暨安全工作会议责任书签署仪式具体安排》。

××航空公司办公室

二〇二二年一月十日

十一　上报会议策划方案，让领导审查批准

秘书人员在领会负责筹备会议领导的整体思路、完成会议策划方案草拟后，应该将其上报给相关负责会议的领导，让其对策划方案的具体内容与细节进行审查。在领导审查完成后，秘书人员应该针对领导的修改意见进行相应的修改，直至领导批准，形成最终正式的会议策划方案，指导会议的筹备工作及会议的顺利进行。

十二　抓紧落实会议筹备工作

会议的顺利进行，离不开会前周密的会议策划，但更离不开会前准备工作的落实。因此，在会议策划方案审核批准制定后，就要狠抓落实准备工作。首先，要成立正式的会议筹备机构。其次，要尽快制定出相应的准备工作落实日程表，是确保会议准备工作万无一失，为会议准时召开奠定坚实基础的必要性工作。

（一）成立正式的会议机构

1. 成立会议机构的意义

会议的成功顺利召开，需要在会前做好充分的准备工作。秘书人员在领导的带领下，根据会议的档次、规模，协助领导成立相应规格会议机构，对会前准备工作的内容进行分工，促使各会议机构人员既各负其责又相互配

合，共同完成会议的准备工作，是实现会前准备工作落实到位、万无一失的重要保障。

2. 会议机构的类型

不同规模的会议，需要成立与之相对应规模的会议机构：小型会议只需成立会务组，选派专人进行会议的策划、组织、安排、协调等工作；大中型会议，需要建立完善的会议组织机构，将各项任务细分到各个小组，各小组在统一指挥下，分工合作，共同承担会务工作，各司其职、相互合作。

3. 会议机构的构成

一般而言，大中型会议的会议机构除了领导之外，还应设立以下小组。

（1）秘书组：负责会议中的文字工作以及领导交办的工作。

（2）材料组：负责会议材料的印刷、发放、保管，以及会后材料的回收、归档。

（3）组织组：负责与会代表的编组、签到、代表资料审查、会议协调、会议进程的控制。

（4）财务组：负责会议经费的预算、会议经费的筹集、与会人员参会费的收取、会议经费的开支、会议账目的登记。

（5）技术组：负责会议中所用设备的安装、调试、维护。

（6）宣传联络组：负责会议的宣传报道、会议的录音录影等工作。

（7）后勤组：负责会议期间的后勤保障工作，包括食宿、交通、参观等。

（8）保卫组：负责会议期间的安全保卫工作。

4. 会务机构成员的选择

因会议组织任务的不同，需要安排不同的工作人员来承担。如何选择会务人员，组成完善强有力的会议机构，对秘书人员而言可谓是一门学问。会务人员的选择，既要考虑工作人员的兴趣和能力、工作方式和工作特点，又要考虑工作人员的意愿、需要等，尽可能地做到人尽其用。

一般来说，秘书组和组织组需要个性外向、沟通能力强、应变能力好的人员；后勤组、材料组和财务组需要工作细心、思维周密的人员；技术组要求人员专业知识扎实、动手能力强、能够处理现场出现的各种问题；宣传联络组需要熟悉各种宣传手段和新媒体运用的人员；保卫组需要冷静坚定、目光敏锐、反应敏捷、动作迅速的人员。

（二）抓紧落实准备工作

会议机构成立之后，就应该对会议筹备工作进行分工，确保会议筹备工作按时完成，万无一失，保证会议顺利召开。会议筹备工作的开展，需要制定会前准备工作日程表。

会前准备工作日程表

会前准备工作内容	时间安排
1. 确定会议的风格和形式	会前 3 周
2. 调查所需要的信息	会前 3 周
3. 确认参会代表及人数	会前 3 周
4. 确认会议地点	会前 3 周
5. 记录会议地点的备选场地	会前 3 周
6. 确定会场并预订房间	会前 3 周
7. 印发会议通知	会前 3 周
8. 准备日程表	会前 3 周
9. 确认应该通知的与会者	会前 3 周
10. 预定会议标志	会前 2 周
11. 向宾馆或酒店确认预订的房间	会前 2 周
12. 向与会者发出通知	会前 2 周
13. 准备会议文件	会前 1 周
14. 会场布置	会前 1 周

技能训练

1. 课堂讨论

全班参与，讨论以下会议如何确定会议议题、参会人员范围、会议时间和地点。

（1）经理例会

（2）公司年会

（3）产品展销订货会

（4）×××县党代会

（5）×××学校教职工大会

（6）×××学术研讨会

训练要求：学生在讨论过程中，将讨论结果记录下来，整理成表格。

2. 案例分析

某机关开表彰会，因为上级领导要参加，基层单位领导也有上百位，秘书小王就选择了市中心的"光明会堂"作会场。开会时间定在了上午八点。然而，等到八点一刻，却还有不少人没有按时到场。一打听，原来是附近的一条街刚改了单行线，本来可直接开过来的车，现在却得绕道了，真是出乎意料。无奈，会议只能延时半小时召开。而有的与会者因工作安排打乱了，只能提前离会。

讨论并思考：会议延时的原因及解决的办法。

任务测试

1. 会议策划方案包括哪些工作环节？

2. 学校拟召开春季田径运动会，请编制一份经费预算表。

3. 学校拟召开学生代表大会，进行学生会的换届选举。试为其草拟一份详细的会议方案。

教学评价

1. 通过本任务的学习和训练，你是否达到学习目标？请学生、老师进行客观评价。

2. 学生反思自己在训练中的表现，请对自己的收获、不足、改进措施展开思考。

3. 师生从教学方法、教学技能、教学媒体三个维度共同对本任务的课堂教学进行分析与评价。

内　容		评　价		
学习目标	评价项目	个人评价	小组评价	教师评价
专业知识	会议策划的主题、议题	Yes/No	Yes/No	Yes/No
	会议方案的撰写内容	Yes/No	Yes/No	Yes/No
	会议策划的基本步骤	Yes/No	Yes/No	Yes/No
专业能力	会议议程、日程、程序的策划	Yes/No	Yes/No	Yes/No
	会议经费预算表的编制	Yes/No	Yes/No	Yes/No
	会议策划方案的拟写	Yes/No	Yes/No	Yes/No

学生完成任务后的反思：

师生课堂教学评价：

第三章
会前筹备

会议能否获得成功，很大程度上取决于会前筹备工作。会前筹备工作是做好会议组织和服务工作的首要阶段、重要环节，是会议取得圆满成功的必要前提和重要保障。文秘人员经常需要组织召开各种大大小小的会议，为保障会议成功召开、会议目的顺利实现，文秘应当做好会前筹备工作。

第一节　选择并布置会场

学习目标

◆ 掌握选择会议场地的技巧

◆ 掌握会场布局类型，能根据会议需要，安排会场座位

◆ 能根据会议特点，装饰会场环境

任务描述

某市即将召开安全生产委员会第三次全体（扩大）会议，总结上半年全市安全生产工作，对下半年安全生产工作进行安排部署。办公室主任安排秘书小秦负责布置大会的会场。小秦根据会议的性质和需要，选择场地并布置会场。

任务分析

秘书人员会议服务工作的主要任务之一是根据会议需要，精心选择最

为合适的会议场地，并对会场进行布置、装饰和座次安排，检查会场的设备、设施，确保会议的顺利进行并达到最佳效果。在选择和布置会场的过程中，小秦应考虑：会场的选择和布置一定要满足会议需要，符合会议的气氛、特点；主席台的装饰美化是会场布置的重点，主席台的座次安排是工作难点；细节决定成败，布置会场工作要反复核对、检查，不忽视任何细节。

知识准备

一 会场的种类和特点

会场即开会的场所。所有可用于开会的场所都可称之为会场。会议场地是一场会议的基础硬件之一，一个与会议和活动匹配度高的会议场地，无疑会给会议和活动本身增色不少。

1. 按照会议室的范围划分，可分为室内会场和室外会场。

2. 按照会议室的隶属划分，可分为内部会议室和外部会议室。

（1）内部会议室。指单位自己的会议室、会议厅。内部会议室具有以下特点：会议费用较低或不单独产生费用；环境熟悉、可以协调；资料齐全。但可能会有人、事、电话等干扰；有的会议室面积较小，参会人员过多，会使人感到不适。大多数单位内部会议一般选择在自己单位的会议场所召开，这样方便、节省，大家也熟悉场地和设备。

（2）外部会议室。指单位以外的会议场所，如宾馆、酒店、度假村的会议厅和会议中心。外部会议室具有以下特点：与会各方都没有地主优势；可以满足一些会议的保密要求；有大型会议的设备设施；能够提供相关技术支持和保卫措施；适合跨省、市会议；对与会人员的吸引力较强。但是旅途时间长，食宿费用高，自由度相对受到一定影响。一些大中型会议、保密会议、有较多外地与会者的会议，需要安排在单位外部开会。

3. 按场地使用的功能不同，会议场地可以分以下几类。

（1）会议场地。即用来召开全体会议、平行会议、专题讨论会或研讨会、圆桌会议等所使用的场地。

（2）活动场地。即组织附设展览和洽谈会等会议配套的业务活动所需要的场地。

（3）接待场地。主要用来接待参会人员、贵宾和发言人并为其提供服务，主要包括注册台、咨询台、贵宾室、发言人准备室、记者接待处等。

（4）交流场地。用于与参会者进行沟通和交流，主要包括资料台、赞助商台和新闻采访室等。

（5）餐饮场地。用来组织招待酒会、欢迎或告别宴会、午餐或晚餐会以及供参会者休息的茶歇区。

（6）办公场地。供会议组织者在会议期间设立秘书处或临时办公室，以及用来储存会议设备或资料的设备室及储藏室。

（7）其他场地。如安保、急救、存放衣物、文艺演出或体育活动所需场地，以及工作人员或参会者所需的临时性住宿用房等。

二　会场的布局形式

会场的布局有多种形式。

1. 相对式。主席台与代表席采取面对面的形式，突出主席台的位置，有弦月形、礼堂形等。

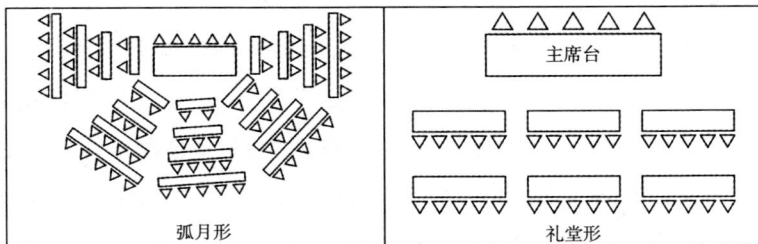

图 3-1　相对式布局

2. 全围式。不设专门的主席台，所有与会者均围坐于一起，有方形、长方形、回字形、椭圆形、圆形等。

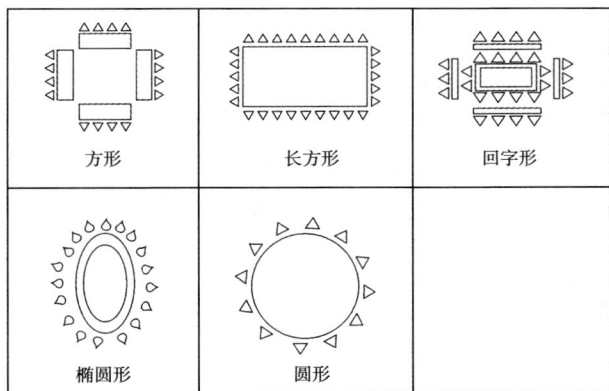

图 3-2　全围式布局

3. 半围式。介于相对式与全围式之间，设有主席台，但在其正面和两侧安排代表席，有 T 字形、U 字形、拱桥形、马蹄形等。

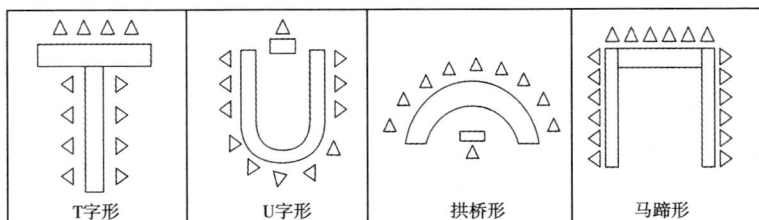

图 3-3　半围式布局

4. 分散式。将会场分为若干个中心，每一个中心都有一个主桌，在一定程度上，既能突出主桌的地位和作用，又给与会者提供多个交流的机会，气氛较为轻松和谐，有 V 字形、方桌形、圆桌形等。

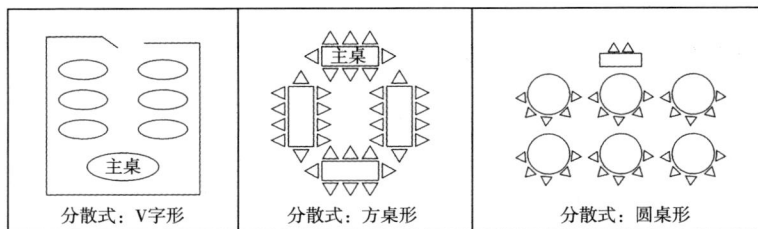

图 3-4　分散式布局

三　会场内部摆设

（一）会标

会标一般用红布制作或电子显示屏，横挂于主席台上方或主席台后壁上方。会标字体多为宋体或黑体，内容应为全称，不能写简称，如需要可标示会议地点、时间。

（二）主席台

1. 桌布为深红色，端庄，沉稳。

2. 桌前摆放物品位置不可高于主席台，以免遮挡领导视线，影响摄像效果。主席台前方投影注意勿将灯光打到领导脸部，主席台 LED 显示屏字幕不被主席台领导遮挡。

3. 领导座牌的摆放，根据领导职位高低排列。原则为：主要领导居中，其余领导面向观众坐好，国际惯例是以右为尊，国内是以左为尊，依次排列。

4. 两个领导之间摆放一个话筒。

（三）主持台

与主席台呈 45 度角度，倾斜放置，摆放鲜花一束，话筒一支。

（四）记录处

位于会场的最靠里通道。

（五）签到处

位于门口两侧，分为领导签到处和师生签到处，准备好签到表和笔，并有专人负责发放会议议程。

（六）其他布置

1. 准备扩音设备、耳机、麦克风等。

2. 注意温度、光线、通风、卫生设施、电源插座等。

3. 在门口设立指示牌，指明会场座位、座次，厕所等通道。

4. 会场布置饮水处。

＊ *知识链接* ＊

石家庄信息工程职业学院大学生科技创新工作会议会场布置（资料来源：百度文库，https：//wenku.baidu.com/view/a2e5c2f4bf1e650e52ea5518 10a6f524cdbfcbcd.html。）

任务实施

【操作流程】：选择合适的会场→选择合适的会场布置形式→安排好主席台座次→安排好场内其他人员座次→美化、装饰会场→布置和检查会场设施、设备

一　选择合适的会场

会议选址包括大地点、小地点。大地点是会议所举办的城市，小地点是所选城市中的具体的会场。不同类型的会议，其选择的场地风格也不一致。应根据会议目的、会议形态、会议需求和与会者的期望，选择适合的会议场所。

（一）选择会场应考虑的因素

1. 基础设施

硬件设施是选择会场必须考察的内容。会场容量要与会议规模相称，要保证能容纳预计的全体参会者、工作人员以及媒体记者等。如果会议议程安排了不同的议程同时进行，则应安排两个及以上的会场，且各个会场应相邻，方便参会者根据自己感兴趣的议题选择会场。对于有领导出席的会议，需要安排一间大小适中的贵宾会见室，且会见室到会场的距离不宜太远。

2. 服务设施

会场的服务设施不仅包括会场有会议所需的各类器材，如有齐备的照明、音响、灯光、投影仪、LED 屏、视听设备设施，还包括会场停车场的位置和容量，电梯、公共卫生间及其他公共区域是否干净整洁，会场本身或周边是否有商店，抵达会场是否有方便快捷的交通工具等。

3. 住宿服务

如果会议持续时间超过一天，还需要对会场或附近的住宿设施情况进行详细考察。考察内容主要包括客房数量、房型、客房到会场的距离与方便性、网络覆盖、入住与退房、发票出具等相关规定，以及客房条件和安全设施等。

4. 餐饮服务

考察会场的餐饮服务能力非常重要，因为餐饮往往会影响与会者对会场的整体评价。考察的主要内容如下。公共区域外观是否清洁；餐品的卫生状况；餐厅工作人员的态度是否热情，能否提供有效、快速的服务；餐饮价格是否合理；菜系类别；能否提供独特的茶点及与会者特殊要求的食物；是否具有举办宴会的能力等。

5. 会场工作人员

会场工作人员的情况也应进行考察。考察的主要内容如下。现有服务人员是否需要因会议进行特殊培训指导；安保人员与服务人员是否友好；前厅接待的人力是否足够；服务人员的服务态度是否热情主动，是否明确其责，能否各司其职，服务效率如何等。

6. 会场安全

会场的安全性包括政治安全和环境安全。前者是指防止出现危及领导者或参会者的人为因素；后者是指会场是否有安全隐患，电器、电路是否可靠，是否设置火灾报警系统，是否配备灭火器，是否公开了撤退程序，消防设施是否齐全，消防通道是否畅通，安保能力是否充足等。

7. 费用收取

主要考察会场的各类收费标准及收费方式。工作日与周末的收费标准；淡季与旺季的收费标准是否不同；是否需要缴纳订金，缴纳多少；是否可以刷卡结算以及发票出具等。

（二）会场选择应坚持的原则

1. 会场考察原则

根据会议需要对会场种类进行初步选择后，下一步工作应开展实地考察。在现场考察时应注意：一是会见能做决策的人，这样有利于以后解决可能出现的问题；二是以普通参会者的身份，考察会场能否满足会议要求；三是选择几家场地作为备选，以便出现特殊情况时能灵活调整。当会议在异地举办时，实地考察成本较高，可以利用互联网上的场地搜索预订在线服务平台（如会小二、会唐网、酒店哥哥等）进行场地选择和预订。

2. 大小适中的原则

会议场地的大小要与会议规模，即参加会议的人数相适应。场地过大，会显得空旷、松散，影响会议气氛；场地过小，则显得拥挤，让人不适，同时还存在安全隐患。

3. 交通便捷的原则

开会场地宜定在与会人员较集中和交通较便利的场所。会期长的应尽可能靠近住宿地点。

4. 环境抗干扰原则

为使与会人员能专心开会，一般应尽量避开闹市区，选择比较清静，相对独立，不易受周边环境影响的场所。会议室内不安装电话，谢绝来访和参观。

5. 设施设备齐全的原则

桌椅家具、通风设备、照明设备、空调设备、音像设备、安全消防设备等应尽量齐全。同时应根据会议的需要检查有无需要租用的特殊设备，如演示板、电子白板、计算机、麦克风等。另外，也要根据需要考虑会场其他设施的情况，如住宿、餐饮、娱乐、停车场、网络、通信等是否能满足需要。

6. 成本合理原则

如需要租用场地，就要在考虑上述因素的情况下，尽量选择租金合理的场所，以降低会议成本。

二　选择合适的会场布置形式

根据会议的规模和主题，应选择不同的会场布置形式。

（1）日常内部工作会议的会场布置形式多为全围式，圆形、椭圆形、长方形、方形、回字形，这些形式可以使参会人员坐得比较紧凑，消除拘束感，体现民主与团结的气氛。

（2）培训会、讨论会、评审会的会场布置形式多为半围式，马蹄形、T字形、U字形、拱桥形，这些形式方便参会者进行互动，也有利于演讲者播放幻灯片讲解。

（3）代表大会、纪念性会议、表彰大会、布置工作动员大会多采用大小方形的布局。领导人在主席台上，形成小方形，与会者在台下，形成大方形。

（4）大、中型会议的会场布置形式多为相对式，弦月形、礼堂形，这些形式比较正规，有一个绝对中心，使人有庄重、严肃之感。

（5）大型联欢会、茶话会、团拜会的会场布置形式多为分散式，V字形、方桌形、圆桌形的座位格局，既在一定程度上突出主桌地位，又给参加者提供多个交流中心，使会议气氛更加活跃。

（6）会见、会谈的会场布置成马蹄形、圆形、长方形、多边形，具体选择根据需求而定。

不管采用何种形式，会场布置的目的都是为会议服务的，或方便进出，或增强沟通，或传递信息。因此，在布置前，会议组织者要将需求明确告知单位秘书或酒店、会议中心的工作人员。

三 安排好主席台座次

（一）主席台座次的安排

一般大中型会议都应设主席台。主席台是会场的中心，是与会人员注目的焦点，因此是整个会场布置的重点，必须慎重，不可有丝毫差错。大型会场的主席台，一般面对会场主入口，面对观众席。布置主席台时，前排一般为通栏，后排可根据需要安排通栏或分栏式；主席台上可设讲台、话筒，以突出发言的重要性；重要大会的主席台边还应有休息室。

国内目前主席台排座有三个基本规则：一是前排高于后排；二是中央高于两侧；三是左侧高于右侧。主席台布置有两种摆放方式：演讲席＋座位；

只设演讲席。

（1）演讲席+座位。座位按照课桌式摆放，主持人座位最靠近演讲席。在政务会议中，主席台上嘉宾以中间为尊，左尊右卑；在商务会议中，主席台上嘉宾以中间为尊，右尊左卑。

（2）只设演讲席。嘉宾在会场前排就座，由主持人按顺序邀请嘉宾上台即可。

（二）主席台座次安排的注意事项

在主席台就座的一般是主办方的负责人、贵宾或主席团成员。安排座位时应注意以下惯例。

（1）依职务的高低和选举的结果安排座次。职务最高者居中，然后按先左后右、由前至后的顺序依次排列。领导为单数时，主要领导居中，为1号。2号领导在1号领导左手位置，3号领导在1号领导右手位置，其他依此类推。领导为偶数时，1、2号领导同时居中，2号领导在1号领导左手位置，3号领导在1号领导右手位置，4号领导在2号领导左手位置，其他依此类推。

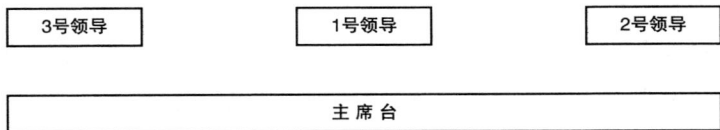

3号领导		1号领导		2号领导
		主 席 台		

图3-5 领导数为奇数时主席台座位安排

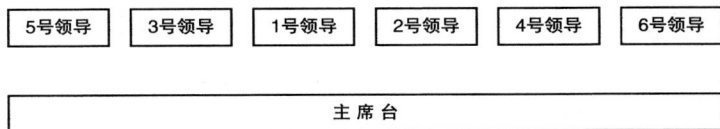

5号领导	3号领导	1号领导	2号领导	4号领导	6号领导
		主 席 台			

图3-6 领导数为偶数时主席台座位安排

（2）二排以上的主席台布置，正式代表在前居中，列席代表在后居侧。或依据职务高低排列，职务高者在前居中，职务低者在后居侧。

（3）为工作便利，主持人有时需要安排在前排边座就座，有时可按职务顺序就座，或单独设讲台。会议的主持人或会议主席台的位置应远离入口处，正对门的位置。

（4）重大会议的主席台座次需要编排成座次表，报主管领导审核，并将审核后的座次表贴于贵宾室、休息室或主席台入口的墙上，也可以在出席证、签到证等证件上标明。

（5）为便于主席台人员正确就座，应在主席台桌上放置正反两面印有姓名的桌签。

四　安排好场内其他人员座次

（一）小型会议的排座

小型会议因参加者较少、规模不大，全体参会者都排座，不设立专用的主席台。小型会议的排座有以下三种形式：一是自由择座；二是面门设座，一般以面对会议室正门的座位视为会议主席座位，其他的参会者在其两侧自左而右地依次就座；三是依景设座，即会议主席的座位不必面对会议室正门，而是应当背依会议室之内的主要景致所在，如字画、讲台、横幅、徽标等，其他参会者在其两侧自左而右地依次就座。

小型会议会场内的座位安排，一是要考虑与会者的就座习惯，同时要突出主持人、发言人；二是要注意分清上下座，一般离会场的入口处远、离会议主席台位置近的座位为上座，反之，为下座。

（二）中大型会议的排座

中大型会议，如代表会议、工作会议、报告会议等类型的会议需要安排场内其他人员的座次，常见的排列座次的方法如下。

（1）横排法。是把观众席从前向后排成纵向一列，按组别顺序以代表座席的朝向为准，从左到右横向依次排列。

（2）竖排法。按照既定的次序把参会的每一个代表团、小组、单位的座席排成一横行，再按顺序从前到后依次纵向排列。选择这种方法要注意将正式代表或成员排在前，职务高者排在前，列席成员、职务低者排在后。大型代表会议采取竖排法比较好。

（3）左右排列法。即按照公布名单或以姓氏笔画为序，以会场或主

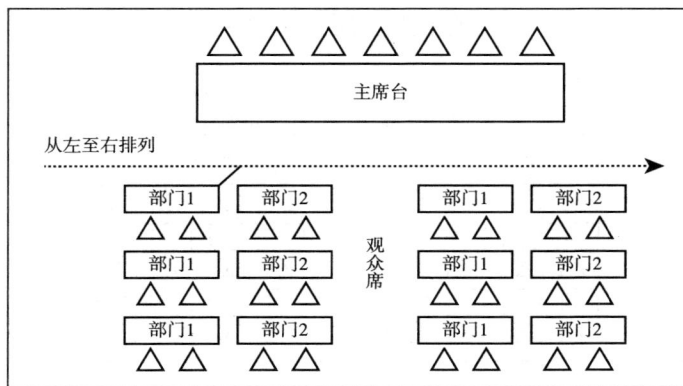

图 3-7　观众席横排法

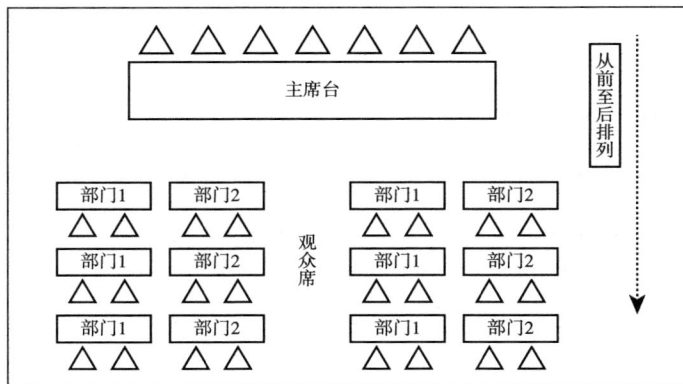

图 3-8　观众席竖排法

席台中心为基点，向左右两边交错扩展排列座次。中国传统习惯以左为上，排在第一位的居中而坐。以此为基点，其余的以居中者的左手方为第一顺序，一左一右向两侧横向交叉扩展排列座次。选择左右排列法时应注意人数。

　　Tip 小提示

　　排列座次时需要注意：（1）有正式参会名单的，按照名单先后顺序排列座次。（2）按照选举得票多少排列座次，得票数一样的，以姓氏笔画为

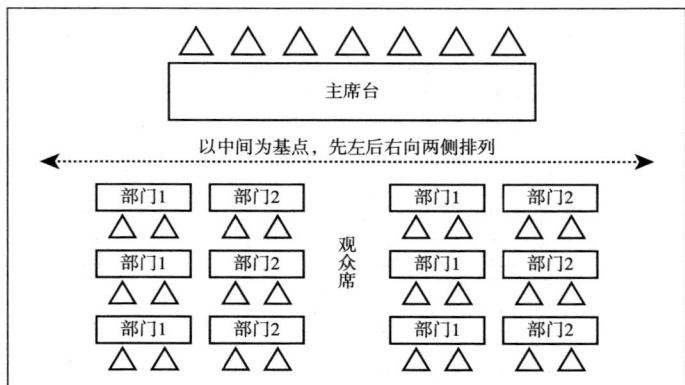

图 3-9 观众席左右排列法

序排列。（3）以姓氏汉语拼音字母字头为序排列。（4）以姓氏笔画为序排列座次。（5）会议嘉宾在前排就座。

五 美化、装饰会场

会场气氛直接影响到与会者的情绪和会议效果的发挥，因而在条件允许的情况下，有必要根据会议的性质、内容，通过运用文字、图案、色彩、实物等美化和装饰会场。

美化、装饰会场的主要物品有以下几种。

（一）会标

将会议的全称以醒目的标语形式悬挂于主席台前上方，即为会标。会标能体现会议的庄严性，激发与会者的积极参与感。

（二）会徽

即能体现或象征会议精神的图案标志，一般悬挂于会场前上方中央位置。会徽可以是组织已定徽标，如党徽、国徽、团徽、警徽、会议主办机构的徽志等，也可以向社会公开征集，选择最能体现和象征会议精神的图案为会徽，如北京奥运会会徽"中国印"。

（三）标语

把标语口号用醒目的书面形式张贴或悬挂起来，即成为会议标语。会议标语有宣传、烘托会议主题的主题性标语，有表达热诚欢迎、热烈祝贺的礼仪性标语。简洁明快的标语口号能振奋与会者精神，强化会议主题。

（四）旗帜

常用的会议旗帜有国旗、会旗、红旗、彩旗等。重要会议升挂国旗；合法组织举行会议升挂会旗；红旗用于党代会、人代会等气氛庄严的会议；彩旗主要用来营造隆重、热烈、喜庆的气氛。

（五）桌布

不同会议对桌布的颜色和材质要求不同。会议桌布常见的有蓝色系、红色系、香槟黄、绿色系、粉色系与迷彩色。蓝色系凸显健康，能让人轻松、愉悦，提升参会者的精神度，适用于产品发布会、读书会、智能产业论坛，甚至一些比较高端的外交峰会；红色系凸显庄重、典雅，但气氛稍显凝重，适用于政府型会议，以及一些高端商务型会议；香槟黄凸显高贵与富有，黄色运用好，还能够与现场灯光相互呼应，让参会者迅速融入现场环境中，一般应用在金融性较强的商务会议上；绿色系凸显稳重，仅次于蓝色，一般应用于培训以及讲座等会议活动当中；粉色系凸显轻松、活泼，一般适用于非常规的会议活动中，或以女性为主角的会议中；迷彩色通常应用于与军事有关的相关会议或活动中，户外的居多。会议桌布的材质常见两大类，一类为塑料类，主要包括 PVC 桌布、EVA 桌布、PEVA 桌布、烫花桌布、棉衬底 PVC 桌布、PP 桌布等；二类为纺织类，主要包括涤棉针织花边桌布、纯棉丝光网桌布、涤丝经编提花桌布、纯棉丝光提花桌布、涤棉平织印花桌布、涤棉平织绣花桌布、亚麻针织花边桌布、涤麻平织补花桌布等。

（六）指示标志

会场指示的标志也不可或缺。会场指示标志主要有：用来标识每个座位的排号和座位号；用来标识座位就座人身份的指示牌，如首长席、正式代表席、列席代表席、来宾席、旁听席、记者席等；用于标示参会者姓名的名签或座签；用于标明桌次的桌签；挂在会场入口处，用于标明会场或主席台的座位分布及具体位次的图表，以及大型会议中放在会场门口或悬挂在场内，用来标明各座区的方向和方位的指示牌。

（七）灯光和色调

灯光的强弱、明暗及颜色，会给会场带来不同的视觉效果。一般的会议宜使用白炽灯和日光灯作为照明光源，要注意灯光的亮度，一般主席台上的灯光要比台下代表席的灯光亮。色调是指会场内色彩的搭配与整体基调，要注意不同色调会给与会者不同的感官刺激，如红、粉、黄、橙亮丽明快，使人感觉热烈辉煌，适合庆典类会议；蓝、绿、紫等色调庄重典雅，使人感觉严肃端正，适合一般工作会议；黑、白色调凝重、沉痛，适用于追悼、追思性会议。

会场装饰需要根据不同的会议内容采取不同的装饰方法，装饰要求为：党代会——朴素大方，人代会——庄严隆重，庆祝会——喜庆热烈，纪念会——隆重典雅，座谈会——和谐融洽，工作会——简单实用，展览会——新颖别致，追悼会——庄严肃穆。

六　布置和检查会场设施、设备

会场设备是现代会议活动赖以进行的物质保障。其作用有记载表达信息、提供条件保障、营造环境气氛、克服交流障碍、实现远程会议等。在布置会场的同时，要对所有与会议相关的设施、设备进行布置、调试和检查，使其安全、有效，符合会议需要。

相关设施、设备布置和检查的内容包括以下几个方面。

（一）音响系统

主要包括录音机、扩音器、调音台、功率放大器等设备。要在会前进行全面的调试和检查，对会议所需播放的音乐要试播、试听，确保使用时不出任何差错。

（二）视听系统

主要包括幻灯机、录音机、计算机、投影仪、LED屏幕、电子书写板、同声传译系统等。要提前了解会议形式和报告人的工作习惯，保证所需设备及时到位，实用，好用，数据端口无松动。

（三）照明系统

主要包括会场的顶灯、壁灯、吊灯、射灯和地灯等各种照明设备是否有效，电源插头开关牢固。特别应注意主席台的亮度要充分，主席台上的电源插头完好、适用。

（四）设备及卫生系统

主要包括讲台的高度是否适宜；桌椅的舒适程度是否适合长时间使用；桌椅的间距是否合理、是否便于与会人员出入；窗帘的遮光程度是否合适；家具、地面、通道、休息室及卫生间等是否清洁、卫生；印刷设备如打印机、扫描仪、复印机等能否正常使用；休息室和卫生间的所需物品也应摆放到位。

（五）安全系统

主要包括用电系统要安全可靠，消防设施要齐全完善，配备有质量可靠的门禁设备、消防器材和救生用品，安全通道要畅通无阻，各种安全标志要按规定张贴摆放等。在必要的情况下，可以安排服务员或安保人员提示、疏导。

技能训练

1．课堂讨论

全班参与，讨论以下会议如何进行会场选择和布置。

（1）董事会；

（2）员工例会；

（3）东南亚商品交易会；

（4）×××学校迎新大会；

（5）×××科技研讨会。

训练要求：学生在讨论过程中，将讨论结果记录下来，整理成表格。

2．案例分析

某上市公司召开股东大会，会场选在公司小礼堂。可是开会时来了很多股民，都是小股东。按以往情况，很少会有小股东来开会，若只有大股东参会，公司小礼堂足够坐了。现在小股东懂得行使自己的权利，纷纷要求参加会议，这样一来，会场根本无法容纳到会的股东。面对指责，公司只得临时改换到市体育馆，耽误了很多时间。

讨论并思考：如何预防会场太小（太大）的尴尬。

3. 现场训练

利用学校现有的实训设备，练习掌握音响、投影、摄影、摄像等设备的使用方法，并能排除一些简单的故障。

任务测试

1. 请列出会场选择应考虑的因素。

2. 查阅资料，分析小型会议、中型会议和大型会议分别应采用的会议形式。

3. 根据以下新能源汽车与功能安全研讨会提供的信息，请同学以小组为单位，制订会场布置方案。

会议名称：新能源汽车与功能安全研讨会

开始时间：2020 年 5 月 21 日

结束时间：2020 年 5 月 21 日

主办单位：国家机动车产品质量监督检测中心（上海）

举办地点：上海颖奕高尔夫皇冠假日酒店

会议人数：100 人

参会人员：来自汽车方面的技术人员及企业代表

[任务提示：会场布置方案可以从以下几个方面进行考虑：（1）会场布置的形式；（2）安排会议座次；（3）环境布置：考虑色调、花卉等因素；（4）主席台布置；（5）会议设备]

教学评价

1. 通过本任务的学习和训练，你是否达到学习目标？请学生、老师进行客观评价。

2. 学生反思自己在训练中的表现，请对自己的收获、不足、改进措施展开思考。

3. 师生共同对本任务的课堂教学进行分析与评价。

内　容		评　价		
学习目标	评价项目	个人评价	小组评价	教师评价
专业知识	会场的布局形式	Yes/No	Yes/No	Yes/No
专业能力	主席台座次安排	Yes/No	Yes/No	Yes/No
	会场座次安排	Yes/No	Yes/No	Yes/No
	会场装饰技巧	Yes/No	Yes/No	Yes/No
	检查会场设施设备	Yes/No	Yes/No	Yes/No

学生完成任务后的反思：

师生课堂教学评价：

第二节　发布会议通知

学习目标

◆ 掌握会议通知的主要内容和写作技巧

◆ 了解发布会议通知的注意事项

◆ 能根据会议需要，拟写带回执的会议通知

任务描述

利达公司的秘书吴欣这几天很高兴，她草拟的公司新产品订货会的会议计划顺利通过了领导的审查。会议的各项准备工作井井有条地展开了。这不，领导又安排吴欣草拟会议通知，交公司领导审核、签发后，尽快印发下去，以便与会人员提前做好准备。

任务分析

在会议计划获得批准、各项会议准备工作基本就绪后，要尽早、准确地发出会议通知，明确会议的时间、地点、出席人员，尤其是会议需要讨论和研究的议题，以便与会人员提前做好准备。在制发会议通知过程中，要明确

会议通知的主要内容：会议名称，开会的原因、目的、意义，会议的召集者，会议的内容，开会的时间、地点，出席会议的对象，主办会议者的联系方式以及其他须知事项。会议通知各内容的表述要翔实，以免产生不必要的误解。发送会议通知可以选择有效、便捷的方式，应安全、准确和及时。收集回执和信息反馈要主动，全面汇总后及时向领导或会议组织部门汇报，以便做好会议筹备的后续或调整工作。

知识准备

一　会议通知的内容

会议通知是会议组织者告知与会者有关事项的会议文书，是传递召开会议信息的载体，是会议组织者同与会者之间会前沟通的重要渠道。会议通知一方面起到传递会议信息的作用，使与会者了解会议的有关事项；另一方面起到收集信息的作用，收集参会者个人信息及会议建议，以便做好会议接待，完善会议议程。此外，会议通知还能起到备忘和凭证作用，提醒与会者按时参会，并作为与会者进入会场的凭证。

会议通知一般包括以下内容。

（1）会议名称。名称一定要写全称。

（2）会议的背景、目的。在会议背景中，应告知与会者举办会议的缘由、目的、宗旨与意义。

（3）会议的召集者和组织机构。包括会议的主办方、协办方和承办方等。如成立组织委员会、筹备委员会、指导委员会、学术委员会等会议组织机构，要写清机构名称、人员组成情况。

（4）会议的内容和形式。包括会议的主题、议题、讨论的提纲、日程安排等。

（5）会议的时间。包括报到时间、注册时间、正式开始时间和会期、闭会时间。

（6）会议的地点。应写明会场所在地的详细地址，如"××市××区××路××宾馆××会议室"。可告知如何乘坐本地交通工具到达会场，并附简单的交通路线示意图。

（7）出席会议的对象。包括与会者的范围和人数。应说明参加会议的人员的具体条件，如职务、级别、年龄等。参加对象如资格不同，通知中应分别用"出席""列席""旁听""特邀"等词语来对应。参加对象需要逐级推荐的，要说明推荐的程序。有的会议为了控制或达到一定的规模，通知中还会规定每个单位参加会议的人数。

（8）联系方式。包括主办单位或筹备机构的地址、网址、联系人、联系电话、电子邮箱、银行账号等。

（9）其他须知事项。如报名方式和截止日期、参会费用及支付方式、参会需要准备的资料及提交要求、会议的正式语言和工作语言、报到和入场要求以及组织者认为必须说明的其他事项。

（10）回执。作为附件和会议通知一起发送。请接受通知的单位或个人填写，反馈是否能够到会以及与会者的姓名、性别、年龄、职务、联系电话等信息。

＊ Tip 小提示 ＊

除会议通知文件外，为方便与会者，还可寄发以下资料。

（1）会议相关材料。如果有预备议程、事先需准备的材料或其他需让与会者事先了解的情况，应随会议通知寄发一份。

（2）回复时需要的信封、邮票等。需要回复的会议通知或预备通知还可夹入一张明信片、信封、邮票等，上面应注明本公司地址、邮编、电话、发信人姓名，以便对方有时间考虑并能及时回复。

（3）有关票证。会议通知中可将会议中使用的有关票证（入场券、代表证、汽车通行证、座次号、编组名单、就餐证和乘车证等）与会议通知一并发出。

（4）会议地点、交通工具、线路等。如果某些与会者对会议地址不熟悉，应附加一份说明或回执单，要求与会者告知具体的到达和返程日期，并标明到达会址的汽车、火车等交通工具、线路。

二 会议通知的类型

（一）会议通知按发送形式分有以下5种类型

1. 书面通知

书面通知是书面印制的通知或板报、网络上发布的通知。书面通知庄重、严肃，备忘性好，一般可用于参加人数较多或比较庄重、正式的会议。它可以分为两种，一种是张贴式书面通知，即在黑板、公告栏等处书写或张贴的会议通知；另一种是便函式（或卡片式）书面通知，即以公文方式发送的会议通知。一般来说，办公地点集中的内部会议，如果参会人数较多，宜用张贴式书面通知；如果参会人数较少，宜用便函式书面通知；一些较重要的会议，两种形式可并用。

2. 口头通知

即当面口头通知，适用于小型例会或与会人员集中居住的会议，如三五个人的碰头会。口头通知一般要求当面通知到个人。

3. 电话通知

一般情况下，如果与会者办公地点比较分散且参会人数不多时，发书面通知来不及或不方便的会议，通常采用电话通知的形式。

4. 手机短信通知

临时决定召开或出现会议相关事项的临时变更，可以采用手机短信群发的方式通知。在会议中，如出现临时情况，也可借助手机群发短信，及时通报。

5. 电子邮件通知

随着办公现代化和网络化的普及，在会议通知的发布上越来越多地采取电子邮件和短消息形式。

（二）会议通知按会议形式可分为以下2种类型

1. 正式通知

为了规范单位的管理及运作，除了非正式会议和每日例会之外的所有会议，均应打印正式会议通知，再通过书面形式或电子邮件传递给有关人员，以示正规和郑重。

2. 非正式通知

非正式会议可采用非正式通知，如先发传真或打电话，随后再寄备忘录或信函。也可先发电子邮件，再通过电话或回复电子邮件确认。

（三）会议通知按表现形式分有以下5种类型

1. 文件式会议通知

例文如下：

关于召开全省民政工作会议和福利彩票工作会议的通知

××办〔2020〕3号

各市、州、省直管市：

为总结2020年民政工作，部署2020年工作，经省政府同意，定于1月15日召开2020年全省民政工作会议，同时套开全省福利彩票工作会议。现就会议有关事项通知如下：

一、会议时间：1月14日下午报到，1月15日召开全省民政工作会议，1月16日上午召开全省福利彩票工作会议。

二、会议人员：（1）省政府领导。（2）各市、州、省直管市、神农架林区政府分管民政工作市州长（经省政府同意，请民政局邀请，只参加15日上午大会）、民政局局长、办公室主任，各县（市、区）民政局局长。（3）各市、州分管彩票工作的副局长和福彩管理站站长（15日下午报到，与市州县局长一起参加16日上午的福彩工作会议）。（4）厅领导，厅各处室和直属单位主要负责人。

三、报到地点：各市州分管民政的市州长、民政局局长、办公室主任在紫阳湖酒店报到（××市××区紫阳路，电话027-×××××××）。各县市民政局局长，各市、州分管彩票工作的副局长和福彩管理站站长在××大酒店报到（××市××区首义路，电话：027-×××××××）。

四、其他事项：请各市、州通知所属县（市、区）参加会议（不含开发区、农场等），并将所有参会人员名单（姓名、单位、职务、移动电话）于1月11日17时前报厅办公室。联系人：×××，电话：027-×××××××，传真：

027-×××××××。电子邮箱：×××××××@163.com。

××省民政厅

××××年×月×日

（资料来源：http：//m.fabao365.com/code/law_ 568875.html。）

2. 备忘录式会议通知

例文如下：

会议通知

×××：

  兹定于×月×日上午8：30~9：00在公司三楼会议室召开各部门经理每周工作例会，请准时出席。

××公司办公室

××××年×月×日

3. 请柬式会议通知

例文如下：

_____单位（领导、朋友等）：

  感谢您一直以来对本公司（或本人）的关心和支持，使公司业务得以蓬勃发展，现公司已迁至××××（某地），诚邀请贵单位（或领导朋友）在××××年×月×日×时到××××（某地）参观公司新址，并赴本公司的庆典午宴。

××××公司

××××年×月×日

4. 海报式会议通知

例文如下：

第五届校园文化艺术节文学鉴赏座谈会海报

在学院第八届校园文化艺术节来临之际，文学社特邀嘉宾×××大学的×××教授和×××大学的×××教授前来我校，与我校的文学爱好者进行座谈交流。

本次座谈会主题：××××

座谈时间：××××

座谈地点：××××

座谈会主办方：××××

欢迎本社成员及校内广大的文学爱好者踊跃参加座谈交流！

××学院文学社

××××年×月×日

5. 公告式会议通知

例文如下：

重庆×××股份有限公司 2020 年第一次临时股东大会提示性公告
（证券代码：000514 证券简称：渝开发公告编号：2020—047）

重庆×××股份有限公司（以下简称"公司"）于 2020 年 6 月 25 日在《中国证券报》《证券时报》《上海证券报》及 2020 年 6 月 24 日在巨潮资讯网刊登了《重庆×××股份有限公司关于召开 2020 年第一次临时股东大会的通知》，由于本次股东大会以现场投票与网络投票相结合的表决方式召开，根据有关规定，公司现发布关于召开 2020 年第一次临时股东大会的提示性公告。

一、本次股东大会召开的基本情况

1. 股东大会届次：2020 年第一次临时股东大会。

2. 会议召集人：公司董事会。

3. 会议召开的合法性及合规性：经本公司第七届董事会第三十九次会议审议，全体与会董事通过，决定召开 2020 年第一次临时股东大会。

本次临时股东大会的通知及召集程序符合有关法律、行政法规、部门规章、规范性文件和公司章程的规定。

4. 会议召开方式：本次股东大会采取现场投票与网络投票相结合的方式。除召开现场会议外，公司将通过深圳证券交易所交易系统和互联网投票系统（http：//wltp.cninfo.com.cn）向全体股东提供网络形式的投票平台，股东可以在网络投票时间内通过上述系统行使表决权。公司股东应选择现场投票、网络投票中的一种方式，如果同一表决权出现重复投票表决的，以第一次投票表决结果为准。

5. 会议时间

现场会议召开时间：2020 年 7 月 10 日（星期五）下午 14：30。

交易系统网络投票时间：2020 年 7 月 10 日上午 9：30 ~ 11：30、下午 13：00 ~ 15：00。

互联网投票时间：2020 年 7 月 9 日 15：00 至 2020 年 7 月 10 日 15：00 的任意时间。

6. 现场会议召开地点：重庆市南岸区铜元局马家花园 88 号二楼一会议室。

7. 会议出席对象：（1）截至 2020 年 7 月 6 日（星期一）下午交易结束后，在中国证券登记结算公司深圳分公司登记在册的公司全体股东均有权出席股东大会，并可以书面委托代理人出席会议和参加表决，该股东代理人不必是公司的股东；（2）本公司董事、监事和高级管理人员；（3）本公司聘请的律师。

二、会议审议事项

1. 《关于公司发行股份购买资产并募集配套资金符合相关法律法规规定的议案》。

2.《关于公司发行股份购买资产并募集配套资金方案的议案》。

3.《关于本次交易符合〈关于规范上市公司重大资产重组若干问题的规定〉第四条规定的议案》。

（略）

三、本次股东大会现场会议的登记方法

1. 登记时间：2020 年 7 月 7 日上午 09：30 ~ 11：30，下午 14：00 ~ 17：00。

2. 登记地点：重庆×××股份有限公司董事会办公室。

3. 登记办法：（1）自然人股东持本人身份证、股东账户卡及持股凭证办理登记手续；（2）法人股东凭营业执照复印件（加盖公章）、股东账户卡、持股凭证、法人授权委托书和出席人身份证原件办理登记手续；（3）委托代理人凭本人身份证原件、授权委托书、委托人证券账户卡等办理登记手续；（4）异地股东可凭以上有关证件采取信函或传真方式登记（须在 2020 年 7 月 7 日下午 17：00 前送达或传真至公司），不接受电话登记。

四、网络投票操作流程

本次股东大会，公司将向股东提供网络投票平台，股东可以通过深圳证券交易所交易系统投票和互联网投票，具体操作流程如下。（略）

五、投票结果查询

如需查询投票结果，请于投票当日下午 18：00 登录深圳证券交易所互联网投票系统（http：//wltp.cninfo.com.cn），点击"投票查询"功能，可以查看个人网络投票结果，或在投票委托的证券公司营业部查询。

六、联系地址

（一）会议联系方式

联系地址：重庆×××股份有限公司董事会办公室

邮　　编：400060

联系人：×××、×××

联系电话：023-×××××××

联系传真：023-×××××××

联系部门：重庆×××股份有限公司董事会办公室

（二）出席会议股东的食宿及交通费用自理

七、授权委托书（见附件）

特此公告

重庆×××股份有限公司董事会

2020 年 7 月 8 日

会议通知除了采用文本形式外，还可以采用表格形式。

会议通知单（1）

开会单位		召集人			
开会日期	年 月 日	起止时间		地点	
会议内容					
参加人员					
拟交费用	万 千 百 十 元整				
其他联络事项					
备注					

会议通知单（2）

被通知人		日期	
通知文号		附件	
议题			
开会时间	年 月 日（星期 ） 时 分	开会地点	
主持人	联络人（或单位）		电话
拟聘请出（列）席单位及人员			
备注			
发文单位			
回执	月 日寄来关于 月 日召开 会议的通知单收悉,本人届时将到会。 拟出席人： 年 月 日		

任务实施

【操作流程】：拟写会议通知→发布会议通知→确认对方收到会议通知

一 拟写会议通知

会议通知的拟写包括标题、正文与落款和成文日期三部分。

（一）标题

有完全式和省略式两种。

（1）完全式标题。包括发文机关（主办者）、事由、文种。基本格式为：《××（发文机关）关于召开（或举行）××会议的通知》，例如"新光有限责任公司关于召开 2020 年度安全工作会议的通知"，其中"新光有限责任公司"是发文机关，"2020 年度安全工作会议"是事由，"通知"是文种。由多家单位主办的会议，因主办者较多，都写入标题会使标题臃肿，可将主办者写入正文。基本格式为：《关于召开（举行）××会议的通知》。

（2）省略式标题。一般只用"通知"两字，或者用"会议通知"。如果事情重要或紧急，也可用"重要会议通知""紧急会议通知"，以此提高与会者的重视程度。

（二）正文

会议通知的正文内容应包括通知对象、通知事由、会议时间、会议地点，以及出席会议人员或范围、会议程序、议事内容和注意事项。一般由三部分构成，即通知对象、主体和结尾。

（1）通知对象。写被通知的部门或人员范围（或被通知者的姓名或职称）。在标题下第二行顶格写。有时因通知事项简短、内容单一，书写时略去通知对象，直起正文。

（2）主体。另起一行，空两格写主体正文。主体因会议内容不同而不同，一般包含通知事由和通知主体两部分。通知事由写明制发通知的理由、目的、依据等。通知主体，即通知事项，多数分条列项写出，条目分明，一般要写清会议名称、会议内容（或主题）以及时间、地点、参加对象、需要准备的材料等相关事项。布置工作的通知，要写清所通知事件的目的、意义以及具体要求和做法。

（3）结尾。一般用"请准时参会"或"特此通知"收尾。有的会议通知事项结束，全文就自然结尾，意尽言止，不单写结尾。

（三）落款和成文日期

如标题中已经写明主办单位的，只需在成文日期上加盖公章，可不再标明发文机关。联合主办的会议，通知的标题中要写明主办单位的，落款应当加盖主办单位公章。有时也可以组织委员会、筹备委员会或秘书处的名义落款。

召开重要会议的通知，必须使用国家规定的公文标印格式，眉首、主体、版记各项要素必须齐全。

例文：

关于召开 2020 年度工作会议的通知

各部门、各院系：

为全面总结去年工作情况，部署今年工作任务，经研究，决定召开 2020 年度工作会议，现将有关事项通知如下。

一、会议时间：1 月 10 日（周日）上午 9：00。

二、会议地点：逸夫实验楼 101 报告厅。

三、会议主题：全面总结 2019 年党政工作。

四、参会人员：校领导、副处级以上干部、正高职称人员、博士、直属科室负责人、教师代表。

五、有关要求

（1）请各部门、各单位务必通知到应参会人员，提前 10 分钟进入会场。因出差或其他特殊情况不能参加会议的，请向分管校领导请假。

（2）会议期间请将手机调至静音状态。

特此通知。

×××大学办公室（印）

2020 年 1 月 5 日

* 知识链接 *

文件式会议通知的排版

例文

安委办会〔2020〕 号

中共××县委办公室××县人民政府办公室
关于召开×××会的通知

工业园区、地管处党工委、管委会，各乡镇党委、人民政府，县级各部门：

经县委、县政府研究，决定召开×××会。现将有关事项通知如下：

一 会议时间、地点

（一）×××××

1. ×××××

×××

附件：参会人员名单

中共××县委办公室

××县人民政府办公室

××××年××月××日

附件

参会人员名单

一　县级领导

（一）×××

1.×××

×××

（二）乡镇

×××

（三）县级部门

×××

中共××县委办公室　　　　　　　　　　　　　　　　××××年××月
××日印发

资料来源：《会议通知类文件格式》，豆丁网，http://www.docin.com/p-1422035120.html。

二　发布会议通知

发布会议通知是会议准备工作的重要环节。在各项会议准备工作基本就绪以后，要尽早发出会议通知，以便与会人员提前做好准备。

发布会议通知的程序具体如下。

◆ 明确会议通知发送对象和联系方式→填写会议通知单并准备好相关附件→选择会议通知信息传递方式（口头通知、电话通知、书面通知、电子邮件）→确认会议通知是否送达（或收回和处理回执单）。

Tip 小提示

在发布通知前一定要明确被通知的部门和人员范围。对所有与会人员应逐一落实。如果搞错通知对象，使应参加会议的人员未能收到通知，就会影响到会议的有效性，使一些会议无法达到所需的法定人数，还会使一些应参加的人产生误会；不应通知的人员通知了，就会影响其正常工作，甚至造成尴尬的局面。同时，还应确认会议通知内容是否准确无误，这也是保障会议正常进行的重要环节。

◆ 如果有预备议程、事先需准备的材料或其他需让与会者事先了解的情况，应随信寄发一份。

◆ 书面通知的地址、邮编一定要填写正确。装信封和邮寄时应注意不要错装、漏装或漏寄。通知的封面应醒目标出"会议通知"字样。

◆ 需要回复的会议通知或预备通知还可夹入一张明信片，上面注明本公司地址、邮编、电话、发信人姓名，以便对方有时间考虑并能及时回复。

◆ 对于经常参加某类会议的部分人员，可用计算机打印出标签或准备多套邮寄标签，以免重复打印，对于计算机中保存的地址要注意随情况变化不断更新。

◆ 可将会议中使用的有关票证（入场券、代表证、汽车通行证、座次号、编组名单、就餐证和乘车证等）与会议通知一并发出，也可以报到时领取。

◆ 考虑某些与会者对会议地址不熟悉，可附加一份简要地图和说明，标明到达会址的汽车、火车等交通工具、线路。

◆ 重要会议通知样本要作为档案收存。

知识链接

如股东大会在发送通知时应按规定的会议规则行事。我国《公司法》规定：召开股东大会会议，应当将会议召开的时间、地点和审议的事项于会议召开的 20 日前通知各股东；临时股东大会应当于会议召开的 15 天前通知各股东；发行无记名股票的，应当于会议召开 30 日前公告会议召开时间、地点和审议事项。以上会议如无法出席，应当授权代理，出具授权委托书以保证通过决议时达到所需的法定人数。

三 确认对方收到会议通知

不管以什么方式发出的会议通知，都要抓住确认回复环节，以确保会议信息能够按时、完整地传达给与会者。一般可以采取电话回访、短信确认和回执确认的方式，检查通知发放是否落实。

一些重要的会议，为确认参会信息，应当带会议回执，以便统计参会人员，提前做好会场和住宿安排。

会议回执设计的注意事项：（1）会议的回执要注明寄回的截止时间，截止时间要为会议住宿的预定和确认留有余地；（2）要明确会议组织者所需了解的重要信息，包括参会人员职务、电话，是否参会、何时到会、几人到会、是否需要预订返程的机票和车票、参会的论文或报告的题目等。会议回执示例如下。

会议回执（1）

姓名	单位	职务	性别	电话（手机）
如带司机，请注明				
如需住宿，请注明				

会议回执（2）

请于×月×日前将回执寄至：北京市朝阳区宏远大厦宏远公司销售部李萌小姐，邮编：100110，电话：010-××××××××。

□我公司（本人）参加此次会议，参加人数及姓名：

□我公司（本人）不能参加此次会议

姓名：_____

公司：_____

会议回执（3）

　　为了登记您的参会情况,并保证以后的通知能准确发送给您,请把下面的资料填好后,用传真、邮件或 E-mail 发送给我们。

　　姓名：_____

　　地址：_____

　　电话：_____　传真：_____

　　E-mail：_____

　　我打算参加会议　　　　　　　　　　　　　　　　　　　　　　[　]

　　我打算参加会后考察活动　　　　　　　　　　　　　　　　　　[　]

　　我已经附上摘要　　　　　　　　　　　　　　　　　　　　　　[　]

　　我稍后再提交摘要　　　　　　　　　　　　　　　　　　　　　[　]

　　我准备参办展览　　　　　　　　　　　　　　　　　　　　　　[　]

　　我想继续收到有关资料　　　　　　　　　　　　　　　　　　　[　]

　　陪同人员人数及姓名：

　　秘书处：北京市××新路 8 号（邮政编码：100110）

　　电话：010-××××××××,传真：010-××××××××

　　E-mail：

会议回执（4）

单位：		姓名：		性别：	
职务：		民族：		联系电话：	
到达方式	A. 航班班次		到达时间		
	B. 火车车次		到达时间		
如需预订返程票	A. 航班时间和班次		身份证号		
	B. 火车车次		返程时间		

　　注：请发送至北京市××区发改委。

　　联系人：×××　×××　联系电话：010-××××××××

　　电子邮箱：

　　处理会议回执是会议准备工作的一项重要内容。它是会议准备住宿和餐饮等后勤工作的基础。对寄回的会议回执要认真统计,及时确认,并根据统计情况安排会议的接待工作。

技能训练

1. **课堂讨论**

全班参与，讨论以下会议通知发送形式的适用范围和优缺点。

（1）口头发布。

（2）书面发布。

（3）短信网络发布。

（4）媒体发布。

学生在讨论过程中，将讨论结果记录下来，整理成表格。

2. **案例分析**

某地准备以党委和人民政府的名义，召开全区性会议。为给各有关单位充分时间准备会议材料和安排好工作，决定由机关办公室先用电话通知各有关单位，然后再发书面通知。电话通知发出不久，某领导即指示：这次会议很重要，应让参会单位负责相关工作的领导人也来参加，以便更好地完成会议任务。于是，发出补充通知，过后不久，另一位领导又指示：要增加另一项工作的有关负责人也参加会议。如此再次补充通知，搞得下面无所适从、怨声四起。

讨论并思考：形成多变通知的原因及如何预防。

3. **实战练习**

全班学生参与，在教师指导下，经学校管理部门批准，实际参与一次由学校主办的大中型会议的会议通知的草拟、印制、发送、收集回执并确认与会人员等工作，同时协助有关人员做好会议嘉宾的邀请工作。此外，根据工作进度在校园网上进行会议信息发布。

任务测试

1. 请列出会议通知的类型。

2. 为使会议通知能及时、准确地送达，应采取哪些保证措施？

3. 发布的会议通知是否要按规定程序审批？为什么？

4. 根据以下提供的信息，请同学拟定一份会议通知。

全国市场营销协会决定于 2020 年 7 月 10~16 日在广西壮族自治区南宁市召开一年一度的营销协会年会，于 6 月 28 日发出通知。会议的内容是研究和探讨当前营销学的有关学术问题和热点问题，全国市场营销协会的会员均可参加。会期为 7 天，7 月 10 日报到。报到和开会的地点是：南宁天龙湾璞悦酒店。要求每位与会者于会前半个月提交相关学术论文一篇。会务费自理。

教学评价

1. 通过本任务的学习和训练，你是否达到学习目标？请学生、老师进行客观评价。

2. 学生反思自己在训练中的表现，请对自己的收获、不足、改进措施展开思考。

3. 师生共同对本任务的课堂教学进行分析与评价。

内　　容		评　　价		
学习目标	评价项目	个人评价	小组评价	教师评价
专业知识	会议通知的内容	Yes/No	Yes/No	Yes/No
	会议通知的类型	Yes/No	Yes/No	Yes/No
专业能力	草拟会议通知	Yes/No	Yes/No	Yes/No
	发布会议通知	Yes/No	Yes/No	Yes/No
	填写和回收回执	Yes/No	Yes/No	Yes/No

学生完成任务后的反思：

师生课堂教学评价：

第三节　准备会议资料与用品

学习目标

◆ 了解会议文件资料和物品的范围与分类。

◆ 掌握常规会议物品的基本制作方法。

◆ 理解会议文件资料和物品准备工作中的注意事项。

任务描述

第四届光伏逆变器暨汽车充电磁组件应用技术研讨会召开在即。秘书林华被安排在大会组委会文件材料和用品小组。林华参与筹备会议的经验非常丰富，针对这一工作任务，林华重点思考会议要求要准备哪些文件、材料和会议用品，以及怎么准备才能达到会议目标等问题，并列出会议资料和物品清单，仔细斟酌。

任务分析

会议文件资料和物品准备工作是会前准备的重要一环，需要认真计划安排，精心制作汇集，全面检查落实，使会议的各类物品准备齐全、实用、能用，为会议顺利进行奠定基础。提前准备好会议资料，会前摆放在每个与会者的座位上，与会者依次就座后即可读取材料；也可以包装成袋，在会场入口处由工作人员统一逐个发放到每位与会者手中。这些做法，都可以避免资料漏领或重复领取，有利于节约会议经费支出，也便于会议管理。

知识准备

会议文件资料和物品准备工作是会前准备的重要内容，要根据会议的实际需要，全面、细致、规范、认真地做好。

一 会议文件资料和用品的种类

（一）会议文件资料的种类

会议秘书人员参与草拟或印制的文件主要有以下几种。

1. 会议程序性文件，如会议议程与日程安排表、会议时间安排表、选举程序表及表决程序安排表、主持词等。

2. 会议的中心文件，如领导人讲话稿、代表发言材料、经验介绍材料、会议提案、会议决议草案等。

3. 会议指导性文件，如有关的法律、法规、政策等。

4. 会议参考性文件，如统计报表、相关技术资料等。

5. 会议管理性文件，如会议通知、出席证件、与会代表名单、作息时间安排表及会议须知、发言规则等。

（二）会议用品的分类

1. 常用文具。如笔、墨、纸、簿册、笔记本、文件包（袋）等。

2. 印刷设备。如打印机、扫描仪、复印机等。

3. 指引标志用品。如接站（机）牌、接站（机）横幅、报到指引牌、会场指引牌等。其中会场指引牌还包括座位号指示牌、参会人员座区指示牌、座签、桌签、方位指示牌、座次图、应急指示牌等。

4. 会场装饰用品。如花卉、旗帜、会标、会徽、画像、标语横幅、气球等。

5. 视听器材。如麦克风、投影仪、黑（白）板、电子书写板、摄像机、录音机、同声翻译系统等。

6. 通信设施。如传真机、电话机、电视机、计算机以及相应的通信网络设施。

7. 交通工具。如小轿车、大巴士等接送与会者的车辆。

8. 生活卫生用品。如桌椅、茶叶、茶杯、矿泉水、毛巾等。

9. 专门用品。即专门性会议上所使用的物品，如颁奖的奖品与证书、选举用的选票、投票箱、开幕式剪彩时用的彩带和剪刀等。

任务实施

一　会议文件、资料准备的工作流程

【任务流程】：分析会议特点和性质→撰写、收集相关文件和资料→认真校对相关会议文件→印制或复制相关文件资料→做好文件发放

（一）分析会议特点和性质，开列会议资料清单

准备会议文件前，应根据会议召开的目的、背景、相关要求等来分析会议的性质和特点。会议的性质和特点不同，需要准备的会议文件不同。除必备的会议通知外，决策性的会议应特别准备与所议事项的说明材料、所议事

项草案等会议文件；告知性会议，如新闻发布会需要准备新闻通稿、产品说明会则需要准备产品介绍材料；学术性会议需要提前收集大会发言人的发言稿；报告会除需要准备发言人的发言稿外，还应搜集有关报告主题的信息以及报告人的简历等。常见的会议资料主要包括工作报告、领导讲话、经验材料、宣传材料、汇报提纲、通知和会议须知等。会议须知的内容比较多、比较具体，主要包括：日程安排、会议编组、作息时间、住宿房间、就餐桌位、会务组房间及电话号码、文化生活安排、注意事项。

弄清会议的性质和特点后，根据会议议题、会议内容和组织管理工作需要，开列出需要准备的会议资料清单。会议资料清单应列出会议需要的文件资料名称、提供资料的责任人以及要求完成的时间、数量等。可以采用列表形式。

（二）收集、撰写相关文件和资料

一些会议需要用到现成的文件资料，如会议签到表、新产品说明书、单位宣传页、合同范本、上级文件等，这些资料可以向相关业务部门索取或复印。收集会议资料，要注意数据准确、内容真实全面，时效性强。会议资料很多，但概括起来主要有两类：一是对议题的说明，这类资料简要阐明提出这个议题的背景及召开这个会议的目的，解答与会者可能产生的疑问；二是对议案的说明，会议中要讨论的议案应逐一加以说明。此外，还应组织好发言人的文稿。会上所要做的重要发言文稿，秘书人员要事先与发言人联系、搜集，由发言人自己或秘书打印，在会前分发给每位与会人员，并作为会议档案之一收存。

红星公司营销会议文件资料准备清单

序号	文件名称	责任人	要求完成时间	印数（份）	备注
1	会议通知	办公室	2019.12.3	60	
2	出席证	办公室	2019.12.8	65	含工作人员
3	会议日程安排表	办公室	2019.12.8	60	
4	会议座次和桌次安排表	办公室	2019.12.8	60	
5	工作报告	办公室	2019.12.10	3	

序号	文件名称	责任人	要求完成时间	印数（份）	备注
6	营销计划讨论稿	销售部	2019.12.10	60	
7	合同范本	销售部	2019.12.10	120	空白合同文本
8	产品说明书	研发部	2019.12.10	60	
9	企业宣传页	公关部	2019.12.10	60	

一些会议资料需要根据会议需要编写，如会议出席证、日程表、领导讲话稿、工作报告等。这些资料有的是由秘书人员负责起草，有的是由秘书配合业务部门起草，有的是由机关干部协助领导起草，一些大型会议、重要会议一般由材料组负责起草。承担起草的人员应了解会议宗旨和会议的全面情况，紧紧围绕会议中心，力争较好地完成任务。负责起草文件要特别注意五点：一是吃透上级精神、领会领导意图；二是紧扣会议主题；三是了解掌握单位的情况；四是符合法律法规；五是早动手、早呈送。秘书完成初稿后，应及时呈送领导审批。

文件收集、撰写完成后，可以对文件进行编号，以便对其进行控制和管理。会议文件的编号包括三项内容，第一是文件总号。一般有两种编法：一种是在一次会议期间，有几个文件就按"会议文件之几"的形式表现。另一种是按文件的作用和性质编顺序号。第二是文件份号。每一种会议文件，依据分发范围，可能印几十、几百份。对于这种文件，可以给每份文件编一个"份号"。第三是例会讨论文件，通常按流水号编印下发。

（三）校对会议文件

文件校对是文件印制工作的一个重要环节。这是一项非常细致的工作，要求杜绝差错，保证文字准确。校对文件时还应检查文件结构的各个组成部分、各种标记及文件的格式有无错误。因此，要求秘书人员在校对文件时严肃认真、耐心细致、一丝不苟。唯有如此，才能把住会议文件的文字关，确保文件质量。

（四）做好文件的发放工作

1. 准确掌握与会人员名单。与会人数即文件的分发份数，准确掌握与会人员名单是文件发放的首要环节，要核实，确保无遗漏、无重复。

2. 按人员份数，清点装袋。在文件装袋时，一般按会议文件的重要程度或会议议程的进程顺序排列，清点无误后再装入文件袋中。会议文件较多时，将"会议文件清单"放在文件资料袋的首页，作为与会人员查收文件的依据。"会议文件清单"所列文件的顺序要与袋中文件的顺序相一致，便于与会人员查收、使用。

3. 认真复核。文件装入文件袋后，要对各类文件的印制份数及与会人数再次复核，防止出现重复和遗漏现象。

4. 准确发送。重要的会议文件，特别是需要与会人员事先审议、在会议期间要讨论通过的文件，要在规定时间内提前发送到与会人员手中。发送时要注意的问题主要有：一是信函邮寄，尽量采取挂号形式，记录发送地点、发送时间和发送经手人；二是专人送达，发送给上级领导或特邀嘉宾的会议文件，一般应指派相应级别的人员亲自面交，既可体现尊重，也能对会议相关情况作当面说明；三是文件交换，有些组织利用电子政务系统进行公文交换，传递便捷、高效，在文件发送时要编号登记，接受人员要签字确认；四是电子邮件发送，利用单位或个人的电子邮箱，通过网络送达，邮件发出后需收件人回复确认；五是报到时发送，在会议报到时，与签到程序同步进行，收件人要在文件发送单上签字确认。

二 会议物品准备工作流程

【任务流程】：分析会议特点和性质→统计会议必备品和相关特殊用品→按照统计采买、租赁或制作会议用品。

（一）分析会议特点和性质

准备会议物品前，应根据会议召开的目的、背景、相关要求等制定会议用品的准备方案（计划）。会议的性质和特点不同，需要准备的会议物品不同。例如，召开重要的大中型会议应为与会者制发姓名卡片和会议证件，通常小型会议，不必制发证件；召开选举型会议应当考虑到选票的发放环节、填写环节和统计环节所需的所有物品；如果是在炎热的夏季召开的会议，冷饮等是不可缺少的物品。总之，根据会议特点和性质，准备物品的方案考虑得越周全越好。

做好物品准备工作应做到以下几点。（1）制订计划。所需物品和设备的清单，包括名称、型号、数量；物品和设备的来源，如租借、调用、采购等以及所需的费用。会议用品和设备的使用计划应该作为会议预案的附件，报请会议的领导机构审定。（2）落实专人负责。一定要落实专人负责此项工作，必要时应配备一定数量的技术人员。（3）实用节约为本。要严格按照会议的经费预算执行，提倡节约开会，反对追求豪华、奢侈。

（二）统计会议必备品和相关特殊用品

会议必备用品一般包括纸、笔、桌椅、台布、暖水瓶、保温桶、水杯、茶叶、饮料、扩音设备、照明设备、摄录设备、通风及空调设备等。此外，不同类型的会议，由于会议内容不同，对用品也有特殊的要求。例如，选举型会议需要准备好投票箱、选票、机票单等用品；表彰型会议需要准备好奖品、证件及颁奖音乐等；接待型会议要准备好迎送客人的交通工具及适当的鲜花和水果；代表会议和庆典会议要准备好开始时的国歌等音乐，特别的还需要安排乐队；专业型会议或咨询型会议要准备好幻灯机、投影机、录音机和录像机等；谈判型会议要准备好签字笔、文件夹等。此外，还要根据会议要求准备好会议的横幅、宣传标语和花卉饰物等物品。

准备物品的前提是对会议所需的物品种类和数量进行统计，列出会议物品清单。

会议物品清单

序号	物品名称	具体	尺寸	是否需要
001	背景板（纤维布或高密度喷绘布）	会议主题背景板	根据会场大小	是
002	面光灯（PA 灯）	正常需要 2 组（8 只）	根据会场大小	是
003	签到背景板	会议签到处背景板	500×300cm	是
004	来宾签名墙	留名、合影	根据会场大小	

序号	物品名称	具体	尺寸	是否需要
005	舞台	—	20cm 高度、40cm 高度 60cm 高度、80cm 高度	
006	会议资料（设计印刷）	本场会议宣传介绍类	根据内容设计	是
007	会议手册（设计印刷）	尺寸各不同	正常 A4 大小	是
008	办公用品（资料袋、笔记本、笔等，可提供分装）	用于装会议资料的文件袋	大开 A4	是
009	代表证、工作人员证等	—	B7	是
010	指引牌	X 展架 POP 架	180×80cm 60×80cm	是
011	温馨提示牌（设计、打印）	用于嘉宾客房内 主要内容：近几天的天气和温度，提醒嘉宾适当穿衣等	正常规格	是
012	席卡（设计印刷）	—	正常规格	
013	鲜花	会议桌花、演讲台花、宴会用花、胸花	—	是
014	签约本		A4	
015	签约笔		—	
016	洗漱包套装	里面放洗漱用品	—	
017	礼仪小姐	迎宾、签约		是
018	会议礼品（或纪念品）	可根据客户要求提供		
019	摄影（照相）		—	是
020	摄像	摇臂、普通机型（流动+固定机位）	—	是
021	会议代表证、工作证		B7 或 A7	是
022	横幅	会议欢迎标语	宽幅 70cm、90cm，长度根据内容与场地	是
023	户外彩虹门	用于户外宣传造势	跨度 16m、18m、20m	是
024	户外空飘球	用于户外宣传造势	1 号灯笼球	
025	户外刀旗	用于户外宣传造势	标准尺寸	
026	灯光音响	用于晚宴、晚会、庆典、年会等	根据节目或客户需求	是

（略）

（三）按照统计采买、租赁或制作会议用品

会议用品准备清单经领导审批后，就可以进行采买、租赁或制作。会议用品采购、订制及租赁主要包含以下 11 项内容。

1. 会议场地租用，可参考：会议地点的选择。

2. 住宿、娱乐、演员、旅行目的地预订。

3. 车辆使用及租赁安排。

4. 票务预订提供机构选择。

5. 音像辅助设备租赁。

6. 会场布置所需物品订制，如指示牌、会标、背景板、展架、易拉宝、鲜花、条幅等。

7. 礼品、奖品、纪念品、演出道具采购清单。

8. 预订餐饮，采购水果、饮用瓶装水等。

9. 接待物品采购，包括吊带、胸牌、姓名卡、桌卡、签到簿、签到笔、指示牌、纸笔等办公用品。

10. 会议相关印刷品需要提前确定内容，提供给印刷服务供应商，以确保在会议召开前印刷完成。会议相关的印刷品，包括请柬、会议宣传单、代表名录、会议日程表、参会人员信息登记表、会议评估反馈表、住宿安排表、居住区域地图、城市地图、广告材料等。

11. 与会议相关的其他物品。为做好这个工作，在平时的工作中应注意做到以下几点：①了解可以租用会议设备公司的名称、地址和电话号码；②了解文具用品和相关设备供应商的名称、地址和电话号码；③掌握企业内可用的音像设备的类型和存放位置的清单；④掌握单位内部紧急维修工程师以及外部维修单位的名称、地址和电话号码。

* *知识链接* *

会议证件

会议证件是会议举行期间供与会人员与工作人员以及其他相关人员佩戴使用的证件，包括：出席证、列席证、旁听证、来宾证（或嘉宾证）、记者证、工作证、随从证、保安证、配偶证、签到证等。会议证件是表明与会议直接有关人员身份的证据。一般来说，制发证件只限于大型会议或重要会议，而通常的小型会议，不必制发证件。会议证件在会议中作用突出，主要有：（1）表明会议期间各种人员的身份，便于接待和会场的管理。（2）便于代表之间的相互辨认和联系、交流。（3）凭证出入会场，保证会议安全。（4）便于统计出席人数。（5）给与会者留作纪念。

会议证件上的内容通常包括以下内容（可根据会议情况进行取舍）：（1）会议名称，必须写全称。（2）会徽。会议如有会徽，可将其印在会议证件上；如党徽、国徽。纪念会可以用画像代替。（3）姓名。写现名，不写曾用名。（4）照片。半身免冠照片。（5）证件种类。即标明"出席证""列席证"等。要用较大的字号，醒目的标识。（6）组别或代表团名称。（7）证件编号。如与签到证合制，可用一组数码代表与会者的姓名、性别、身份、来自地区、组别等信息，便于用自动签到机签到。（8）会议日期。

技能训练

1. 课堂讨论

全班参与，讨论以下会议分别需要准备的文件资料和物品。

（1）经理办公会。

（2）企业新闻发布会。

（3）农产品博览会。

（4）××市总工会代表大会。

（5）×××学术研讨会。

训练要求：学生在讨论过程中，将讨论结果记录下来，整理成表格。

2. 案例分析

学校第五届教工代表大会在嘹亮的国歌声中顺利召开，本届会议的主要内容是换届改选。上届工会李主席的总结报告铿锵有力，新一届候选人名单也顺利通过，会议选举办法顺利通过，监票人名单顺利通过，计票人名单顺利通过……会议进行得紧张流畅，当主持人宣布"下面开始清点选票"时，突然看到负责监票的小王跑了过来，焦急地小声说："怎么选票种类不全啊?"

原来，会议除了选举新一届工会委员之外，还应该同时选举女工委员会和经费审查委员会，选票要准备3份，而且要分3种颜色。可是刚来的打字员不熟悉情况，以为只打印一种就可以了，会议筹备人员也想当然地没有事先进行检查。李主席觉得难以置信，会场上群众也是交头接耳，议论纷纷。李主席在苦思冥想：继续选呢，要违反规定；延期选呢，那不是前功尽弃吗？真是百密一疏、进退两难。

讨论并分析：造成进退两难的原因及预防发生的办法。

3. 实战练习

协助学校相关部门完成一次大型会议的文件准备和物品准备工作，内容包括：（1）协助教师完成会议材料的印制和发放工作；（2）协助教师制定会议用品准备清单。在协助过程中要运用所学的知识，开动脑筋，多提建议。

任务测试

1. 会议用品的分类和主要内容是什么？

2. 怎样避免在会议用品的准备中出现浪费现象？

3. 宏远公司即将召开年终总结会，请拟写一份会议文件和物品准备方案。

教学评价

1. 通过本任务的学习和训练，你是否达到学习目标？请学生、老师进行客观评价。

2. 学生反思自己在训练中的表现，请对自己的收获、不足、改进措施展开思考。

3. 师生共同对本任务的课堂教学进行分析与评价。

内　容		评　价		
学习目标	评价项目	个人评价	小组评价	教师评价
专业知识	会议文件的种类	Yes/No	Yes/No	Yes/No
	会议物品的种类	Yes/No	Yes/No	Yes/No

续表

内　容		评　价		
学习目标	评价项目	个人评价	小组评价	教师评价
专业能力	拟写会议物品清单	Yes/No	Yes/No	Yes/No
	发放会议文件	Yes/No	Yes/No	Yes/No
	租、购会议物品	Yes/No	Yes/No	Yes/No

学生完成任务后的反思：

师生课堂教学评价：

第四章
会中服务

　　会议期间的各项服务工作是秘书人员的重要工作之一。在会议期间，秘书人员要做的工作主要有：安排接站和签到、宴请、接待新闻媒体、进行会议记录、收集与会人员对会议的意见和建议、安排会议值班、安排与会人员的集体合影等。会中服务工作内容繁杂，要求秘书人员细心周到，同时又要讲究一定技巧。

第一节　会前接待服务

学习目标

◆ 了解接站工作流程，做好接站服务工作

◆ 掌握会议报到的组织流程，做好报到工作

◆ 掌握会议签到方式，做好会议签到工作

任务描述

　　方远公司要举办一个新产品的推广发布会，邀请了全国的经销商、客户以及各界人士参加。还有一周就是会议报到的日子了，公司上下都很重视。公司安排秘书张燕全程参与外地宾客的接待工作，可这样的工作对刚来不久的张燕来说还很陌生，她从没做过，不知从何做起。

任务分析

要做好相关的接站报到工作，首先要弄清会议的内容、会议的时间、与会的领导与嘉宾、与会代表的人数，会务人员要提前做好接待准备，以饱满的热情做好接站工作，使与会者感到"宾至如归"。

知识准备

一 接站

大型会议尤其是国际性会议由于参会人数多，且与会者来自各个地区或各个国家，这需要与会人员搭乘相应的交通工具（汽车、火车、飞机等）在报到日按时抵达开会地点。由于与会人员通常对会议地点不熟悉，这就需要会议主办方做好接站工作。具体包括以下几个方面。

（1）通过会议回执或电话联系，掌握与会者详细信息，包括姓名、性别、职务及所在单位等，准确记录抵达具体时间、地点。

（2）根据与会者的身份和人数，确定接站的规格，落实接站人员分工，安排相应车辆，高规格的还需准备鲜花、横幅等。

（3）做好接站工具准备。主要指接站用的接站牌或横幅，接站牌一定要清晰、醒目，能突出会议主办单位名称或会议名称，便于与会者能看见并清楚识别。

＊Tip 小提示 ＊

接站工作时给参会人员的第一印象，会影响与会人员在会议期间的情绪以及会议质量。因此，接站工作人员应热情周到、精神饱满，整理好仪容仪表，女士化淡妆；接站前最好不要吃有异味的食物，接站后可适当向与会人员介绍会议当地的概况。

二 报到

报到是与会者到达会议活动地点后办理的登记手续，主要作用在于掌握实际到会人数，便于会议管理。

（一）会议报到的方式

报到方式主要有两种：一种是与会人员到达会场后应用会议报到软件在计算机上进行报到；另一种是与会人员到达会场后进行现场报到，这种报到方式目前较为常见。

（二）会议报到的准备

1. 设置报到处和路标。会议报到处应设置在会议举办地显眼位置，设置有指示标志，一般在大厅等比较宽敞的地方，便于与会者有序进入。

2. 准备报到登记表和收费票据。报到登记表主要按会议要求收集、掌握与会人员的个人信息。收费票据是收取会务费用的凭据，应该是正式发票。

3. 准备会议资料。会议资料主要包括：①来宾资料：会议手册、宣传材料、会议管理性材料（会议通知、议程、会议须知、名单）、代表证；②会务资料：接站一览表、来宾登记表、住宿登记表、用餐分组表、订票登记表、会议讨论分组表、会务组成员通讯录；③沟通资料：会议参考文件、会议宣传文件资料、各种记录、各种会议和协议合同以及相关资料。

（三）会议报到流程

1. 查验证件。确认与会人员的资格，包括会议通知单、单位介绍信、身份证和其他有效证件。

2. 登记信息。协助与会者填好会议报到登记表，及时掌握与会者到会情况。

3. 接收材料。即由秘书人员统一接收与会人员带来的上交会议的材料和需要在会议上分发的材料。

4. 分发材料。将事先准备好的会议文件、用品、会议须知及住宿房间的钥匙、餐券等发给与会者。

5. 预收费用。有些会议须由与会者支付一定的费用，如会务费、食宿费、材料费等，在报到时安排会计在现场预收费用并开具收据或发票。

6. 安排食宿。根据与会者的身份和要求，在现有条件下合理安排，尽可能满足与会者的需要。

7. 统计情况。在会议报到结束时，应统计到会情况，包括应到人数、实到人数、缺席人数以及原因。

三　签到

签到，是为了及时了解应该到会的人员是否到齐，并准确统计到会的实际人数，便于安排会议工作。有些会议只有达到一定人数才能召开，否则会议通过的决议无效。因此，会议签到是一项重要的工作，也是会中服务的重要内容之一。会议签到内容包括参会者的姓名、单位、职务、联系方式等个人信息（见表4-1）。会议签到主要有以下几种方式。

表4-1　会议签到表

会议名称				
会议地点		会议时间		
序号	工作单位	签到人	职务	电话
1				
2				
3				

（一）会议工作人员代为签到

会议工作人员事先制定好参加本次会议的花名册，开会时，来一人就在该人名单后画上记号，表示到会，缺席和请假人员也要用规定的记号表示。例如，"√"表示到会，用"×"表示缺席，用"0"表示请假等。这种会议签到方法比较简便易行，但要求会议工作人员必须认识绝大部分与会人员，所以这种方法只适用于小型会议和一些常规性会议。对于一些大型会议，与会人员很多，会议工作人员不认识大部分人，逐个询问到会人员的姓名很麻烦，所以大型会议不适宜采用这种方法。

（二）簿式签到

与会人员在会议工作人员预先备好的签到簿上按要求签署自己的姓名，

表示到会。签到簿上的内容一般有姓名、职务、所代表的单位等，与会人员必须逐项填写，不得遗漏。簿式签到的优点是利于保存、便于查找。缺点是这种方法只适用于小型会议，一些大型会议，由于参加会议的人数很多，采用簿式签到就不太方便。

（三）证卡签到

会议工作人员将印好的签证卡先发给每名与会人员，签证卡上一般印有会议的名称、日期、座次号、编号等，与会人员在签证卡上写好自己的姓名，进入会场时，将签证卡交给会议工作人员，表示到会。其优点是比较方便，避免临开会时签到造成拥挤。缺点是不便保存查找。证卡签到多用于大中型会议。

（四）座次表签到方法

会议工作人员按照会议模型，事先制定好座次表，座次表上每个座位按要求填上与会人员姓名和座位号码。参加会议的人员到会时，就在座次表上销号，表示出席。印制座次表，与会人员座次安排要求有一定规律，如从×号到×号是某部门代表座位，将同一部门的与会人员集中在一起，便于与会者查找自己的座次号。采用座次表签到，参加会议的人员在签到时就知道了自己座位的排数和座号，起到引导的效果。

（五）电脑签到

电脑签到快速、准确、简便，参加会议的人员进入会场时，只要把特制的卡片放到签到机内，签到机就将与会人员的姓名、号码传到中心，与会者的签到手续几秒钟即办完，将签到卡退还本人，参加会议人员到会结果由计算机准确、迅速地显示出来。电脑签到是先进的签到手段，一些大型会议都是采用电脑签到（见图4-1）。

＊知识链接＊

快捷而便利的现代电子签到方式。

1. 条形码签到

条形码系统的标签是由一组宽度不同的平行的条纹与空白，按照标准编码规则组成的标识，可以代表字母、数字等信息。其读写器则是激光扫描

图 4-1　电脑签到

器。应用领域包括商品零售、图书流通以及医疗卫生等。条形码用于签到的最大优势是成本低、操作简单，适合学术会议、商务会议和展会等。缺点是很容易损坏，而且不能编程、改写。

2. 磁卡签到

与会者进入会场时，手持事先领取的磁卡，送进电子签到机里，签到机便即时将其姓名、号码等内容输入电脑，与会者入场完毕，签到情况便立即在电脑屏幕上显示出来。磁卡签到适用于较大型会议。磁卡系统的优点是标签的价格低，但是阅读系统的成本偏高。

3. IC（智能）卡签到

IC（智能）卡签到根据距离远近分为接触与非接触式。接触式智能卡，在使用中容易出现接触不良的弊病，而且容易磨损。于是出现了非接触式智能卡，克服了以上缺点，并得以广泛应用。

非接触式签到。会议前，系统要求给每一位参会人员发放一张身份标识感应 IC 卡。主办方事先将姓名、照片、工作单位、联系方式等信息存入会议签到系统内。签到时，只需将事先准备好的 IC 卡在距离屏幕 10cm 范围以内的区域轻轻掠过，屏幕上即可显示该卡所对应的姓名、照片、工作单位等资料，即可实现签到。IC 卡签到方便了与会人员的出席签到、会议管理人员的统计和查询；为有效地掌握、管理与会人员出入和出席情况提供了轻松的解决方案。

4. RFID 无线射频识别

严格来讲，RFID（射频身份识别）也是智能卡的家族成员，是一种利用射频通信实现的非接触式自动识别技术。RFID 电子标签具有体积小、容量大、寿命长、可重复使用等特点，可支持快速读写、非可视识别、移动识别、多目标识别、定位以及长期跟踪管理。

5. 多媒体签到

这是近些年来出现在高端会议、大型公关活动上的一种新型互动签到方式，是伴随新兴多媒体互动技术、多点触控技术、3G 网络的应用发展而出现的一种新产品，它的功能已经远远超出了传统会议签到范畴，更准确地说它是一种多媒体互动平台，从会议签到开始，把互动元素融入贯穿会议整个流程（见图 4-2）。

图 4-2　多媒体电子签到系统

6. 二维码签到

电子签到系统以其"无纸化"的创意以及"电子化"的时尚签到方式，为来宾带来尊贵的体验，体现了企业的时尚化和前瞻性，必定能为企业带来深刻影响。全球用户对二维码的搜索量也在逐年增加，从这个趋势不难发现二维码签到将逐渐成为主流，取代传统签到方式。

（资料来源：百度百科，https：//baike. baidu. com/item/％E7％94％B5％E5％AD％90％E7％AD％BE％E5％88％B0/4202408？fr＝aladdin，有删改。）

技能训练

1. 角色扮演

请同学们依据"任务描述"中的任务内容分组完成任务。小组成员分角色扮演方远公司秘书张燕、全国的经销商、客户以及各界人士。

2. 情景模拟

案例：全国职业院校文秘专业教师近期要到我校参加教学研讨会，请大家讨论并制定该会议会前接待服务工作安排。

训练内容：利用2学时，将学生分为会议接站组、会议报到组以及会议签到组进行模拟演练会前接待工作的全部流程，后交换组别练习。

（1）准备会议接站。请以学校所在地的火车站、汽车站、机场等交通站点为参照，设定不同的接站对象，并分角色模拟演练。

（2）准备会议报到。学生在讨论的基础上，整理、归纳、设计出报到流程并模拟。

（3）会议的签到。学生讨论选择合适的签到方式分角色模拟签到过程，同时归纳签到注意事项。

任务测试

1. 会议接站工作主要有哪几方面？

2. 会议报到的流程是什么？

3. 会议签到有几种方式？

教学评价

1. 通过本任务的学习和训练，你是否达到学习目标？请学生、老师进行客观评价。

2. 学生反思自己在训练中的表现，请对自己的收获、不足、改进措施

展开思考。

3. 师生共同对本任务的课堂教学进行分析与评价。

内　容		评　价		
学习目标	评价项目	个人评价	小组评价	教师评价
专业知识	会议的接站工作	Yes/No	Yes/No	Yes/No
	会议的报到工作	Yes/No	Yes/No	Yes/No
	会议的签到工作	Yes/No	Yes/No	Yes/No
专业能力	制定会议接站、报到、签到的工作计划	Yes/No	Yes/No	Yes/No
	掌握会议接站、报到、签到的工作流程以及注意事项	Yes/No	Yes/No	Yes/No

学生完成任务后的反思：

师生课堂教学评价：

第二节　会议记录实务

学习目标

◆ 了解会议记录的主要内容

◆ 熟悉会议记录的准备工作

◆ 掌握会议记录的技巧

任务描述

今天9：00物华公司销售部召开会议讨论推销方案，让秘书林丽做好会议记录。会上，部门刘经理开门见山地说："前些日子制定的新产品销售方案经经理办公会议讨论后，觉得方案有很多不妥之处，创意也不够，所以总经理要求我们部门重新制定方案，一定要赶在销售旺季推出，并保证一炮打响。现在，离总经理规定的时间没几天了，请大家集思广益，积极发言，如果这次新产品销售成功，公司会给我们销售部全体成员一个大红包。"

刘经理话音未落，大家就迫不及待地发言。也许是受到大红包的鼓舞，会议讨论特别热烈。大家争着献计，从方案的可行性、成功的概率到关键环节的把握，建设性的意见层出不穷。林丽可忙坏了，她负责记录，可没想到今天大家都特别能说，她用最快速度记录，可还是很多内容只记了个大概。会后，刘经理让林丽把会议记录整理好后拿给他，作为制定新销售方案的重要参考。林丽看着自己记得乱七八糟的会议记录，不知该如何是好。

任务分析

会议记录是对会议进程客观、真实的记载，为日后查考、研究会议提供了第一手的材料，也为形成决定、决议、会议纪要等最后的会议文件打下基础，便于传达和学习会议精神。作为秘书，做好会议记录是会中工作的一项重要内容，会前一定要做好充分的准备工作，熟悉会议记录的要素，适当时可借助录音录像设备，会后一定要及时整理。

知识准备

一　会议记录的准备

（1）准备足够的钢笔、铅笔、笔记本和记录用纸。

（2）准备好录音笔来补充手工记录。

（3）在使用录音笔的同时，必须手工记录，以防止录音笔中途出故障。

（4）要备好一份会议议程表和其他相关文件资料，需要核对相关数据和事实时可随时使用。

（5）记录人员要提前到达会场，了解与会者的座位图，便于识别会议上的发言者。

二　会议记录的内容

会议记录的主要内容包括会议的全部要素（议题、议程、时间、地点、参与人、主持人、记录人）、出勤情况、发言情况、决策情况、待追踪事项、会议附件等。同时，为了及时贯彻会议的精神，增强会议时效性，趁热打铁追踪会后的待完成事项，会议记录要在会议结束后 24 小时内完成并发送到与会人员手中。

三　会议记录的要求

（1）简洁。尽量把会议要点、重要发言细节记录下来，有时可以用录音机记录。

（2）清楚。最好列出要点，分出工作事件、负责执行的部门和人员、完成工作的最后期限、必须注意的原则，以及列明独特的、有重要参考凭据的意见。

（3）通俗。在文字和表达方式上，不要故作深奥，条理清晰。

会议中有时会遇到这种情况：有人要求把他的一段发言不作记录，只要主持人点头答应，文秘人员必须遵守，停止笔录，关掉录音机。重要会议记录要得到与会人员的签名认可。这时文秘人员应该做好会议记录的分发工作，并在下一次会议之前收回会议记录。

四　会议记录的结构

会议记录一般由四部分构成。

（一）标题

记录标题很重要，如会议记录不写标题，查找所需材料就费时费力，很不方便。通常为"会议名称+文种""文种"，如"物华集团公司第二届董事会会议记录"或"会议记录"。

（二）首部

首部一般用表格形式记载会议组织情况。这部分写在会议标题之后，在会议开始前，把会议的有关情况写好。

1. 开会时间。要写明具体的年、月、日，同时还要写明是上午、下午，还是晚上，有的会议还要写明某时某分。

2. 会议地点。要写明在何处开的会。如："某某会议室"等。

3. 会议主持人。一般直书姓名，必要时可写明职务。

4. 会议出席人。即出席会议的正式成员，按排列顺序列出。

5. 会议列席人。即不是会议正式成员，由于工作需要而参加会议的人。

6. 缺席人。可单独作为一条，要写出缺席人的姓名和缺席的原因，也可以写在出席人、列席人的项目中，在括号内注明某某人因何故缺席，如"某某因公出差""某某因病住院请假"等。

7. 记录人。写明记录人，一是说明会议记录内容的真实性；二是表示对记录内容负责。在记录中凡涉及人名的要写全姓名，不能只写姓不写名，也不能只写姓加职务或职称。会议记录应采用统一制发的专用会议记录本或记录纸，会后要立卷归档。

（三）主体

这部分是会议记录的核心，记载会议的实际进程，一般包括三个方面。

第一，会议的议题和会议主持人的启示性讲话。这部分要着重记录（多项议题的会议要用数码依次标出，以便于会后利用查找）。

第二，与会人的讨论发言。这部分是与会者对会议议题和会议主持人讲话的直接反映，记好这部分内容十分重要（会议发言要按照发言顺序记录，发言人姓名要写在段首，后面即记录发言内容）。

第三，会议的决定、决议和会议主持人的总结及结论性意见。这部分是会议成果的综合反映，是会议记录的主体。这些决定、决议和讲话是与会者贯彻会议精神的根据，也是日后备查材料中最重要的材料，记录者必须认真、仔细地做好记录。

会议进行情况还包括休息、散会等，也要记录上。

（四）尾部

尾部用于各项署名，是对记录的真实性的体现，一般有记录人和审核人的签名（见图4-3）。

会议记录

№:

会议名称					
时　间		地　址			
主持单位		主持人		记录人	
参 加 者					
缺席人员及原因					
会　议　内　容					

图 4-3　会议记录结构示例

* 知识链接 *

会议记录与会议纪要的区别

会议纪要有别于会议记录。二者的主要区别如下。

第一，性质不同：会议记录是讨论发言的实录，属事务文书。会议纪要只记要点，是法定行政公文。

第二，功能不同：会议记录一般不公开，无须传达或传阅，只作资料存档；会议纪要通常要在一定范围内传达或传阅，要求贯彻执行。

第三，载体样式不同。会议纪要作为一种法定公文，其载体为文件，享有《中国共产党机关公文处理条例》《国家行政机关公文处理办法》（以下简称《条例》《办法》）所赋予的法定效力。会议记录的载体是会议记录簿。

第四，称谓用语不同。会议纪要通常采用第三人称的写法，以介绍和叙述情况为主。会议记录中，发言者怎么说的就怎么记，会议怎么定的就怎么写，贵在"原汤原汁"不走样。

第五，适用对象不同。作为公文的会议纪要，具有传达告知功能，因而有明确的读者对象和适用范围。作为历史资料的会议记录，不允许公开发布，只是有条件地供需要查阅者查阅利用。

第六，分类方法不同。会议纪要种类很多。按其内容，可分为决议性纪要，意见性纪要，情况性纪要，消息性纪要等；按会议的性质，可分为常委会议纪要，办公会议纪要，例会纪要，工作会议纪要，讨论会纪要等。而会议记录通常只是按照会议名称来分类，往往以会议召开的时间顺序编号入档。对会议纪要的分类，有助于撰写者把握文体特点，突出内容重点，找准写作角度；对会议记录的分类则主要是档案管理的需要。

（资料来源：百度百科，https：//baike. baidu. com/item/% E4% BC% 9A%E8%AE%AE%E8%AE%B0%E5%BD%95/8759543？fr＝aladdin。）

技能训练

1. 请召开班务会议，并做一份会议记录，要求内容完整，格式正确。

2. 请仔细阅读下面的材料，结合会议内容，整理撰写一份会议记录。

2020 年 1 月 7 日上午 9：00～11：30，新兴公司 2019 年度工作会议在新业大厦召开。对 2019 年总公司的工作进行了全面总结，明确指出了 2020 年工作指导思想、奋斗目标和任务。对总公司加快重点项目推进、创新体制机制、打造投融资平台、推进精细化管理、党群工作建设进行了全面部署。开发区工委副书记、管委会主任张旭出席会议并讲话，总公司党委书记、总经理李文军代表总公司做工作报告，会议由总公司副总经理刘立明主持。总公司副总经理罗柏容，总会计师张文毅出席会议，总公司各部门、各单位副经理以上人员以及员工代表近 200 余人参加了会议。会上，罗柏容宣读了关于 2019 年度总公司各单位经营目标、工作任务及项目管理任务完成情况的考核意见和奖励决定。李文军以《开拓创新求真务实全面提高总公司为开发区服务水平和能力》为题做工作报告，报告回顾了总公司 2019 年工作。报告指出，在过去的一年，总公司党委和总公司各单位，狠抓薄弱环节，拓展发展空间，创新机制体制，完善法人治理结构，各项工作取得了较大进步，超额完成了 2019 年各项工作目标。2019 年总公司实现营业收入 4950 万元，比 2018 年增长 31%。实现利润总额 3500 万元，比 2017 年增长 62%。报告指出，2019 年总公司以体制创新为动力，以确保安全为重点，以提高和发展职工素质为支撑，以加强党群工作和企业文化建设为保障，进一步做强、做大主业，不断提高核心竞争力，增强企业发展活力，提高经济增长质量和效益，实现总公司又好又快发展，为总公司向现代集团公司迈进奠定坚实的基础。张旭对总公司 2019 年取得的成绩给予了充分的肯定，他指出，总公司牢固树立大局意识，积极发挥建设和服务功能，超额完成了各项工作目标，为开发区发展做了大量的卓有成效的工作。同时总公司也做了大量的基础工作、进一步优化了公司内部结构、加强了内部管理、启动了一批新的建设项目、壮大了公司资本实力、正在积极搭建投融资平台和扩展服务性项目，呈现服务优先的理念，基础做得更实、工作效率更高，表现出勃勃生机的景象。同时他还强调，总公司的发展要实现任务理念上的提升、规范功能上的提升、管理职能上的提升、任务标准上的提升。

任务测试

1. 会议记录的内容包括哪些？

2. 做好会议记录的要点是什么？

3. 召开会议使用录音、录像设备有何好处？

教学评价

1. 通过本任务的学习和训练，你是否达到学习目标？请学生、老师进行客观评价。

2. 学生反思自己在训练中的表现，请对自己的收获、不足、改进措施展开思考。

3. 师生共同对本任务的课堂教学进行分析与评价。

内　容		评　价		
学习目标	评价项目	个人评价	小组评价	教师评价
专业知识	会议记录的含义、内容和作用	Yes/No	Yes/No	Yes/No
	会议记录的格式	Yes/No	Yes/No	Yes/No
	会议记录的准备、要求及注意事项	Yes/No	Yes/No	Yes/No
专业能力	能做要点式会议记录	Yes/No	Yes/No	Yes/No
	能完成详细会议记录	Yes/No	Yes/No	Yes/No

学生完成任务后的反思：

师生课堂教学评价：

第三节　会议信息沟通服务

学习目标

◆ 熟悉会议信息的收集和处理

◆ 掌握与会议工作人员间沟通的技巧

◆ 了解接待新闻媒体的流程

任务描述

　　福瑞集团举办了"融资操作研讨会"，此次会议邀请了国内一批顶尖的经济学家、管理学家到场发表演说，各大媒体闻风而动，齐聚会场。秘书肖玲负责会议的信息宣传工作。她因事先对情况估计不足，当许多记者向她索要新闻稿、宣传资料、专家讲座大纲时，无法满足对方的要求，协会领导向她询问各大媒体对会议的报道情况时，她也没有做好简报收集、留齐各种资料，无法为领导提供适用的信息。那么肖玲该如何入手去完成这项任务呢？

任务分析

会议信息是指有关会议召开的各种情况，诸如开会的时间和地点、出席人员、会议的议题和议程，以及会议就某一方面问题所做的决定及贯彻意见、措施等。作为会议期间负责信息工作的秘书，应该为记者准备好新闻稿、宣传资料、专家讲座大纲等材料。在会议期间，还要及时做好简报收集，留齐各种资料，为领导提供适用的信息。

知识准备

一　确定会议信息收集的内容

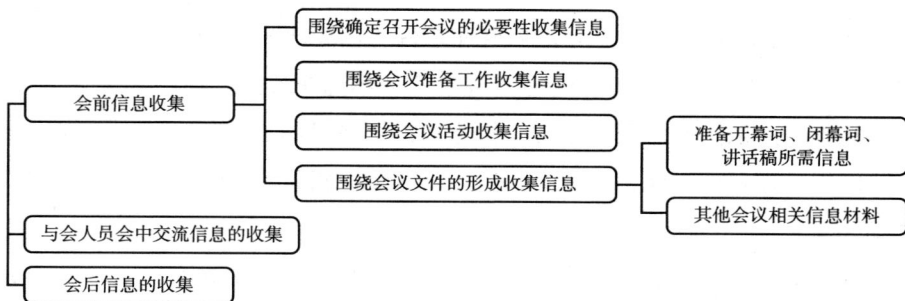

图 4-4　会议信息收集的内容

二　会议信息的收集范围

有关会议立项方面的文件、有关会议筹备工作的文件、有关会议内容的文件、有关会议宣传报道的文件、有关会议管理与服务方面的文件、不同载体的信息材料、各种形式的文件材料。

三　会议信息工作的程序与方法

会议信息工作的基本程序是：记录、核实、汇总、整理与筛选、编写、发送或归档。

（一）记录

会议记录是会议内容和过程的真实凭证。一份完整、简洁、条理清楚的会议记录，可为以后回顾已讨论过的事务提供查阅参考，帮助了解当时做出了什么决定，以及为什么做出这样的决定。记录包括现场笔记、录音、摄影、录像等方式，后三种方式需经会议组织者允许。记录的详略应视内容的重要程度和意见是否重复而定。重要的、有新见解的应详记，即尽可能将每一句话的意思都记录下来，重复的则记其概要或表态，表态性意见对统计某个意见的代表性和赞同数量有用处。

大多数会议允许录音。录音比笔记更具完整性，录音可供秘书在会后核对、补充或修改文字记录。但录音比起文字记录来仍处于次要地位，只适用于人数少、会场条件好的场合，且整理录音时需要比较强的辨听能力，因而只能作为一种辅助手段。何况一些保密性会议不允许录音。

记录的方法还有摄影和录像。摄影可以记录画面、形象，录像不仅有连续的画面，还可同时保留声音。从这方面来说，摄影和录像比笔记与录音又进了一步。

随着计算机技术的不断发展，专用的速录技术也逐渐普及。一些专业速录人员能够在会议中熟练运用速录软件和专用设备做好会议记录。此类记录在网络实况报道中发挥了优势。

（二）核实

秘书在会议现场作的发言记录很可能有遗漏或错误，需要会后及时予以核实。两位秘书同时做记录的，需要将两份记录对照、相互补充，合成一份比较完整的会议记录。有录音的应将录音与文字记录核对、补充或修改。会场上未听清的内容，尤其是重要的人名、地名、时间、数据、引文等，必须找发言人核实无误。

（三）汇总

小型会议只有一份会议记录，自然比较简单。如果是大中型会议，或同时有几个会场，或既有大会发言又有小组讨论，信息来源不止一处，就需要汇总。信息汇总首先将多种会议记录汇合在一起，或听取、记录各小组的口头汇报，或发言人的发言稿，或不上台发言却提交的书面发言稿。总之，应将会议全过程中所提供的信息尽可能齐全、完整地收集、汇总在一起。

（四）整理与筛选

经汇总的信息往往是大量的、分散的，甚至是杂乱的、参差不齐的，必须加以整理。整理的第一步是"归纳"，即将多数的、同类的信息归纳在一起。剩下个别的，如果是重要的、正确的，自然也应该挑选出来，这就进入第二步"筛选"。筛选就是过滤、挑选出有用的信息，同时把不真实的、无意义的信息扬弃。

（五）编写

经筛选的信息，仍然是原始信息，须由秘书将其进行归纳、概括，用简明的文字重新表达，印制成资料，供与会人员学习参考。

（六）发送或归档

发送或归档是指将编写、印制的有利于会议进展的材料及时发送给与会人员。暂时不用的则留存日后归档。

会议信息的主要形式是会议简报。会议简报具有"简、真、快"的特点，是对会议内容的综合报道，既有发言摘要，也有花絮新闻，具有高度的真实性和新闻性。

四 接待新闻媒体

会议的对外宣传是扩大会议影响力的重要手段，因此做好媒体接待工作十分重要。

（一）接待采访会议的新闻媒体的基本原则

1. 会议新闻要实事求是，报道的内容必须与会议基本内容相吻合，达到宣传会议精神的目的，利于会议精神的执行。

2. 掌握会议信息的保密度，做到内外有别。对于会议内容中涉及的机密问题，应严守保密原则，不能在报道中泄露机密。

3. 报道中的重要观点和提法，要经领导审定，以免造成差错或失误。

4. 无论是撰写新闻报道稿，还是为新闻媒体采访报道会议情况提供服务，都要准备得全面周到、主动积极。

5. 在传递的方式和内容选择上应本着对象、效果、时效、费用的原则综合考虑。

6. 在会议中，秘书要随时注意收集外界舆论和新闻媒体对会议的反映信息的报道，为领导准确掌握会议的效果提供参考。

7. 在会议结束后，秘书要为召开媒体沟通会提供必需的信息资料，使会议领导者能更好地向新闻媒体介绍会议情况，回答记者的提问。

（二）接待新闻媒体的工作内容

1. 由会议秘书撰写新闻报道稿件，经领导者审阅后，向媒体发送。

2. 在会议召开期间，邀请有关报社、电台、电视台派记者驻会随访，发布消息。

3. 在会议结束时，召开记者报告会，由会议领导者直接介绍会议情况，并亲自回答记者提出的问题。

＊经典案例＊

"一带一路"高峰论坛新闻中心今起运行 6G 服务中外记者

第二届"一带一路"国际合作高峰论坛（以下简称高峰论坛）于 2019 年 4 月 25～27 日在北京举行。此次高峰论坛注册记者 4100 余人，其中境外媒体记者 1600 余人。

新闻中心建筑总面积约 11000 平方米，空间布局规划为综合服务区、媒体公共工作区、媒体专用工作区、新闻发布区、MCR 运行区、文化展示区、运行保障办公区、媒体餐饮和茶歇区 8 大功能区。配备广播级公共信号播放设备、专业办公设备设施和总带宽 6G 全覆盖的高速网络，提供广播电视服务、官方图片服务、会议活动资讯服务等媒体服务，全方位满足媒体工作需求。

新闻中心内设有大小两个新闻发布厅，分别可容纳 260 名和 150 名记者参加新闻发布会；媒体公共工作区面积 2200 余平方米，设有记者工位 546 个。

今年的新闻中心增添了时下当红的 5G 和人脸识别技术。如今新闻中心向国内外媒体提供了千兆到桌面、千兆 WIFI 接入和千兆 5G 视频回传三个"千兆"服务，可同时满足中外各路媒体记者及所有工作人员全部上网需求。同时，新闻中心还提供了 5G 应用展示，在工作中各国媒体记者可以体验到 5G WIFI 超高速上网带来的便捷。此外，新闻中心还配备最新的人脸识别电子储物柜，无须保留凭条、记录密码，便可方便安全地存取物品。

（资料来源：http://bj.people.com.cn/n2/2019/0423/c82837 - 32871717.html，有删改。）

（三）接待新闻媒体的工作程序

会议过程中，会议公关人员应该尽量为媒体人员的活动提供方便。接待采访会议新闻媒体的程序如下。

1. 媒体人员登记

一般来说，应对参会的媒体人员与一般参会者以及工作人员进行区别，会议组织者要登记，而且登记的地点要与一般参会者登记地点进行区分，登记时为其提供特殊的工作证。有些媒体人员在会前并没有注册，他们可能来自一些与会议无关的刊物。此时是否接待他们应该取决于会议的主办者和会议主题，一般情况下最好放宽大门，而不要约束过严。

2. 为媒体人员提供简单的会议材料

大多数媒体人员都喜欢自己决定采访哪些人，以及报道会议的哪些新闻。因此，会议组织者可以为他们安排一个介绍会，简单说明会议的整体结构，并着重指出那些可能引起他们兴趣的人和事件，并向他们提供简单的会议材料，让他们自己从全局上进行把握。

3. 安排拍照和新闻发布会等传统活动

会议方面应该为静态拍照和动态录像准备一个专门的场地，并搭建起相应的背景，所有参与拍照的人都应该得到充分的提示。如果录像的目的是进行电视报道，会议方面应该为活动安排特定的日期，以免错过播出时间。会议秘书处还应该为摄影师提供所有参加拍摄的人员名单。

会议组织者要为新闻发布会提供应有的准备，满足部分媒体人员要求将自己的录音麦克风连接在演讲台上的要求。发布会应该有规定的起止时间，为发布会制定程序，每个参会者都应该事先知道发布会的日程安排，以及是否可以在会上提问等问题（见图4-5）。

图4-5　新闻发布会现场

4. 安排媒体沟通会

媒体沟通会是一种非正式的新闻发布会，参加的媒体在发布新闻时将不直接引用被采访者的话或者提到其姓名。媒体人员应该被明确告知该活动是不是媒体沟通会，因为有些媒体不愿意参加这样的活动。虽然媒体沟通会规定了一些限制，但是许多媒体人员还是希望参加，因为他们可以从中得到一些非常重要的信息。

（四）相关注意事项

1. 妥善处理新闻媒体的负面报道

当危机来临，企业要有勇气面对危机，以负责任的态度出现在公众面前，对舆论进行疏导。正确的做法有以下几个方面：（1）快速做出反应；

（2）联合或聘请专业公关公司处理危机；（3）让负责人出面；（4）对未知的事实不要推测；（5）不要隐瞒事实真相；（6）为媒体采访敞开大门；（7）统一口径，用一个声音说话；（8）频繁沟通。

2. 汇总新闻媒体的各种报道

预先与要来访的媒体取得联系，力求在发稿后可以收到他们的相关发布信息，或者在发稿后马上将报纸收集起来，或通过网络查询的方法下载相关报道以备将来查询、使用。

﹡知识链接﹡

新闻传播媒介

新闻传播媒介指新闻传播过程中传播者和受众的中介，是新闻信息的物质载体，是用来表达某种含义的静态的或动态的任何物体和物体排列。分为以下几种类型。

1. 报纸

作为大众化的新闻媒介，报纸的历史是最长的。它是以刊载新闻和时事评论为主的定期连续向公众发行的散页出版物。

2. 广播

通过无线电波或导线传送声音的新闻媒介。

3. 电视

运用电子技术传送声音、图像的一种传播媒介。

4. 互联网

是计算机技术、信息技术与通信技术融合的产物。同时，它的作用很难说是传播新闻，但它传播新闻的功能却是独特的，是传统三大媒体在许多方面无法相比的。

5. 通讯社

专门搜集和供应新闻稿件、图片和资料的新闻发布机构。它是新闻信息高速、有效流通的重要媒介或通道。

6. 手机

第五媒介。由于手机在信息传播中的作用越来越大，因此不可忽视其在信息传播包括新闻信息传播中的特殊地位。

（资料来源：百度百科，https：//baike. baidu. com/item/%E6%96%B0% E9%97% BB% E4% BC% A0% E6% 92% AD% E5% AA% 92% E4% BB% 8B/ 5534917，有删改。）

技能训练

1. 学生分组展开讨论，就"任务描述"中秘书肖玲所面临的工作情况，根据所学知识，为她整理归纳出一份需收集的会议信息清单。

2. 请分析肖玲应如何协助协会领导完成新闻媒体接待任务，要求梳理出工作流程和要点。

3. 福瑞集团拟举办新产品发布会，请根据本节学习内容，齐全、完整地收集会议信息。

任务测试

1. 会议信息收集包括哪些内容？

2. 会议信息服务的流程是什么？

3. 接待采访会议的新闻媒体的基本原则是什么？

教学评价

1. 通过本任务的学习和训练，你是否达到学习目标？请学生、老师进行客观评价。

2. 学生反思自己在训练中的表现，请对自己的收获、不足、改进措施展开思考。

3. 师生共同对本任务的课堂教学进行分析与评价。

内 容		评 价		
学习目标	评价项目	个人评价	小组评价	教师评价
专业知识	会议信息的类别和内容	Yes/No	Yes/No	Yes/No
	会议信息收集的方法	Yes/No	Yes/No	Yes/No
	接待采访会议的新闻媒体的基本原则	Yes/No	Yes/No	Yes/No

内 容		评 价		
学习目标	评价项目	个人评价	小组评价	教师评价
专业能力	能准确收集会议信息	Yes/No	Yes/No	Yes/No
	能与会务工作人员、与会人员沟通	Yes/No	Yes/No	Yes/No
	掌握接待新闻媒体的工作流程,能够完成新闻媒体的接待工作	Yes/No	Yes/No	Yes/No

学生完成任务后的反思:

师生课堂教学评价:

第四节　会议生活服务

学习目标

◆ 熟悉会议间的相关生活服务要求

◆ 掌握会间茶水、茶歇服务的要领

◆ 掌握会议食宿、交通服务等事务性工作的服务要点

任务描述

宏达公司将于近期召开全国销售商联络会议,为了提高秘书李莉的办事能力,办公室王主任又给她交代了新任务,为前来开会的与会代表们安排会议期间的茶水、茶歇服务,还要做好与会人员的食宿、交通的安排,看来李莉的任务很繁重呀,请你来帮帮她吧!

任务分析

会议期间的生活服务是紧紧围绕对与会人员的服务展开的。做好会间生活服务是实现会议目标的重要保障。会议工作人员必须很好地了解并掌握会议生活服务的要领方能为与会人员提供舒适周到的服务。

一　会间茶水服务

不管会议长短都牵涉茶水服务的问题，倒茶的时候是从与会人员左边倒，还是右边倒；是把杯子搁在桌上倒，还是把杯子端起来倒；倒水是倒七分满，还是倒一半等种种问题，都要认真对待，这些细节无不体现出组织会议方的风范和礼仪。

（一）茶叶的准备

可能的话，多准备几种茶叶，使客人可以有多种选择。上茶前，应先问一下客人是喝茶还是喝白开水，如果喝茶习惯用哪一种茶，并提供几种可能的选择。不要自以为是，强人所难。如果只有一种茶叶，应事先说清楚。

（二）茶具的准备

在会议开始之前一定要先把茶具洗干净，尤其是久置未用的茶具，难免沾上灰尘、污垢，更要细心地用清水洗刷一遍。在冲茶、倒茶之前最好用开水烫一下茶壶、茶杯。这样，既讲究卫生，又显得彬彬有礼。如果不管茶具干净与否，胡乱给客人倒茶，这是不礼貌的表现。

（三）茶水服务礼仪规范

1. 会议倒茶礼仪

在会议开始前，负责给客户倒茶的服务人员要先检查自己的妆容，特别是注意手部的清洁。倒茶的时候茶叶不宜过多，也不宜太少。茶叶过多，茶味过浓；茶叶太少，冲出的茶没啥味道。假如客人主动介绍自己喜欢喝浓茶或淡茶的习惯，那就按照客人的口味把茶冲好。无论是大杯小杯，都不宜倒得太满，太满了容易溢出，把桌子、凳子、地板弄湿。不小心，还会烫伤自己或客人的手脚，使宾主都很难为情，一般以杯子的七八分满为宜。

2. 端茶的礼仪

会议倒茶的时候应该在与会人员的右后方倒茶，在靠近之前，应该先提示一下"为您奉茶"，以免他突然向后转身倒了一地。如果是女士的话，杯子的拿法应该是右上左下，即右手握着杯子的1/2处，左手托着杯子底部；

如果是男士的话，则双手水平拱握着杯子的1/2处，摆放在饮水者右手上方5~10厘米处，有柄的则将其转至右侧，便于取放。

3. 添茶礼仪

添水时，如果是有盖的杯子，则用右手中指和无名指将杯盖夹住，轻轻抬起，大拇指、食指和小拇指将杯子取起，侧对客人，在客人右后侧方，用左手容器填满，同样摆放在饮水者右手上方5~10厘米处，有柄的则将其转至右侧。

（四）茶水服务礼仪细节

1. 在会议开始之前要检查每个茶杯的杯身花样是否相同。

2. 茶水的温度以80度为宜。

3. 在倒茶的时候每一杯茶的浓度要一样。

4. 倒茶时要先给坐在上座的重要宾客，然后顺序给其他宾客。

5. 在客人喝过几口茶后应即为续上，不能让其空杯。

* 知识拓展 *

中国六大茶类

中国茶类的划分有多种方法，根据制作方法和茶多酚氧化（发酵）程度的不同，可分为六大类：绿茶（不发酵）、黄茶（轻微发酵）、白茶（轻微发酵）、青茶（乌龙茶、半发酵）、黑茶（后发酵）、红茶（全发酵）。

绿茶：属不发酵茶，产量居我国几大茶类之首，它在制作工艺上由于杀青和干燥方法不同，可以分为炒青绿茶、蒸青绿茶、烘青绿茶以及晒青绿茶。

黄茶：是我国特有的茶类，属于轻微发酵茶。黄茶最大的特点就是"黄汤黄叶"。

白茶：属于轻微发酵茶，为我国茶类的珍品。白茶的生产是在嘉庆年间开始的，主要是采摘芽茶制成银针，在制作过程中不炒不揉，直接烘干或晒干而成。它主要制成白毫银针白牡丹、贡眉以及新工艺白茶。

青茶：属于半发酵茶，既有绿茶的清香，又有红茶的浓郁。茶叶冲泡后，叶片中间呈绿色，边缘有明显的红边，因此有"绿叶红镶边"的美称。

代表名茶为大红袍、安溪铁观音、凤凰单丛、冻顶乌龙等。

黑茶：属于后发酵茶，是我国特有的茶类。黑茶历史悠久，主要是采用粗老的原料制作而成，它的加工工序主要包括杀青、揉捻、渥堆、干燥等，其中渥堆是形成黑茶品质的关键工序。主要的品种有湖南的茯砖、湖北的老青茶、咸阳的泾渭茯茶、云南的"紧茶"以及广西的六堡茶。

红茶：属于全发酵茶。红茶是六大茶类中多酚氧化聚合程度最深的，它的制作方法主要是从绿茶、白茶的制法演变而来的，红茶以"红汤红叶"著称，其中名优品种主要有祁门工夫、正山小种、滇红工夫、宁红工夫。

（资料来源：百度百科，https：//baike.baidu.com。）

二 会议茶歇服务工作

会议茶歇也叫会间茶歇，指在会议中场小憩的时间段内，为客人提供茶点，从而调节客人会议时紧张的情绪，放松心情；同时，茶歇的要求要以客人的标准为基础，包括摆饰的位置，茶歇的开放时间以及服务的人员等。通常情况下，连续开会时间超过 3 小时，可以安排茶歇。整体而言，会议茶歇也属于整个会议的一部分，会议的顺利召开少不了茶歇这一重要环节。

通常，茶歇的准备包括点心要求、饮品要求、摆饰要求、服务及茶歇开放时间要求等，不同时段可以更换不同的饮品、点心组合。大致上茶歇的分类是中式与西式。中式的饮品包括矿泉水、开水、绿茶、花茶、红茶、奶茶、果茶、罐装饮料、微量酒精饮料，点心一般是各类糕点、饼干、袋装食品、时令水果、花式果盘等。西式茶歇饮品一般包括各式咖啡、矿泉水、低度酒精饮料、罐装饮料、红茶、果茶、牛奶、果汁等，点心有蛋糕、各类甜品、糕点、水果、花式果盘，有的还有中式糕点。

会议茶歇服务可分为以下四个步骤。

（1）准备工作。按照会议单上的标准及人数准备相应物品。

（2）出品装盘。茶歇的出品由点心房负责装盘。服务人员需提前 10 分钟到点心房将茶歇点心与水果送往茶歇台，茶歇用具摆放需干净卫生、整齐，不得将茶歇胡乱摆放，也可以按照桌子大小及碟子的多少将碟子摆放成一定的形状，给人以视觉上的饱满美观。

（3）茶歇服务。客人使用茶歇时，服务人员应保持桌面整洁，并主动为客人提供斟倒咖啡、红茶等服务。另外，客人用过的点心水果应摆放整齐、美观。

（4）茶歇后餐具送洗。使用过的果盘应小心轻放，统一送至指定处存放，爱惜茶歇用具及各种设施。可回收的点心，应在茶歇时间结束后整理好送回点心房，例行节约。会议茶歇用过的餐具清洗时应轻拿轻放，洗净后擦拭干净无水渍污渍，归位摆放整齐。

* 经典案例 *

金砖会议新闻中心中国茶歇区广受热捧

金砖会议第九次会晤在厦门举行。作为信息发布和记者工作的重要区域，共设有700个工位，以及媒体公共工作区、记者茶歇区、MCR运行区、演播室区等功能区，能够为媒体记者提供全方位的服务。其中，茶歇区因为布局充满厦门风情，而茶又是中国的"特殊符号"，所以在新闻中心投入运行第一天就受到中外媒体和记者的热捧。

茶歇区简约不失庄重、古朴兼具风雅，且具有闽南风情的建筑特点，是厦门独有的红砖古厝的造型。其中还有茶艺师进行表演，会议开始之前，对她们进行了专职培训。她们不仅气质高雅、温婉脱俗，且人人皆具备茶养生师、高级茶艺师等资质。为现场嘉宾提供良好服务的同时，也让中外媒体和记者更加深入地了解中国的茶文化。

据悉，本次金砖会议共有来自80多个国家和地区的大约3000名记者。茶歇区的设立，不仅体现了大会的人性化特点，也是对中国茶文化的一次高密度、高强度、高平台的推广，向全世界展示了充满魅力的中华传统文化，也让中华茶能够在这样一个世界级盛会平台上走得更远。

除了各个功能区和茶歇区，新闻中心里还设有媒体餐饮区，为中外媒体记者提供厦门当地的各种特色餐点，比如沙茶面、清汤鸭肉面、厦门丝芋包、养生四果汤、沙茶鸡翅、豆沙南瓜饼等。并且每道菜品都用中英文注明了采用的原料，让过敏体质的记者可以有效避开过敏源。大会为期三天，让中外嘉宾感受到泱泱华夏的人文关怀。

（资料来源：https：//www.sohu.com/a/169530619_195988，有删改。）

三　会议食宿安排

通常情况下，会议的签到与食宿安排连在一起。大型会议签到时，通常就将相应的与会人员食宿信息收集并安排妥当。会议食宿安排工作步骤如下。

（一）了解情况

制定会议接待计划之前，就要了解来访团体的情况，这对安排餐饮、住宿有很重要的作用。需要了解的内容有：客人中饮食方面是否有特别忌讳的，客人的身份、性别、年龄、是否带家属等。

（二）确定餐饮、住宿、用车标准

确定接待规格后，根据会务的规定确定餐饮、住宿、用车标准，秘书不可擅自提高或降低接待标准，如果客人一方提出了特别要求，只要在相关规定范围内，就要尽量满足他们的要求。如果客人的要求是超标的，秘书必须向上司汇报，由上司做出决定。

（三）预订餐厅、住宿房间

1. 预订餐厅

会期半天以上的正规会议，除了展览不统一安排餐饮（特邀嘉宾或者重要客户除外），会议通常统一安排餐饮。餐饮安排通常有两种形式——自助餐或者围桌餐。类别有中式、西式及清真系列。

就餐人数可通过会议通知回执与会议签到的实际人数确定，当然，就餐人数除了与会者还包括会议工作人员人数。确定好就餐人数后就可确定就餐的地点，考虑以下几个方面：①餐厅大小能否容纳会议活动的全部就餐人员，餐厅大小与就餐人数成正比；②餐厅卫生条件是否符合规定，主要指餐厅内的环境卫生是否达标，诸如空气是否清新、餐具是否干净、地板墙面是否干净整洁等；③饭菜品种是否丰富多样，质量能否满足要求；④餐厅与与会者驻地距离是否适当，餐厅地点同住宿地点一样要求尽量靠近会场，最好是与住宿房间和会场在同一地点，如酒店的餐厅，这样既方便与会者，又可以节省时间和交通费用。

统一安排餐饮的会议，对于成本的控制非常重要，自助餐一般可以发餐券控制（很多酒店对于自助餐的开设有就餐人数的最低要求），可以事先制订餐标及餐谱，严格区分正式代表与随行人员、家属，特殊要求者可以与餐厅协商。围桌式餐饮安排比较复杂——特别是大型会议的时候。围桌式餐饮安排需要考虑的问题有：开餐时间、每桌人数、入餐凭证、同桌者安排、特殊饮食习惯者、酒水种类及付款等。需要提醒的是，会议前期考察时注意餐厅及用具的卫生情况，不能让就餐者出现健康问题。会议餐饮工作的原则就是保证与会者吃好，吃得安全又不浪费。因此，在饮食安排上力求做到全面周到，满足与会者的饮食需求，保证与会者高效率地参加会议。

2. 预订住宿房间

为客人选择住宿宾馆要考虑几个方面：一是交通是否方便；二是档次是否合适；三是环境是否安静优雅。秘书可以同时选几所各具特色的宾馆，让上司定夺。应该选择熟悉的宾馆，因为对其服务质量等各方面比较了解，不会出大问题。而且作为老客户还可以享受一些优惠。住宿房间一般是主宾安排套间，朝向、楼层要好；一般人员安排标准间，有时可以是两人一间。

（四）根据对方要求调整方案

上述内容也是会议接待方案中的一部分，草拟好之后要给客人发过去，征求意见。如果客人提出意见，只要不违反公司的规定就要尽量满足，调整方案。但是在调整前后，秘书都要向上司汇报，征求上司的意见。

＊知识链接＊

会议住房，对会务组织者而言是一项极具考验性的工作，房间分配得好，参会者心情愉快，房间没安排好，导致部分参会嘉宾情绪化，造成参会者对会议的不满，给会议带来不好的评价。因此，酒店住宿安排房间需要注意以下几个要点。

1. 适当照顾嘉宾和主办方的领导。

2. 年龄较大的与会者和女性与会者应尽量安排到向阳、通风、卫生条件较好的房间。

3. 尽量不要把汉族与会者与有忌讳的少数民族与会者组织在同一房间。

4. 可预先在会议回执上将不一样标准的住宿条件标明，请与会者自行挑选预定。

5. 预定住宿地点的工作一定要留出提前量，预定数量上应略有富余。

随着智慧会务的技术成熟，事实上，会议公司完全可以通过线上分房技术，快速解决分房烦琐的流程操作问题，来宾只需要填写自己的姓名、身份证号或者手机号码，以及住房需求，系统便可以快速高效地自动分配出适合的房型，减少人工不必要的误解纠纷问题。

（资料来源：https：//www.sohu.com/a/325527966＿100099119，有删改。）

四　会议交通服务

会议交通服务主要指地面交通。地面交通范围较广，包括当地铁路系统、机场接送巴士、酒店免费汽车、常规价和团体价出租车、大型轿车等。交通服务的主要内容包括筹备、调配、停放车辆等。会议交通服务是办会工作的一个重要环节。

（一）会议交通制度、工作、人员的确定

1. 交通制度的合理化

为了使会议用车科学合理，会议举办方事先必须制定关于会议用车制度、车辆检查与维护制度、车辆征调与租用办法、车辆调度办法、会议车辆停放办法、会议停车指挥办法、意外情况的应急办法、会议交通人员（会议交通总负责人、调度员、停车指挥员、司机、随车人员等）的职责等相关规定制度。预防职责不清、安全隐患、滥用车辆。

2. 会议交通服务的工作内容

会议交通服务的工作安排比较复杂，要求会议组织事先将交通服务具体工作一一列出，力求周密细致。会议交通工作主要包括以下几个方面。

（1）合理计划、及时筹齐会议用车。

（2）根据会议需要合理调度和使用车辆。

（3）预订好停车场，做好不同车辆的停车规划。

（4）印发车辆通行证，指挥停车。

（5）车辆的日常保养与维修。

3. 会议用车人员的管理

（1）安排优秀的司机。司机的驾驶水平和服务态度是会议交通服务质量的重要体现，因此，会议举办方在选择司机时，在考虑司机的专业水平时，还要考虑司机的综合素质。

（2）必要时配备随车人员。会前接待、会后欢送、临时集体性会议外出活动过程中的交通服务只靠司机一人完成是照顾不全的，这就需要配备随车的接送人员、服务人员、陪同人员等。这些人员除了完成接送、服务、陪同工作外，在车辆行驶、停放等方面，也应配合司机，做到安全、细致，让参会人员舒适、满意。

（3）对司机和随车人员进行培训。为了使会议交通服务更加精细、周到，会议举办方需要对司机和随车人员进行适当的培训。培训内容主要包括：接待和欢送礼仪、各项保证交通安全的制度规定、应付各种突发事件的办法、工作人员应如何相互协调配合等。

（二）会议用车的组织

1. 会议用车类型、数量的确定

要根据会议的类型、数量、与会人员的多少、级别等来确定会议用车类型、数量，根据国家相关规定，大车的配备按平均 40 人一辆车计算，小轿车根据会议的规格和实际需要从严使用。

2. 会议租车

如会议主办方车辆不足，需租借车辆和司机时必须注意：预订车辆最好提前一两天，周末提前两三天；用车天数应定最少天数，不够时打电话续租；去租赁公司提车需要带全所有证件；在发车、还车、验车时就仔细检查，确认无误时再签署单据；万一发生事故，应尽快通知相关部门，一定要有交警的事故判定书或安委会证明，这些保险理赔需要用到。如遇出险应在第一时间通知相关保险公司，最迟不能超过一天。

3. 对会议用车的合理配置

会议交通用车安排要合理配置，对每辆车的用途、接载对象要明确，用车能固定的尽量固定，如规定某一小组乘坐几号大车，哪几个人合用一辆小轿车等，既可以防止差错，也让与会人员感到方便。

（三）会议车辆的停放

1. 停车场的准备

对于大、中型会议，应为其准备足够的停车场地，根据会议的性质和规模安排停车，考察停车场地时，应注意以下问题。

（1）停车场安全程度如何，何时开门、关门？

（2）停车场能容纳多少车辆，能否为参会人员专门划出一片停车专区？

（3）有贵宾专用的停车区吗？能容纳多少车辆？

（4）停车的费用是多少，费用可以预付吗？能否有优惠？

（5）停车场附近有没有影响交通的因素？

（6）在参会人员大量抵达和离开时，停车场能有多少人员值班？

（7）轮椅能在停车场自由出入吗？如果不能，有哪些地方可以自由出入？

（8）如果有媒体参加，那他们的车及设备应放在哪里？

（9）办会机构的员工在哪里停车？

2. 会议车辆停放的指挥管理

如果会议参会人数较多，或开会场所停车场比较拥挤，一般而言，指挥会议车辆停放应遵循"五先五后"原则：先外宾，后内宾；先小车，后大车；先重点，后一般；先车队，后单车；先来停近，后来停远。

指挥停车要因地制宜，根据不同的情况采取不同的办法，指挥停车通常有三种情况：会议门前停车场宽阔，可以先停车，后下车；停车场狭窄，先下车后停车；会场不便停车，准备临时停车地点，先下车后停车。

3. 车辆排列方法

根据停车场的具体情况，车辆停放排列主要有以下五种方法。

（1）头尾相衔接，纵列依次停放。适用于车队，可以利用道路停车，依次离开。

（2）齐头平列，单横排停放。适用于集中来、分散走，或分散来、分散走。

（3）斜排停放，即车头向着去的方向斜排停放。适用于停车场狭长，或路侧停车。

（4）方阵停放，即车辆横直数排停放。适用于集中来、集中去的大型会议，车辆多、场地短而宽的情况。

（5）主要领导和贵宾的车辆单排，与一般车辆的停放地分开。

停车方法的安排应尽量缩短停放时间，争取一次性停好、集结得快、疏散方便，给参会人员带来方便。

技能训练

1. 会间茶水服务训练

建议：在教师带领下，以教室为会场，学生分组轮流给其他学生泡茶、续水，相互点评、相互纠正，直到掌握工作要领。

2. 实战练习

永恒公司 2020 年度全国代理商年度表彰暨十周年庆典会议定于 11 月 25～27 日在仙泉度假村举行，与会人员有 100 人。据回执单反馈，有 2 位与会者是回族，有 1 位晚上打鼾声严重，有 1 位级别较高者要求住商务套房。作为会务工作人员，你在分配会议住宿房间时要注意哪些事项？

要求：列举出会议住宿与交通安排的具体计划。

任务测试

1. 会间茶水服务的要点是什么？

2. 请你结合任务描述，简述会间茶歇服务的步骤。

3. 会议交通工作主要包括哪几个方面？

教学评价

1. 通过本任务的学习和训练，你是否达到学习目标？请学生、老师进行客观评价。

2. 学生反思自己在训练中的表现，请对自己的收获、不足、改进措施展开思考。

3. 师生共同对本任务的课堂教学进行分析与评价。

内　容		评　价		
学习目标	评价项目	个人评价	小组评价	教师评价
专业知识	会议生活服务工作的内容	Yes/No	Yes/No	Yes/No
	会议茶水、茶歇服务要点	Yes/No	Yes/No	Yes/No
	会议食宿服务要点	Yes/No	Yes/No	Yes/No
	会议交通服务要点	Yes/No	Yes/No	Yes/No
专业能力	能完成会间茶水服务	Yes/No	Yes/No	Yes/No
	安排好会间茶歇服务	Yes/No	Yes/No	Yes/No
	掌握会议食宿安排	Yes/No	Yes/No	Yes/No
	能完成会间交通的安排	Yes/No	Yes/No	Yes/No

学生完成任务后的反思：

师生课堂教学评价：

第五节　会议保障服务

某新产品发布会上，经理正在用投影仪介绍产品，突然投影仪失灵，服务人员马上过去修理，但半小时内没有修好，经理只好不用投影仪，效果非常不理想，其间，由于专业化内容多，不易理解，有的听众离开了会场，因此会议无法达到预期目标。这个案例说明了会议视听设备的重要性，会议秘书应在会前准备好发言人所需的各种设备，使设备能够发挥其应有的作用。

〖学习目标〗

◆了解会议保障的含义及重要性。

◆理解会议设备使用与维护。

◆掌握会议安保工作的内容。

任务描述

茂林公司准备在本市的新业大厦召开大型的新产品订货会。参加的有本单位、外单位的人员。总经理让秘书部门负责安排，会上要放映资料影片，进行产品操作演示，而公司没有活动投影仪，租借活动投影仪的任务交给了秘书高叶。会议召开的时间是 6 月 5 日上午 10 点整，而资料放映的时间是 10 点 15 分。高叶打电话给租借公司，要求租借公司在 5 日上午 9 点 45 分必须准时把投影仪送到新业大厦的会议厅。

5 日上午，会议开幕前，茂林公司的秘书们正在紧张做着最后的准备工作，高叶一看表，9 点 45 分了，投影仪还没有送到。高叶马上打电话去问，对方称机器已经送出。眼看着各地来宾已经陆续进场，高叶心急如焚……

任务分析

会议保障服务就是为会议的正常、顺利进行提供一系列的保障，主要有会议设备的使用与维护以及会议安全保卫方面，本任务就是从这两方面入手阐述会议设备的使用与维护及注意事项，以及会议安全保卫的内容等，从而保证会议正常、顺利进行。

知识准备

一　会议设备的使用与维护

（一）会议设备的种类

目前，几乎所有类型的会议都会使用一定的视听设备来辅助演讲、代替现场发言、进行娱乐活动等。音响手段与视觉手段可以分开单独使用，也可以合在一起使用。一般人们所说的视听手段是三者的统称，没有进行具体区别。

在各类会议中常用的设备类型有：表决系统、同声传译系统、发言讨论系统、多媒体投影机、幻灯机、投影仪、投影屏幕、接口单元、录像机、电视机、数据监视器、电视墙、灯光设备、摄像机、音响设备、办公设备、音频视频会议系统和其他设备等。

（二）会议设备的使用与维护程序

对于会议使用的音响、照明、通信、录音、录像、通风等设备，应设专人操作与维护。为了会议的正常进行，应该在会议正式开始之前对这些视听设备进行全面的检查。使用结束后还应该进行良好的维护，这能够使设备在使用过程中避免一些不必要故障而造成不良的后果和影响。

1. 确定工作人员的职责

由于视听设备比较昂贵，因此有必要派专人负责设备的使用和安全工作，包括登记设备的出入、正确操作设备以及在会议前后保证设备在会场中的安全。这些工作人员日常例行维护的工作范围是：视听设备使用前检查全部电源，将需要用到的耗材准备好，认真填写设备使用操作记录，操作过程中出现异常现象时，要做详细记录，并及时进行维修。

有时，会议中的某些演讲需要制作成录音带或录像带，在得到发言人的书面许可后，工作人员应根据录制目的需要安排录音机或录像机与发言人之间的位置关系。另外，工作人员还应准备一些应急的设备配件，如空白磁带、彩色粉笔、钟表、保险丝、贴纸标签、空白透明幻灯片、空白录像带、备用灯光及一些基本工具（如十字螺丝刀、一字螺丝刀、开口钳、锤子、装有新电池的手电筒等）。这些工具大部分很常用，但却很难在短时间内买到。

2. 预演和检查会场视听设备

不论视听设备是由谁提供的，在临近会议开始前对设备工作状况的测试总是有必要的。如果可能的话，应该在测试结束后对设备做一些标志，以免使用的时候拿错。

尽管大多数发言人不需要或不要求进行预演，但是大会的承办者还是应在会议正式开始之前测试一下设备的使用情况，并熟悉一下会场。在需要使用视听设备的会议开始之前，有必要对灯光调整和幻灯片放映等进行预演，以确保相关人员都清楚地知道操作的过程。通过预演，可能会发现有些幻灯片需要重新制作或修理，或者讲台、灯光、投影机等需要重新布置等问题。

3．注意事项

（1）会议承办者应在会前向设备供应商明确询问具体的解决程序。如果租赁的设备比较多，要提前向租赁公司问清其免费提供各种服务的范围和联系方式。

（2）在会议召开前由专门人员负责检查所有设备。

（3）会议检查人员应该有一个可以请求紧急帮助的电话号码，以便与相关部门进行联络。如果会议过程中出现了一处或几处紧急情况，可以判断应该先处理哪里的问题。

（4）有些设备故障（如灯泡报废等）可以由会议工作人员自行处理，因此，在可能的情况下，应该在会场准备一些备用的设备。无论问题多么简单，都不应该让与会者和发言人动手参与紧急维修。

（5）发现设备故障要及时请有关的公司和专业服务机构派人修理。

（6）有些设备在出现故障时最好更换新的设备，等到会议结束后再进行修理。

＊知识链接＊

1．远程会议视听设备的检查

远程会议视听设备要求较高，要保证既能将主会场的画面和声音传给各分会场，又能把各分会场的信息反馈给主会场。会场内可以配备高速传真机，以便同时传送文件。场内会议设备要落实专业技术人员调试、检测。会议期间要有值班维修制度，及时解决技术上的故障，确保会议顺利进行。对于某些交通状况不好，特别是地处山区、边疆的会议，远程会议将带来极大的方便。在一些紧急场合，如救灾、防汛、战地会议等，采用远程会议系统能帮助与会者及时、正确地做出决策。

大部分视听设备的操作温度通常在0℃~40℃，极端的温度会给设备的使用带来很大的影响。因此，移动设备时不要将其直接暴晒在太阳等强光下，例如，放在被太阳晒得炙热的汽车里。

2．会议视听设备的保管

视听设备带给用户的是视觉和听觉上的享受。在视听设备的日常使用过程中一定要注意相应的使用及维护方法，才能保证设备能够使用得更长久（资料来源：详见秘书教材办公自动化设备部分内容）。

视听设备的保管应注意以下几点。

（1）电源及连线。会议中使用的视听设备首先应该选用匹配的、标准化的、安全性能高的交流电源插头和插座。插拔电源插头、电缆接线时，最好使设备的电源处于关闭状态，以避免不小心碰掉电源造成非正常关机。尤其是关闭投影机后，一定要等风扇停转后再关掉电源开关，这一点对保护投影机特别重要。如果不严格遵守这个操作步骤，经常在使用后立即拔掉电源，就会导致投影机内部无法散热，甚至会使内部最昂贵的LCD屏或灯泡受损。

（2）散热。大部分视听设备在工作时都会散发出热量，为此，应做到为设备留出足够的空间，尤其是不要遮挡住设备的通风口，以保证机器能良好地散热。特别是投影机，即使是关机后数小时其内部温度仍比较高。如果天气炎热且室内通风不好时，可使用空调或风扇帮助散热，这样可以保护设备，延长其使用寿命。

（3）清洁。除了上面谈到的维护和保养外，还应保持设备使用场所和存放地的良好环境卫生。同时，设备使用一段时间后，在空气中会沾有很多的灰尘或碎屑，容易受到损坏，甚至不能进行操作，因此，应养成定期清洁的习惯。只有这样，才能减少设备的故障率。

大多视听设备内部都为电子器件，在清洁时首先要切断电源，用微湿的布（只加入水）擦拭机器外部，用干燥的或含水分少的、不起毛的软布，小刷子，吸尘器或专用设备清洁机器内允许用户自行清洁的部件，不可拆除或接触的部分应请专业人员定期清洁维护。

清洁时，要小心勿让设备进水。如果不慎有水溅到设备内，要先关闭电源或取下电池，然后拧干清水浸过的软布，仔细擦拭设备机体，再用干燥的软布将机体擦干。

二　会议安保服务

会议安全保卫是为了保证会议正常、顺利地召开，而不致发生意外所进行的一系列工作。会议安保工作比较复杂，既有会场内部保卫，又有会场外的保卫。会议期间应制定安全保卫计划，安排专门人员负责会场内外的安全保卫工作，尤其是一些重点和要害部门，做好必要的检查，熟悉相关情况，随时发现问题，及时应对，排除隐患，为会议的顺利进行打下基础。

（一）制定会议安保工作方案

会议的安全保卫工作一般在办会总指挥部的统一领导下进行，负责会议安全保卫工作的部门，在会议的筹备阶段，应根据会议要求制定出安全保卫工作方案。工作方案中，应将安全保卫的组织机构、职责任务、具体工作等一一明确，尤其应有预防发生突发事件的应急预案，以保证在关键时候，能迅速反应与采取措施。

（二）保护文件资料安全

会议中如果涉及不宜向外泄露有关会议内容的文件资料等，要做好文件的保密，以防止泄密。主要有以下几个方面。

1. 制定保密制度或规范

密级较高的会议，要根据会议内容的重要程度确定文件、资料的密级等级，即属秘密、机密还是绝密，类型不同所采用的措施也不同。涉密文件要统一管理，并有专人负责。文件在印刷、传送、发放、保存、阅读、清退、销毁、存档以及检查等运转过程中的各个环节，都应有保密措施，要求每个环节都要严格检查，做好严格的等级管理制度。

领导在秘密会议上的讲话，未经批准不得录音、录像；准许录音、录像的，材料要同文件一样严加管理。对于其他与会议内容有关的录音、录像、摄影和通信设备等也要严加保管。同时，宣传报道会议相关情况时，要严格审查新闻稿件，凡未公开的会议文件内容，未经批准，不得公开发表和宣传。所有稿件必须经过严格的审核确认无误后才可发表报道。

2. 加强会务人员和与会者的保密意识

制定保密制度或规范是外在层面的会议纪律要求，但只靠纪律的约束是不够的，必须加强对会务工作人员和与会人员的保密意识教育，增强保密法规观念，提高保密的自觉性，使保密纪律建立在与会人员高度自觉的基础之上。因此，应对会务工作人员和与会者的保密意识不断强化，如不该说的秘密绝对不能随便说，不该看的文件绝不能看，未经批准，不准随便向外泄露会议内容等。

3. 保护会场安全

（1）会场外安保

会议召开期间，安保部门要密切注意会场外围环境的社会治安，不容可疑者接近或混入。还需检查会场是否被安装窃听、泄密装置（见图4-6）。众所周知的美国"水门事件"就是因为水门宾馆的会议室安装了窃听装置。

图4-6　会场严格的安保检查

（2）会场内安保

严格出入场检查制度，严格检查与会人员的出入证件，控制会场人员出入，防止与会议无关人员的混入。如果与会人员众多，容易在进出场时发生拥挤甚至混乱现象，安保人员应协助会议现场引导人员，在会场进出口把关，维持好秩序，做好疏导工作。

4. 保护与会人员人身、财产安全

保护与会人员的人身安全是会议安全保卫的重中之重。会议召开前，会议保卫部门要对会场及周边环境做详细的勘察，排除恐怖袭击、爆炸、火灾等安全隐患。如有必要可以请当地公安部门协助。同时提醒与会人员提高安

全防范意识。保护与会人员人身、财产安全的基本原则是内紧外松，高度警惕，做好各方面的应急准备，确保到会人员的安全，同时最好不干扰他们的工作和活动。

＊经典案例＊

图4-7 "北京服务"精雕细琢惊艳四方

第二届"一带一路"国际合作高峰论坛于2019年4月在北京召开。作为中国主场外交的重要会场，国家会议中心向中外嘉宾展示了精雕细琢的"北京服务"，让八方来客惊叹。

1. 会议：抢翻台仅用3分半破纪录

走进国家会议中心场馆，深蓝色背景的"一带一路"高峰论坛标识随处可见，身着制服的工作人员在各个角落穿梭忙碌。

国家会议中心作为高峰论坛的首演主场，承担了开幕式、高级别会议、企业家大会、12场分论坛等重大活动的服务。国家会议中心还为与会代表、中外媒体记者、工作人员、保障人员提供会议、餐饮、住宿等服务保障。

论坛召开之前，工作人员反复彩排了至少30次，每一次都推敲总结经验，不过实战的场景更为严苛：首次抢翻台的时间只有15分钟，还要考虑抢翻台时不能打扰仍留在座位上休息的宾客。

最终的结果让所有人都松了口气，首次抢翻台只耗时3分半，比任何一次空场彩排都要快。

2. 细节：桌面物件码放分毫不差

开幕式共计2101个座位的桌面上，纸笔、玻璃杯、瓶装水、同声传译器等物件的码放必须分毫不差，甚至瓶装水的摆放角度都要一致，从各个角度看，瓶装水的摆放位置都能连成一条直线。

从3月底开始，国家会议中心场馆就以最高标准完成19项工程维修改造，还对水、电、气、网络等7大类24902个专项进行了排查。

在会场，看起来简单的倒茶水流程，都能细化分解为25个步骤。从调制、斟茶，到茶叶、温度、冲泡的水量，甚至客人的喝茶习惯，每一个环节都有严格的标准和规定……

3. 餐饮：尽显"一带一路"特色

"楼兰绿洲梦""鱼跃龙门通四海""共建双赢阁"……52个餐饮摆台都有漂亮的名字，既结合了论坛主题，又融入了共建"一带一路"国家的风土人情和文化内涵。

"为了这座'共建双赢阁'，我们厨师团队特意走访了故宫和颐和园，还查阅了大量资料！"古建筑造型的红色梁柱上，和玺彩绘的花纹图案古色古香。梁柱呈现"共"字字样，代表"共商、共建、共享"的理念。为了呈现最完美的作品，大厨们先后30多次易稿，单就手工彩绘这一块，调色就用了80多种颜色，全部制作完成用了40多天。

水果、糖、面等食材在厨师们的妙手下，变身为帆船、海浪、沙漠等装饰摆件，高铁、古塔、风筝等中国元素加以装点，显得既大气磅礴又精雕细琢。当得知这些摆台都是用食材制作而成，多位外宾不由自主地竖起了大拇指，惊叹中国工匠的高超技艺。

论坛主题餐饮也实现了"一带一路"和浓郁中国风的完美融合。"梅花水晶包""伏特加鳕鱼盏""罗马盾牌酥饼"等茶歇小吃最抢手，烤鸭、驴打滚、豌豆黄、芸豆卷等京味儿菜品备受外宾欢迎。

图 4-8 食材摆台

国家会议中心餐饮团队特别制定了各类自助菜单 69 套、茶歇菜单 41 套、外带餐包菜单 7 套，每套菜品都保证不重样。中国美食在论坛期间成为一种特殊的"语言"，向宾客讲述着中国故事。

（资料来源：http：//society. people. com. cn/n1/2019/0428/c1008 - 31054575. html，有删改。）

技能训练

1. 会议设备使用训练

回顾你刚刚参与（或观摩）的一次会议，使用了哪些会议仪器与设备，并请演示投影仪、录音笔、空调、麦克风、音响等的操作。

2. 实战练习

请同学们依据"任务描述"中的任务内容协助秘书高叶完成任务并回答如下问题。

（1）召开会议所需要的各种设备、装置应提前多长时间来安排比较合理？

（2）请谈谈如何做好会议设施的准备。

（3）请就此次会议为例说说会议的安全保卫工作有哪几个方面？

任务测试

1. 会议的保障服务通常包括哪些方面的内容？

2. 会议中设备维护的程序是什么？

3. 请你说说如何做好会议场所的安全保卫工作？

教学评价

1. 通过本任务的学习和训练，你是否达到学习目标？请学生、老师进行客观评价。

2. 学生反思自己在训练中的表现，请对自己的收获、不足、改进措施展开思考。

3. 师生共同对本任务的课堂教学进行分析与评价。

内 容		评 价		
学习目标	评价项目	个人评价	小组评价	教师评价
专业知识	会议生活服务工作的内容	Yes/No	Yes/No	Yes/No
	会议茶水、茶歇服务要点	Yes/No	Yes/No	Yes/No
	会议食宿服务要点	Yes/No	Yes/No	Yes/No
	会议交通服务要点	Yes/No	Yes/No	Yes/No
专业能力	能完成会间茶水服务	Yes/No	Yes/No	Yes/No
	安排好会间茶歇服务	Yes/No	Yes/No	Yes/No
	掌握会议食宿安排	Yes/No	Yes/No	Yes/No
	能完成会间交通的安排	Yes/No	Yes/No	Yes/No

学生完成任务后的反思：

师生课堂教学评价：

第五章
会后工作

评价一次会议的效果如何，主要看其形成的意见或决议对之后的实际工作所产生的推动作用。会议议程的结束并不意味着整个会议已经全部结束，会务工作人员还必须开展对本次会议的评价、总结、整理、决算等工作，即会后工作。会后工作是对整个会议前几个阶段工作的总结和落实，形成决议、查找不足，作为今后开好同类会议的借鉴，是更好地发挥会议功效的重要环节。

整个会务工作在完成了会议策划、会前筹备、会中服务阶段之后就转为会后工作阶段，虽然参会人员陆续离开，会务组工作人员的任务依然繁重。一般来说，会后的工作按照流程包括：送别会议代表、会场的清理、编写会议纪要、会议的宣传报道、会议文书的归档、会议交代事项的跟进与反馈、会议账目的处理、会议总结和评价等。下面，我们将按照会后工作的流程依次为大家进行介绍。

第一节　送别会议代表

学习目标

◆ 引导会议代表有序离场

◆ 代为购买返程票

◆ 合理安排送站人员和车辆

任务描述

会议结束了，会议结束当天和第二天是会务组安排的送站时间，于是很多与会代表陆续退房返程。因为参会人数较多，且来自全国各个省区，所以选择飞机、火车、汽车各种交通工具的都有，还有的会议代表委托会务组帮忙购买返程票。会务组的同志们依然忙碌着……

任务分析

会务工作人员在会议结束后，按照会务组的要求，履行好送别会议代表的职责。对于可以自行离开的会议代表，会务工作人员应在会场外做好引导，送至酒店门口、单位门口、停车场即可；对于外地来开会的代表，应事先了解他们返回的日程和交通工具，如有要求应提前代为购票，以便按照不同离开时间安排好不同班次的送站；对于级别较高的参会领导，应事先安排好专人和会议主办方领导送别；个别需要暂留的代表，也应妥善安置他们的住宿和生活。

知识准备

送别会议代表是会后工作的首要环节，看似不重要，但这一环节处理得好坏将直接关系会议代表对整个会议的印象和评价，甚至成为评判组织会议主办方综合实力高低及会务工作人员素质能力水平的重要指标。因此，认真做好送别会议代表的工作，会让人觉得整个会议有始有终、细致全面，整体水平较高、成效较明显。会议结束后，会务工作人员应及时引导会议代表安全、有序离场，根据会议代表离会的时间和乘坐交通工具，安排好送站。

任务实施

一 引导会议代表离场

会议特别是大中型会议，因与会人员较多，会在退场时发生拥堵。这时，为了保障与会人员的安全和顺利迅速离场，会务组工作人员应提前放置好离场指示标识，会议结束时在会场内外的各个重点位置站位，及时做好疏导和引导工作：提示可走的安全通道；提示场内聚会谈话仍未离场的与会人员移至开阔处；提示餐厅或停车场方向；在停车场指挥会议用车迅速有序离开以免造成交通拥堵。

二　安排会议代表返程事宜

会务组在制作会议通知时，就应在参会回执上提醒会议代表注明返程时间、乘坐交通工具、是否需要代买返程票等。

要事先了解与会者对时间安排、交通工具选择的要求，根据会期长短、与会者来源地等实际情况，及早安排好与会人员的返程事宜。

如果会议代表提出需要为其代买返程票，一般情况下要按先远后近的次序安排返程票的预订事宜。会务组相关负责人员要掌握当天的各类交通工具的进出港时间表和价格，提前按会议代表的要求预订好返程票。为避免遗忘，可以根据会议回执编制一份会议代表的返程时间表，做到心中有数、一目了然；会议报到时再次向会议代表确认离开的时间和选择的交通工具；临近会议结束，应提醒会议代表领取为其代买的返程票。领取返程票时必须做好签收登记，发放给会议代表本人，并当场与其结清购票费用，以免出现差错。此处要特别提醒的是，返程票的购买一般应尊重会议代表本人的意愿，如非本人提出则无须代买。

三　送别会议代表

在送别会议代表时，应提醒他带好个人物品，既避免会议代表返回寻找遗漏物品，耽误送站时间，又省去自己代为保管甚至邮寄的麻烦。如有必要，还应安排有关领导或专人为会议代表送行。如果因为工作需要，有会议代表不得不推迟离开，应安排好这些人的食宿和返程事宜。如会议代表在旅游、购物或车辆方面有需求，会务组工作人员应汇报主管领导，根据暂留会议代表的级别和需要，适当地给予协助，但超出会议费用以外的支出应由会议代表自行承担。

安排好送行车辆。无论是自有车辆还是租赁车辆，会议主办方都有责任保证其安全性，包括每辆车合法承载人数的确认、各种安全检查以及司机的安全教育等。在安排交通工具时，应考虑当地的气候、旅途长短等因素，尽量使乘车者感到舒适、满意。如果当地气候潮湿闷热，就应该安排空调车；如果旅途较长，则可以安排配有移动电视的车辆等。

安排好交通工具后，一般应有专人承担送别的工作。工作人员应将返程的会议代表送到机场、车站、港口，待他们乘坐的交通工具启程后再返回。如有必要，还应安排有关领导为返程的会议代表送行。

＊知识链接＊

送别中应了解的送客礼仪如下。

1. 握手告别，送客出门

客人要离开时，应起身与客人握手告别，并送出门去。坐着不动，或只是点头表示知道客人要走或者面无表情、没有任何表示都是不礼貌的。确实不能脱身也应该打声招呼表示歉意或者另外安排送客人员，以给与会者留下美好的回忆。

2. 提醒与会者携带好个人物品

与会人员离场时，应提醒他携带好个人物品，不要有遗漏。这是一种体贴入微的行为表现，既可以减少与会者匆忙回头寻找遗落物品的可能，又可以为自己省去保管遗落物品甚至送递和邮寄的麻烦。

3. 送客真诚，送离视线

一般在送客时可送至大门外、电梯口甚至送上车，并帮与会者关车门。对待身份、地位较高的贵宾，各种礼仪更要做到位。此外，送客人员不可在与会者上车后立即离去，而应等待与会人员乘车离开自己的视线后再离开。

送别会议代表是会后工作的关键环节，非常重要，体现了周到的会议服务礼仪。这一环节如果做得不好，可能使整个会议的总体效果在与会人员的心中大打折扣，甚至前功尽弃。对送别会议代表这一环节绝不可因为会议结束了而掉以轻心或疏忽大意。

技能训练

案例情境实训

大成公司承办了全国高等学校历史学会年会，会务组的李秘书负责会议代表们的返程工作。这次会议会期较长,李秘书在会议通知的回执中要求参会代表填写返程时间,所乘坐交通工具,是否需要代买返程票等内容。鉴于会议期间有的代表可能在返程时间和选择交通工具上有所变化,所以在会期进行到一半时,李秘书又逐个找代表进行核对,落实最后的返程日期,乘坐的交通工具,以及车次、航班等。有的代表还没来得及购买返程票,不清楚车次、航班或返程时间的,李秘书就及时到订票官网查询相关信息后与代表一起商量,争取做出最佳选择。待确定无误后,李秘书抓紧时间预订返程票,尽量满足代表的要求。实在无法买到的,及时找代表沟通,重新选择,再行预订。会议已接近尾声,李秘书开始忙碌起来,穿梭于代表之间送票。同时,统计需要送站代表的名单,把他们出发的时间分成几个集中的时间段,以便派专车接送。与会代表离会那天,李秘书提醒代表与会务组结清费用,归还所借物品,收好自己的物品和票据,准备返程。

在酒店门口送别代表,看着代表们登上送站的车辆,李秘书终于松了一口气。还有两位会议结束后暂不返回需要暂住的代表,李秘书都已经给予了妥善的安置,尽量满足他们的需要。在与会代表填写的会议评估表上,李秘书安排的返程工作得到大家的一致好评。

(1)思考:请分析李秘书送别会议代表的过程,当中有什么值得借鉴和总结的地方。

(2)情境实训:会议送别。

训练安排:利用2学时,将学生10个人分为一个小组,学生分别扮演秘书、会务组工作人员、司机、参会者,演练送别参会者的全过程。

训练要求:扮演参会者的学生要提出各种购票、送站的要求,扮演会务组工作人员的学生应做到热情诚恳、礼仪规范,不疏漏。每个同学扮演的角色可以互换。

任务测试

1. 讨论送别会议代表在会议结束阶段的意义。

2. 在大力倡导节俭办会的今天,如何才能把送别会议代表的过程做到既不铺张又细致周到?

教学评价

1. 通过本任务的学习和训练，你是否达到学习目标？请学生、老师进行客观评价。

2. 学生反思自己在训练中的表现，请对自己的收获、不足、改进措施展开思考。

3. 师生从教学方法、教学技能、教学媒体三个维度共同对本任务的课堂教学进行分析与评价。

内　容		评　价		
学习目标	评价项目	个人评价	小组评价	教师评价
专业知识	送别会议代表工作的基本任务、内容	Yes/No	Yes/No	Yes/No
	送别会议代表工作的程序	Yes/No	Yes/No	Yes/No
专业能力	对送别会议代表的基本步骤准确掌握	Yes/No	Yes/No	Yes/No
	送别会议代表的礼仪规范、得体	Yes/No	Yes/No	Yes/No
	能够妥善处理送别会议代表过程中出现的突发状况	Yes/No	Yes/No	Yes/No

学生完成任务后的反思：

师生课堂教学评价：

第二节　会场善后工作

学习目标

◆ 熟悉会场善后工作的基本任务

◆ 掌握会场善后工作的基本步骤和程序

◆ 能按照会场善后工作的内容和程序，准确高效地完成任务

任务描述

总经理秘书小王先将手提电脑装进电脑包，随后再将座席卡及会议资料收集归类，分别装进纸箱及资料袋，准备带回公司。其他会务组工作人员则将会标、话筒、鲜花、通知牌、方向标志等撤走。话筒归还至酒店商务中心，而会标、通知牌、方向标志等则予以销毁。

会场整理完毕后，工作人员切断了电源，关闭了会议厅。接着小王秘书与酒店结清了餐费、住宿费、租借会议厅的开支等费用，索取了发票，带着电脑、席卡、资料等开车返回了公司。

任务分析

会务组工作人员在每次会议结束后，应根据会议的类型做好不同的会场善后工作。特别是大中型会议的会场善后工作，头绪较多，事务繁杂，工作人员更要做到事无巨细、小心谨慎，善始善终地完成整个会议的会务工作。

知识准备

会场善后工作指的是清理打扫会场或会议室，关闭设备、电源、门窗，将所借物品归还，带走会议相关资料。如果不是大中型的会议，会场善后工作相对简单。但如果是大中型会议的会场善后，通常会场是租借的，而且可能不止一间，则要求全面细致地清理会场、清理文件、归还租借物品和设备、结清会议产生的各项费用，并将会议中自带的物品收回公司。设备如为易损物件，要轻拿轻放，以免造成不必要的损失。

任务实施

一　清理会场

（一）拿走通知牌、条幅、展板、方向标志、水牌等物品

会议结束后，通知牌、条幅、展板、方向标志、水牌等物品就失去了意义，应及时拿走，恢复场地的原有模样，以便归还场地。一次性说明标识或通知牌应在会议结束后予以销毁，对于可重复利用的应统计、归类、入库，以便下次使用，这样做也有利于节约材料、资源，节省人力和物力。

（二）清理会场内其他物品

如果在会议结束后有宴会，会务组工作人员要先为与会代表做好引导，之后再清理会场，要把会议上使用的幻灯片、手提电脑、打印机、座席卡等物品收好。如果发现会场有与会者遗漏的物品，要妥善保管，并想办法与失主联系。

＊知识链接＊

清理会场的一般操作流程如下。①

①关闭会议现场的视听设备。

②拆除或清理会场内外的布置，收回在会议现场的一些布置物品，如横幅通知牌、指示牌等。

③退还一些租借的物品和材料，妥善安排处理。如有设备、器材在会议使用中出现故障，应及时修理，保证下次需要时的正常使用。

④会务组工作人员在会场发放和会议期间产生的文件一般来说是比较多的，尤其是带有保密性质的会议文件。会议结束后，工作人员要及时清点收回，并仔细检查会议现场及各个房间，看是否有遗漏或剩下与会议有关的文件资料，以免遗失泄密。

⑤清理会场内其他物品，包括与会人员丢弃的废纸或草稿纸。如果发现会场有与会者遗漏的物品，要妥善保管，并尽快同失主联系。

⑥清洁整理会场。地面和门窗要打扫干净，用具、用品要清点归好。

如遇大中型会议，所使用物品较多，为免遗漏，可制作会议用品清单，对所需物品进行备注。

二　清理文件

会议特别是大中型会议，文件材料很多。或是草拟的文件，或是总结报告，或是代表发言等。

每个会议都涉及不同程度的保密性，为避免各种文件材料泄露国家或商

---

① 　资料来源：《清理会场的一般流程》，http：//www.60mice.com/baike/20140115527.html。

业机密，会议结束后，会务组工作人员首先要收回所有的会议资料。经过清点、装袋、封袋、捆扎、装车等手续，运回办公室。

表 5-1　会议用品清单

物品序号	物品类型	物品名称	单位	发出数量	收回数量	缺少原因	负责人签名
1	会议宣传物品	指示牌	个				
2		展板	个				
3		横幅	条				
4		座席卡	个				
5	会场设备	电脑	台				
6		打印机	台				
7		复印机	台				
8		投影仪	台				
9		音箱	套				
10		照相机	台				
11		摄像机	台				
12	会议其他物品	鲜花	盆				
13		签到本	本				
14		工作证	个				
15		矿泉水	件				
……		……	……				

在清理文件时要按照文件领取表的登记，点清剩余文件份数，做到登记与发放相符。对于内部文件、机密文件以及其他应收回的文件要及时清退收回，然后逐号核对；对于不能再利用的纸张也要收回销毁（在清理文件时要对文件进行密级分类并及时销毁，这是会后工作中最重要的一个环节，切不可麻痹大意）。

三　与办会酒店确认和交接

会议结束后，要及时归还从酒店或公司内部其他部门借用的相关物品，归还之前要检查是否完好，如果损坏要按约定予以赔偿。不需赔偿的，归还时要特别说明或修好之后再归还；会场清理完毕后，要通知配电人员切断电源，关闭视频，关闭会场；准备离开时，会务工作人员应与酒店相关负责人员一起检查会场，确认物品无损坏、遗失之后结账。

技能训练

案例情境实训

2020年9月15日，上海三峰公司与中国台湾益通公司在全季大酒店会议厅举行合作签约仪式。

会议厅主席台的背景墙上布置着"上海三峰公司与中国台湾益通公司合作签约仪式"的会标，主席台上有话筒、手提电脑、公司双方领导层人员名字席卡、鲜花等。台下的会议桌上放着出席仪式的双方公司职员代表的名字席卡和介绍双方公司情况的资料。酒店大厅及过道里摆放着本次会议的通知牌及方向标志。

签约仪式结束后，会议主办方上海三峰公司总经理秘书张丽与酒店服务人员一起整理会场。张丽先将手提电脑装进电脑包，随后再将席卡及会议资料收集归类，分别装进纸箱及资料袋，准备带回公司。工作人员则协助将会标、话筒、鲜花、通知牌、方向标志等撤走。话筒与鲜花归还至酒店会议用物品存放间保存，而会标、通知牌、方向标志等则予以销毁。

会场整理完毕后，酒店服务人员切断了电源，关闭了会议厅。接着张丽与酒店结清了租借会议厅的开支费用，带着电脑、席卡、资料等开车返回了公司。

回公司后，张丽将会议记录整理打印交总经理过目后复制，分发至双方公司领导层人员，自己作了分发记录的备份。

（资料来源：http：//www.worlduc.com/blog2012.aspx？bid=938256。）

（1）思考：会场的善后工作主要有哪些？

（2）情境实训：完成会场善后工作。

训练安排：利用2学时，将学生10个人分为一个小组，学生分别扮演秘书、会务组工作人员、酒店工作人员，演练会场善后的全过程。

训练要求：模拟一个公司的中型会议现场，学生分小组对会场善后工作按具体操作程序进行。扮演秘书、会务组工作人员、酒店工作人员的学生应做到热情诚恳、礼仪规范。每个同学扮演的角色都要互换。

任务测试

1. 会场善后工作主要包括哪些步骤？
2. 会场善后工作中应注意哪些方面？

教学评价

1. 通过本任务的学习和训练，你是否达到学习目标？请学生、老师进行客观评价。

2. 学生反思自己在训练中的表现，请对自己的收获、不足、改进措施展开思考。

3. 师生从教学方法、教学技能、教学媒体三个维度共同对本任务的课堂教学进行分析与评价。

课堂教学分析与评价

内 容		评 价		
学习目标	评价项目	个人评价	小组评价	教师评价
专业知识	会场善后工作的基本任务	Yes/No	Yes/No	Yes/No
	会场善后工作的内容和程序	Yes/No	Yes/No	Yes/No
专业能力	对清理会场的基本步骤准确掌握	Yes/No	Yes/No	Yes/No
	对会场中文件的清理范围认定清楚	Yes/No	Yes/No	Yes/No
	与办会酒店清点、确认、结账的程序规范有序	Yes/No	Yes/No	Yes/No

学生完成任务后的反思：

师生课堂教学评价：

第三节 编写会议纪要

学习目标

◆ 熟悉会议纪要，区分会议记录和会议纪要

◆ 掌握会议纪要的写作方法

◆ 能熟练编写会议纪要

任务描述

杜青是总经理秘书。这次公司召开中层干部会议，总经理让杜青负责会议的记录工作和会议纪要的编写。在几年的秘书工作中，杜青已经算是一个写作经验丰富的秘书了。他文字功底深厚，熟悉各种应用文的写作。他知道会议记录和会议纪要都是重要的会议文件，是要归档备查的，二者虽然都是记载会议情况和议定事项的，但二者写作方法不同，一定要按照行文规范来写。

任务分析

会议纪要是会后根据会议内容整理，经负责人签发的正式会议文件。写作要求简明扼要，观点鲜明，确切说明事项，不必在当中加入评论。

知识准备

一 会议纪要的概念

会议纪要是根据会议的主旨思想和会议记录，对会议的重要内容、决定事项进行整理、综合、摘要、提高，继而形成的一种具有纪实性、指导性的公文。它适用于记载和传达会议情况和议定事项。会议纪要对上可以汇报工作，对下可以指导工作，对平级可以互通信息。对机关团体、企事业单位都适用。每次会议结束后编写会议纪要是会后工作的一个重要环节。

二 常用的会议纪要

（一）工作会议纪要

它侧重于记录贯彻会议讨论的有关工作方针、政策及其相应要解决的问

题。如《2020 年全国农业农村工作会议纪要》《全省 2020 年安全生产工作会议纪要》。

（二）代表会议纪要

它侧重于记录会议议程和通过的决议，以及今后工作的建议。如《××省第四次妇女代表大会会议纪要》。

（三）座谈会议纪要

它内容比较单一、集中，侧重于工作的、思想的、理论的、学习的某一个问题或某一方面问题。如《××省抗日老兵座谈会纪要》。

（四）联席会议纪要

它系指不同单位、团体、部门，为了解决彼此有关的问题而联合举行会议，在此种会议上形成的纪要。它侧重于记录各方就某个问题达成的共同协议。如《×××学校党政联席会议纪要》。

（五）办公会议纪要

对本单位或本系统有关工作问题的讨论、商定、研究、决议的文字记录，以备查考。如《××县人民政府县长办公会议纪要》。

（六）汇报会议纪要

这种会议侧重于汇报前一段工作情况，研究下一步工作，经常是为召开工作会议进行的准备会议。如《××××部队 2020 年后勤工作汇报会议纪要》。

（七）技术交流会议纪要

这种会议一般是由相关技术负责部门对某一项研究、项目的进展，存在的问题进行沟通交流的会议。如《昆明至磨憨高铁建设第三驻地办 2020 年 9 月工程进展情况会议纪要》。

（八）科研学术会议纪要

这类会议通常是由某类学术、科技研究团队或会员单位就当前某类问题或研究内容、对象等进行学术探讨、交流的会议。通常包括科研社会团体、组织的年会纪要等。如《第二十一届全球生物多样性发展研究会议纪要》。

三 会议纪要的写作方法

会议纪要一般包括标题、开头、主体、结尾四部分。

（一）标题

一般由会议全称加上"纪要"两个字构成，如"关于加强纪检工作座谈会纪要"；也可将会议主要事项加上文种"纪要"两个字构成，如"云南省委省政府应对疫情工作领导小组第56次会议纪要"。

（二）开头

例会的会议纪要可以写得比较简单，但其他会议的纪要一般要介绍会议概况，包括召开会议的背景、目的、时间、地点、人员、主要活动和收获等。这样写能使人对会议的来龙去脉有整体的了解和把握，有助于加深相关部门和工作人员对文件的理解，提高贯彻执行的主动性和可操作性。

简要介绍会议概况，开头的内容可以顺序包括以下几点。

1. 会议的名称、时间、地点、参会人员、列席人员、主持人。

2. 会议召开的形势和背景。

3. 会议的指导思想和目的要求。

4. 会议的主要议题或具体要解决什么问题。

5. 会议的决议。

（三）文号格式

文号写在标题的正下方，由年份、序号组成，发文年份用阿拉伯数字标出全称，并用"〔〕"括入，如〔2020〕27号。办公会议纪要对文号一般不做要求，但是在办公例会中一般要有文号，如"第××期""第××次"，写在标题的正下方。

（四）制文时间

会议纪要的时间可以写在标题的下方，也可以写在结尾的右下方、主办单位的下面，要用汉字写明"×年×月×日"，如"二〇二〇年八月十六日"。

（五）正文

正文集中表述会议主要情况和议定事项，是会议纪要的核心部分。可按问题写，先主后次，或按事项内部的逻辑顺序，主次分明；也可以按议定事项写，事项的排列可以按议程的先后顺序；还可以按事项的成熟程度，分条列项，逐一写来。

1. 要从会议讨论的具体内容出发，抓中心，抓要点。抓中心就是抓住会议中心思想、中心问题、中心工作；抓要点，就是抓会议主要内容，要对此进行条理化的纪要。

2. 会议纪要是以整个会议的名义表述的，因此，必须概括会议的共同决定，反映会议的全貌。凡没有达成一致意见或形成最终决议的问题，需要分别论述并写明分歧之所在。

3. 要掌握并运用马列主义的基本理论与党的方针、政策对会议进行概括与总结。这是需要贯穿在会议纪要始终的一条红线。

4. 为了条目清楚，强调重点，常用"会议认为""会议指出""会议强调""与会人员一致表示"等词语，作为陈述每个议题讨论结果或决定的段落开头语。

5. 属于介绍性的文字，撰稿人可以简要叙述，但属于引用性文字，必须忠实于发言原意，不能篡改，也不可强加于人。

6. 小型会议，侧重于综合会议发言和讨论情况，并要列出决议的事项。

7. 大型会议由于讨论的内容较多，正文可以分几部分来写。常见的写法有三种。

第一种：条文式写法。就是把会议议定的事项分点写出来。办公会议纪要、工作会议纪要多用这种写法。

第二种：综述式写法。就是将会议所讨论、研究的问题综合成若干部分，每个部分谈一个方面的内容。较复杂的工作会议或经验交流会议纪要多用这种写法。

第三种：摘要式写法。就是把与会人员的发言要点记录下来。一般在记录发言人首次发言时，在其姓名后用括号注明发言人所在单位和职务。为了便于把握发言内容，有时根据会议议题，在发言人前面冠以小标题，在小标题下写发言人的名字。一些重要的座谈会纪要，常用这种写法。

（六）结尾

有的提出贯彻执行的意见和要求；有的提出希望；有的意尽则止，不另写结尾。

＊知识链接＊

会议纪要与会议记录的区别①

会议纪要是在会议记录及其他会议材料的基础上概括而成的，会议纪要和会议记录都应是会议的真实反映。但二者又有明显不同，主要是表现在以下方面。

（1）会议纪要突出了会议成果，概括了会议精神。会议纪要记载会议的全部情况和全面精神，议而不决的事项、与会议主要精神关系不大的讨论发言及会议的详细过程等，均不作为会议纪要的内容。会议记录则不同，它必须尽可能地记录会议所有情况和全部议题、议程，不能记错、漏记会议的任何情况。

（2）会议纪要是法定公文，会议记录则是会议的原始材料；会议纪要一般要行文或在报刊、网络发表，而会议记录一般是不公开的内部资料。

（3）会议纪要内容具有选择性，结构具有完整性、逻辑性和条理性，语言要准确、简洁、平实、庄重、得体；而会议记录则没有这些讲究，只要记清楚记全面即可。

（4）会议纪要虽然是在会议记录和其他会议材料基础上综合而成的，但执笔人要写好会议纪要，还应做到：了解领导召开会议的意图、会议的宗旨、要解决的主要问题以及会议的议定事项和未议定事项等。要熟悉会议的全过程，认真阅读、分析材料，经过思考、归纳，提炼出要写的主要精神和主要内容，然后按照轻重、主次、点面的顺序开始写作。只有如此，才能写出好的会议纪要。会议记录则没有太多要求。

四　会议纪要的印发

会务工作人员将会议纪要拟稿核发后，就要发给有关各方知晓、执行。

---

① 杨锋主编《会议管理》，中国人民大学出版社，2014，第174～175页。

如果会议决定事项涉及有关部门，可以将会议纪要全篇发给他们，也可以从会议纪要上摘录出有关内容后通知相关负责部门。

印发会议纪要只限于工作会议，对于大型的会议和专业会议，由于都有正式文件和决议，一般不再印发会议纪要和决办事项通知之类的文件。

技能训练

实例分析

例文一：专题性纪要

<h2 style="text-align:center">××市脱贫攻坚百日提升行动座谈会议纪要</h2>

（××××年×月×日）

××××年×月×日至×日，××市委在××地召开了××市脱贫攻坚百日提升行动座谈会。全市 10 个县的负责同志，以及扶贫办有关部门的负责同志共 50 多人参加了会议。会上传达学习了中央领导同志关于脱贫攻坚工作的重要讲话，已脱贫县市的负责人交流了脱贫情况和经验，研究了在新形势下要积极推进脱贫攻坚工作和有效防范返贫下一步即将开展的工作。

一、统一认识，明确今年脱贫攻坚的方针和主要任务。（略）

二、实现脱贫前面临的重点困难。（略）

三、建立健全防止返贫机制。（略）

四、夯实稳定脱贫基础，巩固脱贫成果，谋求长远稳定发展。（略）

与会同志一致表示，当前脱贫工作进入攻坚阶段，我们要坚定地贯彻党中央和国务院的部署，精心组织，精心指导，搞好调查研究，落实脱贫责任，做好脱贫攻坚与乡村振兴的接力棒交接。

××××年×月×日
印发

例文二：综合性会议纪要

××县人民政府第六次常务会议纪要

时间：××××年×月×日上午八点半至十二点

地点：县政府常务会议室

主持：县长×××

出席：副县长×××、××、××、×××办公室主任×××

请假：×××（出差）

列席：×××、×××、×××

记录：×××

现将会议讨论及决定的主要事项纪要如下。

（1）会议听取了×××副县长关于召开全县经济工作会议准备的情况汇报，讨论了扩大县属企业自主权的十条规定。会议同意全县经济工作会议的工作报告，并决定于×月×日召开全县经济工作会议。今年各项经济工作指标，要按照市委下达的目标任务，在全县经济工作会议上，由县政府与全县各相关部门和企业签订经济责任书。

（2）会议原则同意县民政局关于民政事业费管理使用办法的修订意见。

（3）会议同意将县政府办公室提出的转交机关工作作风的规定意见（讨论方案）印发各部门，广泛征求意见，做进一步修改后，以县政府文件印发。

××县人民政府办公室

××××年×月×日

印发

（资料来源：http：//wenku.baidu.com/link？url，有改动。）

（1）分组讨论：分析以上两类会议纪要的异同。

（2）撰写会议纪要：结合例文，举一反三，写出其他常见类型的会议纪要。

任务测试

1. 编写会议纪要的重点包括哪几方面？

2. 会议纪要与会议记录的区别和联系。

教学评价

1. 通过本任务的学习和训练，你是否达到学习目标？请学生、老师进行客观评价。

2. 学生反思自己在训练中的表现，请对自己的收获、不足、改进措施展开思考。

3. 师生从教学方法、教学技能、教学媒体三个维度共同对本任务的课堂教学进行分析与评价。

课堂教学分析与评价

内　容		评　价		
学习目标	评价项目	个人评价	小组评价	教师评价
专业知识	会议纪要和会议记录的异同	Yes/No	Yes/No	Yes/No
	会议纪要撰写的要点	Yes/No	Yes/No	Yes/No
专业能力	会议纪要撰写的格式规范	Yes/No	Yes/No	Yes/No
	会议纪要层次清晰、内容清楚	Yes/No	Yes/No	Yes/No
	能够掌握不同类型会议纪要的写作特点和方法	Yes/No	Yes/No	Yes/No

学生完成任务后的反思：

师生课堂教学评价：

第四节　整理、归档会议文件资料

学习目标

◆ 确定会议文件资料的整理、归档范围

◆ 对会议文件资料进行收集整理的一般步骤

◆ 对会议文件资料进行归档

任务描述

公司召开的年终总结会议结束了，本次会议是杨晶入职以来第一次主要负责协助总经理组织筹划的。会后，总经理要求杨晶认真收集整理这次会议的全部文件资料，最后归档。

任务分析

会议资料的收集、整理、归档是会后的重要工作之一，及时有效的整理归档工作对会议目标的总结落实和今后组织同类型的会议具有很好的参考作用。会议结束后，会议相关工作人员要着手对相关会议文件进行收集、分类整理、按要求归档，并及时送交有关部门或人员妥善保管。会务工作人员首先应确定会议文件收集、整理的范围，然后根据相关要求和程序开展工作，最后按照文书立卷的规定和原则完成会议文件资料的立卷、归档。

知识准备

会议从策划至结束会形成大量的会议文件资料，在会议结束后，要及时对全部文件资料进行收集整理，立卷归档。首先分清文件资料的重要程度和密级，按保密要求及时清退、销毁，遗失缺页的应尽快查明；必须承办、转办和要形成其他材料的会议文件，应及时交付相关部门负责人员，归口办理。整理、归档会议文件资料在会后工作中虽烦琐但也十分重要，会务工作人员要及时完成以免影响后续工作的开展。

任务实施

负责对会议资料进行收集、整理、归档的工作人员，首先应当了解整个会议召开的背景，会前准备、会中服务、会后结果等各个方面的综合情况，只有对会议有详尽的了解，才能从复杂多样的材料中找出需要收集、整理、归档的内容。

一　了解会议规模和类型

会务工作人员首先应区分会议是重要会议还是一般事务性会议；是大型

会议还是小型会议；是专题研讨会还是座谈会等。

一般来说，重要的、大型的会议，除会议的主要文件资料必须全部收集整理外，与会议有关的其他文件资料也应该尽量收集齐全。如会前筹划的各类资料、领导批示意见；会议期间的各种通知，历次稿件包括讨论稿、修改稿、定稿，会议上的各类发言等；会议前、中、后的新闻稿、简报；会议的各类证件，包括工作人员、会议嘉宾、会议代表的证件；会议产生的各类票据。其他小型的、事务性的会议只需确保把重要文件资料收集整理齐全便可。

二　收集整理会议文件资料

为了做到不遗漏，可以按照会前、会中、会后的顺序对相关的会议文件资料依次收集。

会前的文件资料（包含大型的、重要的会议）一般涉及会议策划、会议通知、会议日程、会议议程、拟召开会议的请示、会议总体方案的请示、会议方案的报批件、会议工作组的职责及分组成员名单、为此次会议召开的相关会议的各部门或小组成员参加的协调会议材料、会议流程的请示、参加会议人员名单的请示等。

会中的文件资料一般包括会议期间印发的会议须知、领导嘉宾发言材料、会议参阅文件、会议简报等，还要特别注意领导在会议中的批件。

会后的文件、物品资料收集包括各种会议证件，会后正式印发的供传达用的会议文件、新闻稿、总结、评价等材料。

三　对文件资料进行立卷归档

（一）会议文件立卷归档的范围

会议结束后，应将会议中的重要文件整理成案卷，并按规定移交给档案部门存档。

必须收集立卷的文件资料包括：正式的会议文件，如决议、决定、通知、纪要、报告、总结等；会议的参考文件，如调查报告、论文集等；

会议的发言稿，如开幕词、大会发言、分组讨论发言、闭幕词等；会议文件的历次修改稿；会议现场产生的材料，如会议速记材料、会议记录、选举材料等。除此之外，会议的照片、录音、录像等资料也要一并收集整理。

立卷时要将同一次文件的全部资料组织在一起，按照文件的内在联系、重要程度或先后顺序进行分类组合，并按照归档的时限要求，及时归档。

（二）会议文件资料归档整理的注意事项

归档的文件应齐全完整，有发文稿纸、文件处理单的，应与文件正本和定稿一起归档，对已破损的文件应予以修补，字迹模糊或易褪变色的文件应进行扫描或复印。

第一，加盖归档章。自制文件加盖在文件首页上端的居中空白位置，收文加盖在文件阅办处理单上端的正中空白位置。

第二，整理装订文件。"件"是归档文件的整理单位，一般以每份文件为一件，归档文件按件装订。装订时，（1）文件正本与定稿为一件（正本在前，定稿在后）；（2）正文与附件为一件（正文在前，附件在后）；（3）原件与复印件为一件（原件在前，复印件在后）；（4）转发文与被转发文为一件（转发文在前，被转发文在后）；（5）外单位的来文与本单位的复文为一件（复文在前，来文在后）；本单位向同级或上级机关的去文与这些机关的复文可以各为一件，但必须排列在一起；（6）会议文件每份文件为一件，会议记录原则上一次会议记录为一件，也可以一本（册）为一件；（7）结论性材料在前，依据性材料在后；（8）报表、名册、图册等一册为一件。

第三，编写页号。卷内文件材料按顺序排好后，装订的案卷无论单面或双面，只要是书写的文件材料，均应依次在非装订线的一侧下角编页号。页号编写要求用铅笔。

第四，案卷装订前应去掉卷内文件上的金属物，对于破损文件、字迹模糊的文件应把复印件和原件放在一起，注意不要倒置、脱漏纸张，装订到字迹。在装订方式上可保持原有的装订方式或用胶水粘贴左上角，但必须以件为单位装订，保持整洁和美观，便于盒装和档案数字化加工处理。

四 对立卷归档文件资料进行排列编号

归档文件资料应在年度内按事由结合时间和重要程度来排列。统一保管期限内，先按"文种"排列，再按"专题事由"排列，再按"形成日期"顺序排列，将属于同一类型的文件排在一起，成套文件应集中排列。

室编件号，即文件排列的顺序号。归档文件按排列顺序从"1"开始顺序编号，并填写在归档章和归档目录的相关模块内。同一年度内，永久、30年、10 年分别编序号。

五 编目

归档文件应按照室编件号顺序分保管期限逐件编制《归档文件目录》。每一保管期限的《归档文件目录》都应打印一式两份，一份按目录封面、归档文件目录的顺序装订成册作为检索工具；一份随归档文件装入档案盒。

六 装盒

将归档文件按照室编件号顺序装入档案盒，并填写档案盒封面、盒脊及备考表，备考表置于卷末，用来保护文件，说明卷内情况，并由相关立卷人、检查人签名，填写日期。

七 编写《归档文件整理说明》

《归档文件整理说明》应随档案一同移交。

八 编写大事记

大事记是按时间顺序简要记载一定历史时期的重大事件和重要活动的档案参考资料。各立档单位应建立大事记载制度，年终编写本年度的大事记，经领导审阅后存档，并随档案一同移交。

※ 知识链接 ※

归档文件整理规则

1. 范围

本标准规定了应作为文书档案保存的归档文件的整理原则和方法。

本标准适用于各级机关、团体、企事业单位和其他社会组织对应作为文书档案保存的归档文件的整理。其他门类档案可以参照执行。企业单位有其他特殊规定的，从其规定。

2. 规范性引用文件

下列文件对于本文件的应用是必不可少的。凡是注日期的引用文件，仅所注日期的版本适用于本文件。凡是不注日期的引用文件，其最新版本（包括所有的修改单）适用于本文件。

GB/T 18894 电子文件归档与管理规范

DA/T 1-2000 档案工作基本术语

DA/T 13-1994 档号编制规则

DA/T 25-2000 档案修裱技术规范

DA/T 38-2008 电子文件归档光盘技术要求和应用规范

3. 术语和定义

下列术语和定义适用于本标准。

（1）归档文件 archival document（s）。立档单位在其职能活动中形成的、办理完毕、应作为文书档案保存的文件材料，包括纸质和电子文件材料。

（2）整理 arrangement。将归档文件以件为单位进行组件、分类、排列、编号、编目等（纸质归档文件还包括修整、装订、编页、装盒、排架；电子文件还包括格式转换、元数据收集、归档数据包组织、存储等），使之有序化的过程。

（3）件 item。归档文件的整理单位。

（4）档号 archival code。在归档文件整理过程中赋予其的一组字符代码，以体现归档文件的类别和排列顺序。

4. 整理原则

（1）归档文件整理应遵循文件的形成规律，保持文件之间的有机联系。

（2）归档文件整理应区分不同价值，便于保管和利用。

（3）归档文件整理应符合文档一体化管理要求，便于计算机管理或计算机辅助管理。

（4）归档文件整理应保证纸质文件和电子文件整理协调统一。

5. 一般要求

（1）组件（件的组织）

①件的构成。归档文件一般以每份文件为一件。正文、附件为一件；文件正本与定稿（包括法律法规等重要文件的历次修改稿）为一件；转发文与被转发文为一件；原件与复制件为一件；正本与翻译本为一件；中文本与外文本为一件；报表、名册、图册等一册（本）为一件（作为文件附件时除外）；简报、周报等材料一期为一件；会议纪要、会议记录一般一次会议为一件，会议记录一年一本的，一本为一件；来文与复文（请示与批复、报告与批示、函与复函等）一般独立成件，也可为一件。有文件处理单或发文稿纸的，文件处理单或发文稿纸与相关文件为一件。

②件内文件排序。归档文件排序时，正文在前，附件在后；正本在前，定稿在后；转发文在前，被转发文在后；原件在前，复制件在后；不同文字的文本，无特殊规定的，汉文文本在前，少数民族文字文本在后；中文本在前，外文本在后；来文与复文作为一件时，复文在前，来文在后。有文件处理单或发文稿纸的，文件处理单在前，收文在后；正本在前，发文稿纸和定稿在后。

（2）分类

①立档单位应对归档文件进行科学分类，同一全宗应保持分类方案的一致性和稳定性。

②归档文件一般采用年度—机构（问题）—保管期限、年度—保管期限—机构（问题）等方法进行三级分类。

a. 按年度分类。将文件按其形成年度分类。跨年度一般应以文件签发日期为准。对于计划、总结、预算、统计报表、表彰先进以及法规性文件等内容涉及不同年度的文件，统一按文件签发日期判定所属年度。跨年度形成的会议文件归入闭幕年。跨年度办理的文件归入办结年。当形成年度无法考证时，年度为其归档年度，并在附注项加以说明。

b. 按机构（问题）分类。将文件按其形成或承办机构（问题）分类。机构分类法与问题分类法应选择其一适用，不能同时采用。采用机构分类的，应根据文件形成或承办机构对归档文件进行分类，涉及多部门形成的归档文件，归入文件主办部门。采用问题分类的，应按照文件内容所反映的问题对归档文件进行分类。

c. 按保管期限分类。将文件按划定的保管期限分类。

③规模较小或公文办理程序不适于按机构（问题）分类的立档单位，可以采取年度—保管期限等方法进行两级分类。

（3）排列

①归档文件应在分类方案的最低一级类目内，按时间结合事由排列。

②同一事由中的文件，按文件形成先后顺序排列。

③会议文件、统计报表等成套性文件可集中排列。

（4）编号

①归档文件应依分类方案和排列顺序编写档号。档号编制应遵循唯一性、合理性、稳定性、扩充性、简单性原则。

②档号的结构宜为：全宗号-档案门类代码·年度-保管期限-机构（问题）代码-件号。

上、下位代码之间用"-"连接，同一级代码之间用"·"隔开。如"Z109-WS·2011-Y-BGS-0001"。

③档号按照以下要求编制：

a. 全宗号：档案馆给立档单位编制的代号，用 4 位数字或者字母与数字的结合标识，按照 DA/T 13-1994 编制。

b. 档案门类代码·年度：归档文件档案门类代码由"文书" 2 位汉语拼音首字母"WS"标识。年度为文件形成年度，以 4 位阿拉伯数字标注公元纪年，如"2013"。

c. 保管期限：保管期限分为永久、定期30年、定期10年，分别以代码"Y"、"D30"、"D10"标识。

d. 机构（问题）代码：机构（问题）代码采用3位汉语拼音字母或阿拉伯数字标识，如办公室代码"BGS"等。归档文件未按照机构（问题）分类的，应省略机构（问题）代码。

e. 件号：件号是单件归档文件在分类方案最低一级类目内的排列顺序号，用4位阿拉伯数字标识，不足4位的，前面用"0"补足，如"0026"。

④归档文件应在首页上端的空白位置加盖归档章并填写相关内容。电子文件可以由系统生成归档章样式或以条形码等其他形式在归档文件上进行标识。

⑤归档章应将档号的组成部分，即全宗号、年度、保管期限、件号，以及页数作为必备项，机构（问题）可以作为选择项（见附录A图A1）。归档章中全宗号、年度、保管期限、件号、机构（问题）按照③编制，页数用阿拉伯数字标识（见附录A图A2）。为便于识记，归档章保管期限也可以使用"永久""30年""10年"简称标识，机构（问题）也可以用"办公室"等规范化简称标识（见附录A图A3）。

（5）编目

①归档文件应依据档号顺序编制归档文件目录。编目应准确、详细，便于检索。

②归档文件应逐件编目。来文与复文作为一件时，对复文的编目应体现来文内容。归档文件目录设置序号、档号、文号、责任者、题名、日期、密级、页数、备注等项目。

a. 序号：填写归档文件顺序号。

b. 档号：档号按照②～③编制。

c. 文号：文件的发文字号。没有文号的，不用标识。

d. 责任者：制发文件的组织或个人，即文件的发文机关或署名者。

e. 题名：文件标题。没有标题、标题不规范，或者标题不能反映文件主要内容、不方便检索的，应全部或部分自拟标题，自拟内容外加方括号"［　］"。

f. 日期：文件的形成时间，以国际标准日期表示法标注年月日，如19990909。

g. 密级：文件密级按文件实际标注情况填写。没有密级的，不用标识。

h. 页数：每一件归档文件的页面总数。文件中有图文的页面为一页。

i. 备注：注释文件需说明的情况。

③归档文件目录推荐由系统生成或使用电子表格进行编制。目录表格采用 A4 幅面，页面宜横向设置（见附录 B 图 B1）。

④归档文件目录除保存电子版本外，还应打印装订成册。装订成册的归档文件目录，应编制封面（见附录 B 图 B2）。封面设置全宗号、全宗名称、年度、保管期限、机构（问题），其中全宗名称即立档单位名称，填写时应使用全称或规范化简称。归档文件目录可以按年装订成册，也可每年区分保管期限装订成册。

6. 纸质归档文件的修整、装订、编页、装盒和排架

（1）修整

①归档文件装订前，应对不符合要求的文件材料进行修整。

②归档文件已破损的，应按照 DA/T 25-2000 予以修复；字迹模糊或易退变的，应予复制。

③归档文件应按照保管期限要求去除易锈蚀、易氧化的金属或塑料装订用品。

④对于幅面过大的文件，应在不影响其日后使用效果的前提下进行折叠。

（2）装订

①归档文件一般以件为单位装订。归档文件装订应牢固、安全、简便，做到文件不损页、不倒页、不压字，装订后文件平整，有利于归档文件的保护和管理。装订应尽量减少对归档文件本身影响，原装订方式符合要求的，应维持不变。

②应根据归档文件保管期限确定装订方式，装订材料与保管期限要求相匹配。为便于管理，相同期限的归档文件装订方式应尽量保持一致，不同期限的装订方式应相对统一。

③用于装订的材料，不能包含或产生可能损害归档文件的物质。不使用回形针、大头针、燕尾夹、热熔胶、办公胶水、装订夹条、塑料封等装订材料进行装订。

④永久保管的归档文件，宜采取线装法装订。页数较少的，使用直角装订（见附录 C 图 C1、图 C2）或缝纫机轧边装订，文件较厚的，使用"三孔一线"装订。永久保管的归档文件，使用不锈钢订书钉或糨糊装订的，装订材料应满足归档文件长期保存的需要。

⑤永久保管的归档文件，不使用不锈钢夹或封套装订。

⑥定期保管的、需要向综合档案馆移交的归档文件，装订方式按照④~⑤执行。定期保管的、不需要向综合档案馆移交的归档文件，装订方式可以按照④执行，也可以使用不锈钢夹或封套装订。

（3）编页

①纸质归档文件一般应以件为单位编制页码。

②页码应逐页编制，宜分别标注在文件正面右上角或背面左上角的空白位置。

③文件材料已印制成册并编有页码的；拟编制页码与文件原有页码相同的，可以保持原有页码不变。

（4）装盒。将归档文件按顺序装入档案盒，并填写档案盒盒脊及备考表项目。不同年度、机构（问题）、保管期限的归档文件不能装入同一个档案盒。

①档案盒

a. 档案盒封面应标明全宗名称。档案盒的外形尺寸为 310mm×220mm（长×宽），盒脊厚度可以根据需要设置为 20mm、30mm、40mm、50mm 等（见附录 D 图 D1）。

b. 档案盒应根据摆放方式的不同，在盒脊或底边设置全宗号、年度、保管期限、起止件号、盒号等必备项，并可设置机构（问题）等选择项（见附录 D 图 D2、图 D3）。其中，起止件号填写盒内第一件文件和最后一件文件的件号，起件号填写在上格，止件号填写在下格；盒号即档案盒的排列顺序号，按进馆要求在档案盒盒脊或底边编制。

c. 档案盒应采用无酸纸制作。

②备考表。备考表置于盒内文件之后，项目包括盒内文件情况说明、整理人、整理日期、检查人、检查日期（见附录 E）。

a. 盒内文件情况说明：填写盒内文件缺损、修改、补充、移出、销毁等情况。

b. 整理人：负责整理归档文件的人员签名或签章。

c. 整理日期：归档文件整理完成日期。

d. 检查人：负责检查归档文件整理质量的人员签名或签章。

e. 检查日期：归档文件检查完毕的日期。

（5）排架

①归档文件整理完毕装盒后，上架排列方法应与本单位归档文件分类方案一致，排架方法应避免频繁倒架。

②归档文件按年度—机构（问题）—保管期限分类的，库房排架时，每年形成的档案按机构（问题）序列依次上架，便于实体管理。

③归档文件按年度—保管期限—机构（问题）分类的，库房排架时，每年形成的档案按保管期限依次上架，便于档案移交进馆。

7. 归档电子文件的整理要求

（1）归档电子文件组件（件的组织）、分类、排列、编号、编目，应符合本《规则》"5 一般要求"的规定。

（2）归档电子文件的格式转换、元数据收集、归档数据包组织、存储等整理要求，参照《数字档案室建设指南》（2014 年）、GB/T 18894、DA/T 48、DA/T 38 等标准执行。

（3）归档电子文件整理，应使用符合《数字档案室建设指南》（2014 年）、GB/T 18894 等标准的应用系统。

技能训练

案例实训

万友公司是一家中外合资企业，主要生产家电产品，公司实力雄厚，有职工 2000 多人，科技人员云集，在全国各地设有分公司和销售代理商。最近几年，公司推出的系列新品，占领了全国 25% 的家电市场。2019 年，公司加大了研发力度，在洗衣机、电视、冰箱等多个类目上研制出新型产品，占领了 30% 的国内市场份额。2020 年年底，公司召开年终总结大会暨全国优秀销售商表彰大会，表彰先进，并制定 2021 年的销售目标。参加大会的有公司邀请的省市有关部门的领导、公司董事会成员、全国分公司的领导和代表、公司科技人员和管理人员代表、获表彰个人和集体。

会议时间：2020 年 12 月 27 日~12 月 28 日　会议地点：上海

参会人员：134 人　受表彰人数：42 人（名单另附）

会议议程：

2020 年 12 月 27 日

1、09：00~09：30 上海市国资委领导致辞

2、09：30~10：30 公司总经理对 2020 年工作进行总结

3、10：30~10：50 董事长宣读获奖人员名单

4、10：50~11：20 为获奖个人和集体颁奖

5、11：20~11：40 获奖代表发言

6、11：40~12：00 全体参会代表合影

12：00~13：00 午餐　13：00~14：00 午休

7、14：30~17：00 2021 年工作部署

18：00~21：00 晚宴暨公司新年晚会

2020 年 12 月 28 日

1、08：30~10：30 分组交流讨论

2、10：30~12：00 各组组长就交流讨论结果向大会做汇报

12：00~13：00 午餐　13：30 酒店正门集合乘车

3、15：00~17：00 参观新型家电产品生产线

18：00～20：00 晚餐

会议结束，返程。

会议总负责人：陆一成（总经理）

会议秘书：李茜

（1）思考：作为公司的大型会议，在会前已经给各部门相关人员发放了一些会议资料，评选出了优秀员工并形成文件，会中做出了一些决议，会后有大会会议纪要、分组讨论的记录等。请分析此次会议中李茜应注意对哪些会议文件资料进行收集？

（2）实训操作：①学生分组，对训练用的会议文件资料进行收集整理；②对收集整理完毕的会议文件资料展开立卷归档。每组都必须完成此项工作，之后由教师进行检查评分。

任务测试

1. 会议文件资料整理、分类、归档的主要工作有哪些？

2. 对于涉密文件资料的整理应注意哪些方面？

内　容		评　价		
学习目标	评价项目	个人评价	小组评价	教师评价
专业知识	会议文件资料的收集整理范围	Yes/No	Yes/No	Yes/No
	文件资料的归档立卷程序	Yes/No	Yes/No	Yes/No
专业能力	对会前、会中、会后的文件资料收集齐全	Yes/No	Yes/No	Yes/No
	对各类会议文件资料分类正确	Yes/No	Yes/No	Yes/No
	对会议文件资料的归档立卷工作能够做到步骤清晰、准确合理	Yes/No	Yes/No	Yes/No

学生完成任务后的反思：

师生课堂教学评价：

教学评价

1. 通过本任务的学习和训练，你是否达到学习目标？请学生、老师进行客观评价。

2. 学生反思自己在训练中的表现，请对自己的收获、不足、改进措施展开思考。

3. 师生从教学方法、教学技能、教学媒体三个维度共同对本任务的课堂教学进行分析与评价。

第五节 会议评估与总结

学习目标

◆ 了解会议评估与总结在会后工作中的重要意义

◆ 掌握会议评估的方法

◆ 能撰写会议总结

任务描述

公司召开的中层干部会议结束后，陈磊认真收集整理了这次会议的全部文件资料。按照会议材料完整性和归档的要求，也为了更好地了解与会者的需求和反馈，组织好同类型的会议，同时提高公司及会务工作人员的办会能力和对会议的管理水平，会议结束后，陈磊及时认真地开始了本次会议的评估和总结工作。

任务分析

一次会议议程的结束并不意味着会议组织管理工作的结束，会议的评估总结也是会务管理的重要环节，它关系会议组织者的会议管理水平能否不断提高。会议组织者在做会议策划时都要制定会议目标，那么，会议结束后这些目标是否实现了？实现得如何？通过会议评估能够比较直观地了解。

知识准备

每次会议结束后，特别是大中型会议结束后，都需要总结办会经验，不断改进会议服务，在下次办会中取得更好的效果，会议结束后应该及时对会议进行评估总结。

一　会议评估

会议评估是一个收集有关会议目标实现程度以及办会水平高低的信息的过程。通过会议评估，可以了解会议策划的可操作性，可以发现实施过程中的成效和不足，可以确认会议目标是否达到，可以核算会议成本与效益情况，可以通过问卷等方式了解与会者是否满意并获得建议。有效地进行会议评估，为之后同类型会议的召开提供了参考、提高了办会效果。

二　会议总结

会议总结属于众多总结的一种，它是在会议结束后，会议主办方召集参会的各个部门和会务工作人员对会议召开的情况进行方方面面的回顾、分析和评价，最后形成书面材料的过程。

* 知识链接 *

会务管理工作总结范本

1. 会议简介

会议简介包括会议名称、召开地点、主办单位、参加人员、会议议题、议程安排、召开的背景、会议预期效果等（个人总结着重写本人负责的会务内容）。

2. 本次会务工作要点

（1）会务组人员名单。

（2）会务工作安排。

（3）本次会务主要抓的几项工作。

（4）本次会务关键要素（要针对本次会议的特点进行分析和安排）。

（5）本次会务与其他会务工作的不同之处。

（6）本人负责部分工作总结。

3. 会务满意度调查情况

即"会务组织满意度"调查反馈情况，对各要素得分进行统计，评价最好与最差的问题集中点等。

4. 问题分析

参考会务满意度调查结果分析整个会议过程，归纳出本次会议存在的问题，以及从此次会议中得到的教训、相关改进意见等。

5. 经验总结

（1）本次会务工作的成功之处。

（2）可以推广或可供他人借鉴的地方。

除此之外，还要对会议筹备期间的组织、营销宣传、论文征集、资金筹措、资金管理等各项工作进行总结；对会议现场注册、现场报到、现场协调、会议专业活动情况、会议附设展览活动（如果有）、会议社会活动情况、会议餐饮活动情况等工作进行总结；对会议结束后的收尾工作、会议评估工作、财务结算工作等进行总结。

三　会议评估的实施

（一）确定参加会议评估的主角

每次会议的与会者就是会后工作中会议评估的参与者。所有参加会议的人——会议代表、嘉宾和列席代表、工作人员都可以是会议评估的参与者。

（1）会议代表参加了会议的主要过程，从会议的宣传促销、报到注册、住宿餐饮，到会议的演讲讨论、参观访问……他们都亲身经历过，所以，他们对会议工作的好坏最有发言权，他们最应该参加对会议的评估。

（2）嘉宾和列席代表参加了会议的一些活动，这些活动也是会议的有机组成部分，他们对这些活动组织工作的好坏有直接的感受，应该请他们对这些活动做出评估。

（3）工作人员从会前策划阶段就开始参加了会议管理与服务工作，经历了从会前筹备到会中服务，再到会后工作的全过程，他们最有资格对会议管理系列工作的组织安排和服务的好坏做出评价。

（二）确定会议评估的内容

会议评估是对会议从筹备到会议总结全过程的评估，因为会议的任何一个环节，都关系会议的成功与否。对会议的评估应主要包括以下三个阶段的评估因素。

第一阶段，会前效果评估。

对会前筹备情况的评估，应考虑以下因素：会议目标是否明确；会议议题的数量是否得当（太多或太少）；会议议程是否合理、完备；每一项议题的时间分配是否准确、合理；与会者人选、与会者人数是否得当；会议时间、地点是否得当；会场指引标志是否明确；开会的通知时间是否得当；会议通知的内容是否周详；会议场地选择是否得当；会议设备是否完备；与会者是否做了充分准备；与会者的会前情绪如何；会议的住宿、餐饮是否安排妥当等方面。

第二阶段，会中效果评估。

对会议进行中各环节的评估，应主要考虑以下因素。

会议接待工作如何；会议是否准时开始；会议人员是否准时到会；是否有会议秘书在做记录；会场自然环境如何，是否存在外界干扰；会场人文环境如何，与会者之间是否有交头接耳现象；主持人是否紧扣议题进行主持（是否离题）；会议是否出现一言堂的情况；与会者发言及讨论是否紧扣议题（是否离题）；与会者是否能表明真正的感受或意见；与会者之间是否有争论不休的现象；与会者是否与会议主席有争论，情况如何；视听设备是否正常（是否发生故障）；与会者是否热心于会议；会场气氛是否热烈；会议决策是否正确（是否符合实际，是否有偏颇之处）；会议议程是否按预定时间完成（会议是否按预定时间结束）；主持人是否总结会议的成果；会议的欢迎宴会、欢送宴会是否得当；参观、访问、游览活动安排的合适性、安全性如何等方面。

第三阶段，会后效果评估。

会议议程结束后，还有一系列工作要做，做得如何，也需要评估。会后效果评估主要考虑以下因素：会议记录是否整理好；是否印发会议纪要和会议简报；会议决议是否落实；是否对与会者的满意程度进行调查；对会议的成败得失是否进行总结；已完成任务的会议委员会或会议工作小组是否解散等方面。

（三）选择合适的会议评估方法

1. 问卷调查法

调查问卷是最常用的会议评估的有效方法。问卷设计者把要评估的各方面问题列举出来，每个问题后面给出几个评价性的术语，评估者只要从中选择一个或几个打"√"，最后再写几句意见或评论就可以了。它对于会议评估者来说简单易行，只需花很少时间就能完成，因而广受欢迎。

调查问卷可以通过以下几种方式进行。

（1）现场手工填写，即把调查问卷用纸印刷出来，在适当的时候发给评估者，请其现场手工填写。

（2）现场手机填写，即把设计好的调查问卷链接发送到与会者手机上，请评估者现场在手机上填写，所有评估者填写完毕提交成功后，即可统计出调查问卷的结果。

（3）会后电脑填写，会议结束后，把调查问卷发到评估者的电子信箱里，请评估者在规定的日期内填写后发 E-mail 回复给评估组织者，评估组织者收集后再进行处理。

若时间允许，调查要尽量放在会议现场进行。若无法在会议现场进行调查，或部分项目或部分与会者无法参与现场调查，可以安排会后再进行。

2. 面对面访谈法

面谈会议结束时邀请部分调查对象集中或分别面谈，征求他们对会议的意见和评价。这种方法只能对会议进行定性评估。

3. 电话调查法

电话调查会议结束后，打电话给调查对象，征求他们对会议的意见，并请他们对会议做出评估。这种方法也只能对会议进行定性评估。

4. 现场观察法

在会议现场或在各个活动场所派人观察会议和各个活动的进行情况。

5. 工作人员做述职报告

会议结束后，要求每个会议工作人员对自己在会议整个过程中所做的工作做出述职报告。这种方法可以从一个侧面了解会议的情况，对会议进行评估。

如有条件，以上方法结合使用，可以使会议评估更全面、更具科学性。

（四）选择合适的会议评估时机

对一个会议评估的最佳时机应该是在该会议刚刚结束的时候。对于小型的会议，这比较好办，会议工作全部结束时进行会议评估就是了。但对于举办大型的会议来说，一次会议不仅包括大会，还可能有多个分组讨论的会议，更甚者还有会议附设的展览和各种参观、访问等活动。有些与会者参加完大会或某个分会、活动后就走了，如果在会议全部结束后再进行会议评估，很多与会者就无法参加了。所以，大型会议的评估可以分阶段、分场次进行。在会议进行到一定阶段，大会结束或某个分会、活动结束后立即对刚刚过去的事件进行评估。这样，大型会议的评估结果就比较全面了。

（五）设计会议评估表

会议评估表要根据评估的目的和评估内容设计。一般来讲，评估的目的就是总结会议组织方面的经验教训，以便今后改进，所以在设计表格时，主要考虑评估内容就可以。表格设计可以分两部分进行，一部分是会议整体评估表，另一部分是会议服务者个人（环节）评估表。前者如会议情况反馈表、会后效果分析表等；后者如会议管理评估表、主持人的行为表现评估表等。表中内容要根据评估目的、评估对象、会议特征等进行设计。

1. 会议情况反馈表

表 5-2　会议情况反馈

姓名： 性别： 工作单位： 职务： 电话： 电子邮箱： 公司类型： 单位性质：	你认为本次会议的亮点是什么？ 你对本次会议的评价： □很好　□较好　□一般　□较差　□很差 你认为本次会议的节奏： □很好　□较好　□一般　□较差　□很差 你认为需要改进的地方： 你的整体满意度：

2. 会后效果分析表

表 5-3　会后效果分析

（一）目标

1. 此次会议的目标是什么？

2. 会议目标是否达成？

3. 哪些目标没有完全达成？说明确切理由。

（二）时间

1. 会议目标是否在最短时间内达成？

2. 倘若目标并非在最短时间内达成，说明确切理由。

（三）与会者

1. 列举出每位与会者的姓名并评估会议结束后他们的满意度。

2. 分析与会者"不满意"或"极不满意"的原因。

（四）假如再组织同样的会议，哪些事项将继续保持？哪些事项将有新的举措？

3. 会议管理评估表

表 5-4　会议管理评估

一、整体安排

会议计划　□很好　□较好　□一般　□较差　□很差

设施配备　□很好　□较好　□一般　□较差　□很差

会议费用　□很合理　□较好　□一般　□不合理　□很不合理

预订安排　□很好　□较好　□一般　□较差　□很差

二、会议地点

交通　□很好　□较好　□一般　□较差　□很差

会议室布置　□很好　□较好　□一般　□较差　□很差

住宿条件　□很好　□较好　□一般　□较差　□很差

休闲设施　□很好　□较好　□一般　□较差　□很差

商务中心条件　□很好　□较好　□一般　□较差　□很差

三、会议内容

是否实现目标:是否　原因:

演讲内容与计划主题的符合度:□完全符合　□部分符合　□完全不符

研讨会的价值:

四、建议改进措施:

4. 主持人的行为表现评估表

表 5-5　主持人的行为表现评估

行　为	次　数	引言或例句
组织、安排会议		
确定、检查目标		
遵守时间		
澄清事实		
引人正题还是离题太远		
使人们对决策有责任感		
过早结束,结果未明		
会议速度的控制		
处理冲突能力		
检查进程或做出总结		
结束会议		

二　会议总结的实施

对会议评估的过程也是对会议进行总结的过程，评估工作完毕之后，会议组织者要根据评估结果，写出会议总结报告。会议总结的目的是分析会议组织过程中的经验和教训，对一些工作出色的组织和个人进行表彰，总结的结果可以为今后的会务工作提供参考依据。会议总结的主要步骤和内容如下。

（一）会议的召开是否有必要，所提出的各项议案是否已经或能够解决。

根据会议评估结果，在进行会议总结的过程中，首先应明确此类型会议的召开是否有意义，在会议结束时是否解决或能够解决相关问题。如果答案是肯定的，那此次会议的召开必将为今后召开同类型的会议提供支撑和依据；如果答案是否定的，则可为决策者提供一些信息，在今后的工作中能够改进会议召开的方式方法，以期取得更好的效果，解决存在的问题。

（二）会议的准备工作是否充分，设备物品是否齐全，配套设施是否周到。

会议的准备工作是否充分、周到，将直接影响整个会议的召开过程是否顺利，也会影响与会者对会议效果的评价。因此，会议的准备工作是总结工作中不可或缺的一环。

（三）会议议程是否科学合理。

会议议程是整个会议议题性活动顺序的总体安排，不包括会议期间的仪式性、辅助性活动。

会议议程参考格式如下。

××××公司 2014 年度总结表彰大会议程

按照××××，为分析总结××××并对××××做出安排，特召开××××会议。

现将相关事宜通知如下：

1. 会议时间：××××

2. 会议地点：××××

3. 会议议程：××××

（1）与会人员签到入席

（2）议程一

（3）议程二

（4）茶歇

（5）议程三

（6）议程四

（7）会议总结

4. 参加人员：×××

5. 有关要求

（1）参加人员要事先安排好工作，务必准时参加。如无特殊原因不得请假。

（2）鉴于会议重要性，需携带本子与笔做记录。

（四）会议组织工作是否完善，有无明显疏漏或失误。

会议组织工作应该包括会议策划、会前筹备、会中服务、会后工作几部分，每个部分又包括很多程序。每个小细节都将帮助会议的顺利进行，反之则可能影响整个会议，因此，反复确认会议组织工作是否完善，尽量避免不必要的失误，在会议的全过程中是非常重要的环节，也是会议总结工作中不可忽视的。

（五）会议人数是否控制严格，有无超出预期规模；会议场所的选择是否合适。

1. 参会人数的控制应该根据会议的规模来确定。

（1）小型会议：出席的人数少则几人，多则几十人，但一般不超过100人。

（2）中型会议：出席人数在100~1000人。

（3）大型会议：出席人数在1000~10000人。

（4）特大型会议：出席人数在10000人以上，如重大节日庆典、代表大会、大型表彰、庆祝大会等。

2. 会议场所的选择自然也应根据会议的规模和人数来进行。

（1）会议中心：配备适当大会设备能够提供技术支持和安全保卫，不足之处是可能缺少非正式的小规模聚会机会。

（2）培训中心：为与会者提供恰如其分的学习气氛，有完善的会议设备、设施，但租借成本昂贵。

（3）领导办公室：方便领导翻阅参考资料，领导权威性得到强化。但可能会有电话打扰或者访客打扰，讨论气氛不够热烈，如果人数多，会显得拥挤。

（4）职员办公室：可以提高职员的地位，与会者往往能畅所欲言。不足之处是如果工作地方空间狭小，可能会使与会者感到不适。

（5）单位会议室：避免由于使用个人办公室而引起的公司等级问题、场地不足问题等，但可能出现会议过程中与会人员不停进出处理临时性事务而打扰会议的正常进行。

（6）外借会议室：保证没有任何一方占地主优势，可以提高会议的保密性，但租借成本可能昂贵，与会人员对会场不熟悉。

（7）异地办公室、饭店：适合来自不同地区的与会者，提高会议服务质量。不足之处是会增加会议的日程，增加与会者的成本。

（六）会议主持人的水平能力是否符合要求，是否达到预期效果。

随着各项工作和各个政府部门、企事业单位、私营企业、外资企业的不断发展，对外交流的迫切需要以及会议效果的预期测评，使得会议主持人在会议中扮演了越来越重要的角色。在会议中，信息的传达、整合、交流、论判等都交替进行，此过程中，会议主持人除了能够连贯地组合会议流程，另外还要有诸多服务于会议的综合素质，以期会议无盲点，顺利圆满地进行。

会议主持人作为会议的引导性人物，其观点、言论不仅关系单位的声誉，甚至会影响到整个会议的诉求成败，因此，会议主持人必须首先要有强烈的社会责任感和较高的政治思想水准。同时主持人应具备较高的文化素质、业务水平，迅捷的语言组织能力，严密的逻辑思维，清晰准确的语言表达以及临场应变发挥能力。高素质的会议主持人往往代表了高水平的会议主办方。

（七）会议决议是否得到有效贯彻执行。

会议结束后形成的决议代表着全体与会者共同讨论并通过的决定事项，它是否得到有效贯彻实施，决定着召开会议是否有意义、有效果，是否能被相关单位、部门和人员理解、接受并执行。因此，会议决议是否在会后得到有效贯彻执行在会议总结中显得尤为重要。

会议总结要以科学的绩效考评标准为指导，制定具体的量化指标，起到总结经验、激励下属、提高会务工作水平的作用。

技能训练

1. 会议评估案例实训

新纪元科技有限公司 2020 年度工作表彰和总结大会已于 2020 年 12 月 30 日圆满结束，为了总结办会经验，特对此次会议效果进行评估。现将本次会议总体情况介绍如下。

一、会议召开背景

在 2020 年度，公司全体员工以优质服务、稳步提高为目标，扎实推进各项工作，不断加强企业管理水平，全面提升服务质量，圆满完成了上一年度的工作。为总结经验、表彰优秀，以便 2021 年的工作能顺利开展，经公司研究决定，召开公司 2020 年度工作表彰和总结大会。

二、会议名称：新纪元科技有限公司 2020 年度工作表彰和总结大会

三、会议主题：总结 2020 年度工作，对先进员工、先进集体进行表彰

四、会议时间和会期：

2020 年 12 月 27 日全天报到，12 月 28~29 日会议；会期 2 天

五、会议场所及住宿地点：

上海市凯悦大酒店

六、参加会议人数：122 人

七、会议餐饮：统一就餐 4 次，已安排清真席

八、会议负责人：新纪元科技有限公司办公室主任李青

（1）思考：请根据以上会议总体情况介绍对该次会议的效果进行评估，并设计至少 3 种评估表格或问卷。

（2）模拟训练：以 5~10 人为一个小组，扮演不同类型的与会者，模拟一次会议评价过程，可以采取文中介绍的几种会议评价方法。

2. 会议总结案例实训

顺达公司承办的一个大型研讨会即将落幕。在会议接近尾声时，负责这次会务工作的总经理秘书高祥就组织工作人员将早已设计好的一份会议评估表发给了与会代表，请他们逐项填写各项内容。统计后发现，绝大多数与会代表对会议的各项组织工作给予了高度评价，打的分数挺高，高秘书感到很欣慰。但也有代表在评估表中提出对某些工作的不满和批评，高秘书很重视，觉得会后有必要好好总结，以利改进。会议圆满结束后，高秘书组织全体会务人员趁大家还印象深刻的时候进行总结。他要求全体会务人员先进行一下自我总结，写出一份书面总结交给他，两天后召开一个座谈会。座谈会上大家畅所欲言，对这次会务工作中做得好的方面和欠缺的方面都进行了讨

论和剖析，每个工作人员也根据自己的分工和实际工作进行了自我对照，找出了不足的地方。在大家进行了充分座谈后，高秘书根据与会代表填写的会议评估表和会议中每个人的实际表现，结合大家的发言和会议的实际效果，进行了总结性的发言。他认为，这次会议中，全体会务人员的表现都还不错，大家都很努力，会议基本达到预期效果。然后点名表扬了会议的几个秘书，称赞他们负责的工作做得很出色，得到与会代表的一致好评。同时，也指出了个别工作中存在的问题，把与会代表提出的意见反馈给相关人员，希望他们好好总结，在以后的会务工作中有所改进。最后他说："这次会议，大家辛苦了，回去好好休息，我会向领导汇报，为大家请功。"座谈会后，高秘书根据各方面的意见，写出书面的会务工作总结，交给了总经理。总经理审阅后，高秘书把定稿发给相关的人员，并把会议总结做了归档。之后请总经理对全体会务人员进行了慰问，对表现突出的工作人员进行了表彰。

（1）案例讨论：结合本次总结，讨论会务工作可以推广或可供借鉴的方面。

（2）完善会议总结：以上会议总结还不够全面、细致，请根据所学对该总结内容继续进行完善补充（如对会议筹备期间的组织、宣传、资金筹措进行总结；对会议现场接待、协调进行总结；对会议结束后的收尾工作、会议评估工作、财务结算工作等进行总结）。

任务测试

1. 结合文中讲述，请设计出至少 2 种会议评估表格。

2. 会议总结应重点做好哪些工作？

3. 假设一次会议内容，试着撰写一个会议总结。

教学评价

1. 通过本任务的学习和训练，你是否达到学习目标？请学生、老师进行客观评价。

2. 学生反思自己在训练中的表现，请对自己的收获、不足、改进措施

展开思考。

3. 师生从教学方法、教学技能、教学媒体三个维度共同对本任务的课堂教学进行分析与评价。

内　容		评　价		
学习目标	评价项目	个人评价	小组评价	教师评价
专业知识	会议评估总结的重要性	Yes/No	Yes/No	Yes/No
	参与会议评估总结人员的范围	Yes/No	Yes/No	Yes/No
	会议评估总结的内容	Yes/No	Yes/No	Yes/No
专业能力	能够设计会议评估的各类问卷、表格	Yes/No	Yes/No	Yes/No
	能够掌握会议评估的不同方法	Yes/No	Yes/No	Yes/No
	能够全面、客观地完成会议的总结工作	Yes/No	Yes/No	Yes/No

学生完成任务后的反思：

师生课堂教学评价：

第六节　会议经费结算

学习目标

◆ 了解会议经费结算在会议管理工作中的重要意义

◆ 掌握会议经费使用和结算的方法

◆ 能承担会议财务管理相关工作

任务描述

德合公司 2020 年度客户联谊会暨 2021 年产品订货会，于 2020 年 10 月 29～31 日在云南昆明滇池花园国际酒店举行。10 月 28 日会议报到，与会人员共 300 人。王玲作为负责此次会议财务的工作人员，在会议期间做了大量财务管理工作。

任务分析

会议从筹备直到结束，会产生各类收入和支出。从会议筹备初期对会议的预算到会议结束之后的结算贯穿会议管理全过程。会议经费的收支和结算应该以合理适度的预算为基础。首先应了解整个会议的收支情况，其次要熟悉会议经费的结算方法和程序，最后要按照相关会议经费管理使用规定开展工作。

知识准备

会议经费结算的依据是会议策划阶段做的会议预算。在会前工作中，会务组应该综合考量会议的规模、性质、重要性及相关工作开展情况，制定合理适度的会议预算。预算中应包括收支两方面，应充分考虑成本和在不铺张浪费的情况下把会议办好。预算在经主要负责领导审批同意后，遵照执行。在会议筹备和召开的过程中，有专门的工作人员负责对会议收支情况进行把控，对于超过预算的项目和金额，如无正当理由不予报销。在会议结束后，相关人员应及时与会议各方结清费用，及时履行审批报销手续。

任务实施

一　会议经费收支项目

会议经费一般由会议收入和会议支出两部分组成。会议收入主要来源是会议代表缴纳的会务费、上级部门的拨款、赞助费、广告收入等。会议支出一般会有申办费、宣传费、办公费、人工费、会场和设备租金、食宿、交通和其他不可预见的临时性开支等。

二　会议经费结算的程序

（一）结清与会代表的费用

会务组在制作会议通知的过程中，应提前告知与会者参会的各项开支，诸如会务、食宿、培训、资料、参观考察等费用，同时详细注明各类项目收费的标准和支付方式。会议结束后，主办方应及时跟与会者结清费用，同时提供正式发票，以便与会者报销。如果有些项目无法开具正式发票时，应事先告知与会者，并开具收据或证明等。

参加会议的所有费用，如无特别说明，都应由与会者承担。会议组织者要为与会者开清以下发票：一是会务费发票，可报到时开具，也可先开收据，离开时换发票；二是住宿费发票，通常在与会者办理入住时，刷信用卡预授权支付，待与会者离开时再根据实际住宿天数付款并开具正式发票；三是餐饮费发票，发票由与会者用餐的酒店、饭店开具。

（二）结清与举办会议酒店或其他单位及个人开支的费用

1. 支付会议场地费用

应与会议承办地事先商定会议场地费用，可在预订时付订金，会议结束后按支出的钱开具发票后以转账汇款或刷卡的形式结账。

2. 会场摆放的食品、饮料费用

应事先与会议举办酒店商定费用，可采取预订时付订金，会议之后按实际支出开具发票后以转账汇款或刷卡的形式结账。

3. 会议中音像辅助设备的费用

应在会议之前与会议场地提供方协商，确定租借费用，会议结束后依照租借次数或天数开具发票结账。

4. 会议所需文具和复印、打印等费用

应在活动之前做好预算，申请备用金，在会议过程中以记账的方式待会议结束后开具发票结账。文具用品应在会议前购买。

5. 支付演讲者的费用

应事先商定费用，并在会议之后以现金或打卡的形式支付演讲者。

6. 其他费用的偿付

应事先确定需要使用的其他物品和商定费用，会议之后按照开具的账单，以转账汇款或刷卡的形式结账。

三 会议经费结算的步骤

会议结束后，相关工作人员要及时进行会议经费结算。主要有以下步骤。

1. 对照会议预算，统计、核算会议费用实际收支情况。

2. 与相关部门和人员确定会议费用结算的付款方法和时间。

3. 清点并核实会议费用支出的所有票据。

4. 填写报销单，与经手人一起一一验收票据，并按财务部门要求粘贴。

5. 写报销报告，请相关领导审核、批准。

6. 到财务部门报销。

7. 与相关部门、单位和人员结清所有费用，并做好记录。

8. 对预算外的收支进行说明，不符合规定的应及时退还或不予报销。

＊知识链接＊

会议经费结算案例讲解

华荣 2020 年度客户联谊会暨 2021 年产品订货会已圆满结束。公司总经理办公室秘书张丽负责会议经费结算工作，包括确认参会单位，购买会议所需的办公用品和食品、饮料，打印会议文件资料，租赁会议场地和音像设备等费用的结算工作。

一、统计会议期间发生的费用

张秘书先统计了会议中实际发生的费用：

1. 场地租用费

江苏省会议中心城市——钟山宾馆会议室租金 1 天 8000 元。

2. 摄像设备等租用费用

摄像机 2 台，租金共计 2000 元。

3. 会场装饰费用

鲜花 1000 元；横幅 5 条，每条 100 元，共 500 元；拱门 2 个，每个 500 元，共 1000 元；其他装饰费用共 2000 元。共计 4500 元。

4. 聘请嘉宾咨询费用

嘉宾 2 人，每人咨询费用 5000 元，共计 10000 元。

5. 餐饮费用

10 人一桌，每桌标准 3000 元，32 桌，共计 96000 元。

6. 交通费用

租用旅行车辆6辆，每车每天1000元，共计6000元。

7. 会议用品费用

制作宣传手册400份，每份成本5元，共计2000元；制作会标、会议代表证、文具等共2000元，共计4000元。

8. 纪念品及演出费

每人一份纪念品，每份85元，300份，共25500元；文艺演出5000元，共计30500元。

9. 公司工作人员劳务费

根据公司相关规定，劳务补贴25元/天，参与会议筹备的共40人，每人按12天计算，共计12000元。

此次会议共计支出人民币173000元。

二、确定会议经费结算

张秘书统计了会议期间实际发生的费用之后，又根据公司的财务管理规定，列出需要公司支付的费用及付款方法与付款时间表。

支出项	确定费用方式	付款方法和时间
场地租用费	事先确定费用	预订时交订金。活动之后按实际支出开具发票，支票结账
摄像设备租用费	活动前确定租用费用	活动之后为租用费开发票，支票结账
会场费	会议前申请和安排	会议之前根据实际需要支出费用，现金结算
嘉宾咨询费	事先确定费用	活动之后打入嘉宾银行卡
宴请费用	事先确定费用	预订时交订金。活动之后按实际支出开具发票，支票结账
交通费用	事先确定费用	预订时交订金。活动之后按实际支出开具发票，支票结账
会议用品费用	会议前申请和安排	用现金偿付，文具订购事先开发票和付款
纪念品及演出费用	事先确定费用	预订时交订金。活动之后按实际支出开具发票，支票结账
公司工作人员劳务费	根据公司相关规定执行	活动之后，当月打入职工银行卡

三、通知与会人员结算的时间、地点

会议结束后，秘书部门应该向与会人员或者与会部门以及在会议中发生费用的个人和部门通知经费结算的时间和地点，以便与会个人和部门安排工作。

根据公司财务管理规定，在费用发生 15 日内必须将所发生的费用进行报销和结算。12 月 20 日张秘书通知与会的几个部门，22 日上午 9 点在一号会议室进行会议经费结算，届时各部门应派一名工作人员参与，将本部门此次会议中发生的费用统计好，并将相关发票一并带来。

四、清点和核实费用支出发票

张秘书将各个部门发生的费用发票逐个进行了审核，剔除了一些填写不规范、不符合公司报销要求的发票。

五、填写费用报销单、将发票贴于报销单背面

根据公司财务报销的相关规定，在清点和核实了费用支出发票后，张秘书填写了费用报销单，并将所有发票贴在报销单后面。

华荣公司费用报销单

报销人	姓名	××	所属部门	总经理秘书		
	职务	总经理秘书	联系电话	×××××××××		
报销费用明细						
费用类别	事由摘要	金额（元）	有无票据		备注	
			有	无		
会务费	租借和布置会场、设备	49000.00	√			
劳务费	专家咨询费、加班费	22000.00	√			
接待费	餐饮费、车费	102000.00	√			
合计金额						
报销人	签字：			日期：　年　月　日		
部门经理	签字：			日期：　年　月　日		
财务经理	签字：			日期：　年　月　日		
总经理	签字：			日期：　年　月　日		

技能训练

会议经费结算案例实训

2020 年底裕丰公司召开了年度全国经销商表彰大会，以奖励先进、规划 2021 年的工作。会议财务负责人杨丹为为期两天的会议做了详细开支记录，并制作了会议结算单。

任务测试

1. 会议经费结算应依据哪些相关规定？请尝试查阅相关资料并学习了解。

2. 请分析如何进行会议成本控制。

会议结算单

会议名称：		主办单位：	
会议时间：		会务组房间号：	
使用房间：	每间单价：	联系人：	联系电话：
餐标：	天数：	用餐地点：	用餐方式：
会议地点：		分组讨论地点：	
住宿费：			
餐饮费：			
会场租用费：			
设备租用费：			
（该表可根据需要自行修改）			

教学评价

1. 通过本任务的学习和训练，你是否达到学习目标？请学生、老师进行客观评价。

2. 学生反思自己在训练中的表现，请对自己的收获、不足、改进措施展开思考。

3. 师生从教学方法、教学技能、教学媒体三个维度共同对本任务的课堂教学进行分析与评价。

内　容		评　价		
学习目标	评价项目	个人评价	小组评价	教师评价
专业知识	会议预算编制	Yes/No	Yes/No	Yes/No
	会议结算程序和步骤	Yes/No	Yes/No	Yes/No
专业能力	对会前、会中、会后的会议收支进行记录	Yes/No	Yes/No	Yes/No
	掌握正确会议经费结算方法	Yes/No	Yes/No	Yes/No
	对会议成本进行有效控制	Yes/No	Yes/No	Yes/No

学生完成任务后的反思：

师生课堂教学评价：

第六章
常规会议实务

常规会议，是指定期召开的会议，是人们为了解决工作中遇到的经常性、普遍性、一般性问题时，聚集在一起共同讨论、商议的互动活动。常规会议的内容是既定的，参加人员有规则规定，它往往伴随一定规模和一定消费。常规会议是会议的基本组成部分，是工作中解决政策性事务、处理日常性业务的基本手段。

第一节　企业内部事务会议

学习目标

◆ 理解企业内部事务会议的含义

◆ 了解企业内部事务会议的类型

◆ 能区分不同类型的企业内部事务会议

任务描述

王霞大学毕业应聘到一家公司任总经理办公室秘书，该公司总经理夏某下达指令，要求办公室安排拟召开的企业内部事务会议。王霞先向总经理办公室主任老张请教，随后寻思：要开好企业内部事务会议，应好好筹谋，才能确保会议顺利召开。信心满满的王霞即刻投入会议的准备工作中。

任务分析

要谋划企业内部事务会议，先要熟悉什么是企业内部事务会议，有哪些人员参加，该从哪里入手等。企业内部事务会议是处理公司事务、掌握公司动态的主渠道，对总经理的决策起着重要作用，是总经理了解各部门动态、解决内务事务的重要环节。

知识准备

一　企业内部事务会议的内涵

企业内部事务会议是指由公司（或组织）内部成员参加，在公司或组织范围内召开的、共同研究和商议有关事宜的会议。企业内部事务会议的主要功能有管理事务、处理内部重大事项、确定未来走向。

图6-1　内部会议

二　企业内部事务会议的类型

企业内部事务会议的类型如下。

（一）经理办公会

经理办公会是指按照公司的办公制度规定，定期召开（总经理主持、各部门经理参加）研究部署公司经营管理重大事项的办公会议。一般会议的时间、地点相对固定，参会人员为各部门负责人，会议的内容主要是汇报布置相关工作。

（二）员工例会

员工例会是指按照各部门的有关规定，由经理主持定期召开的员工必须参加的会议。会议的时间、地点、人员（参会人员是各部门员工）都相对固定，会议的内容主要是汇报、布置部门工作。

（三）突发性会议

突发性会议是单位或部门，针对出现的意想不到的事件，紧急召开的事务性会议。

图 6-2　员工例会

三　企业内部事务会议步骤

（一）企业内部事务会议准备工作

1. 接到会务任务后，做会务计划。包括安排会议地点、时间、与会人员、主持人等。根据会务目标进行计划。

2. 发布会议通知。宜用短信、邮件、OA 系统等发会议通知，通知到会议的相关人，以确保这些人准时出席。

3. 做好签到工作。提前备好会议签到簿，将参加会议的人员名单及相关办公用品准备就绪，提前 30 分钟到达会场，安排专门人员负责与会人员进行签到。

4. 会中做好会议记录等工作。手机要调成振动，不能关机。文字秘书做好会议记录工作，行政秘书督促、检查加水等后勤工作。

5. 会后出会议纪要。按照会议纪要的规范和要求，及时将会议纪要下发到相关部门或所有部门。会议纪要经过相关领导审核后发布，并及时跟进。

（二）实施流程

企业内部事务会议（包括经理办公会、员工例会和突发性会议等）按流程来说，有会前、会中、会后工作。

1. 会前工作

做好人员、资料、会场等准备工作。

（1）人员准备。发出开会信息，告知会议事项，如通知主持人、参会人员、时间、地点、内容等。人员的准备工作要考虑周密细致，要留有机动人员，一旦有人员缺位，安排机动人员及时补上。

（2）资料准备。按会议的要求，搜集、汇总相关会议资料，确保准确无误。搜集资料要充分全面，汇总资料要分门别类，涉及的相关资料中的人名、地名、时间、内容等要做到校对无误。

（3）会场准备。检查会场情况，包括卫生、光线、通风等状况，应提前一天做好上述检查工作。开会前先试听、试用演示会场各种设备，如话筒、音响、灯光等，发现问题及时处理。事先检查会议服务用具是否齐备、干净，出现配备不齐或打扫不到位等情况及时采取补救措施。

2. 会中服务

重点要求做好会议记录、会议服务、信息传递等工作。

（1）会议记录。文字记录、录音、录像等。

（2）会议服务。如果没有专门的会议服务人员（小型会议），由秘书部门人员主动来承担。服务工作是会议的保障，一般大机构有专职服务人员，小机构则由秘书人员兼任服务工作。

（3）信息传递。上传下达工作，及时传递信息、及时沟通联络。会议期间信息送达工作关系会议质量和会议有效性。会议传递、沟通、联络技巧尤为重要。

3. 会后工作

主要应做好打扫会场、整理会场、检查落实会议情况、回馈会议等工作。

（1）清理会场、保洁。在打扫会场之前，先仔细检查会场是否有重要物品没有归位，确认无误后再进行清场。

（2）下达通知事项，将会议决定事项及时传达到与会者及有关部门（必要时写成会议纪要下发）。

（3）协调、检查、督促办公会决定事项的落实情况。会议中议决事项，该协调的，由秘书部门负责协调；该检查、督办的，责成相关部门检查、督办。

（4）将协调、检查、督促等情况回馈给领导，以便领导进一步决定。待领导宣布工作完成后，会议工作才宣告结束。

＊知识链接＊

管理者如何开好工作例会

管理例会是处理日常问题的主要手段。务虚的会议好开，务实的会议难开；计划性的会议好开，解决问题的会议难开；问题明显，要求整改的会议好开；问题不明显，分析责任源头的会议不好开。要开好工作例会，应注意以下方面。

一、要坚持以下几个原则与态度

1. 领导不要相信例会可以解决所有问题。

2. 领导不要把例会当成追究责任的会议。

3. 参会人员不要把例会看成责任追究会议，更不要当成攻击异己的"媒体"，或者推诿责任、为自己辩护的"下院"。

4. 例会不进行任何务虚讨论。

5. 例会不进行任何鼓动宣传工作。

6. 例会要有记录。

二、对例会内容进行简单分类

1. 计划、任务分配。

2. 困难汇报。

三、按照以下程序和思路召开会议

1. 情况通报

（1）本职、本部门工作完成得怎么样。

（2）上次例会的要求落实得怎么样。

（3）管理活动开展得怎么样，诸如5S、细节管理这样的活动调度协调。

（4）计划落实中，遇到什么问题，需要哪些部门配合。

（5）计划落实中，人力、设备、权限上有何不足，需要什么支持。

（6）问题、困难汇报：技术装备问题，人员配备问题，流程、规章、标准问题。

2. 会议进程控制

（1）听取汇报。

（2）上次例会要求的落实检查。

（3）明确、确认问题和困难的含义。

（4）解决办法讨论。

（5）任务分配讨论。

（6）决议。

3. 决议

（1）复述决议内容。

（2）沉默视为同意。

（3）决议记录在案。

下次例会检查落实的情况。

（资料来源：百度知道，http：//zhidao.baidu.com/link？url＝kgxQoXYB
p7D_ sRly07DOS6432f5cKcwhruObha8qLGAJ-_ g7FzO9NsjZT2e2Ml1G6iny3L
kNIZ0HNYbcFfL9m_ ，有改动。）

技能训练

1. 课堂讨论与练习

全班参与，挑选学生列举企业内部会议进行讨论并分析。

（1）该会议的类型。

（2）该会议的任务。

学生在讨论过程中，将讨论结果记录下来，整理成表格。

表 6-1　讨论结果

会议名称	主持人	参会人员	会议议题（即内容）	会议特点

2. 课堂演练

挑选学生，分别扮演小荣、张总、钱经理等，依照下列情形，模拟召开员工例会、突发性会议、经理办公会。

（1）某公司每月月初召开一次员工会议，例会将至，经理要求秘书小荣主持，小荣做了以下工作：第一，他把要说的话和要讲的问题写下来，自己先预演了一遍，掌握了讲话所需的时间；第二，与有关人事充分沟通，弄清了员工会议哪些人物出场讲话，以便届时安排出场顺序；第三，准备了员工关注的话题，以便会议冷场时调节会议气氛。挑选学生扮演小荣负责谋划相关会议。

（2）某公司拟召开公司成立 10 周年庆典会议，各方面工作准备就绪，临开会前一天，某重要发言嘉宾，突然告知不能前来参加会议。该公司老总该怎样处理此事？挑选学生扮演张总，安排召开相关会议。

（3）一日，某地金鹰国际购物中心的某名牌鞋柜前突然人声嘈杂，原来是顾客因质量问题与营业员发生争吵。新鞋 10 天之内修了两次，顾客要求退换，而当时的规定，无条件退换的期限是货物售出后 7 天以内，且不影响第二次销售。当天是周日，围观者越来越多。案例中，该购物中心需要召开吗，怎么控制事态的进一步恶化，将负面影响降到最低？挑选学生扮演钱经理处理此事。

3. 案例分析

案例1：一月一次的公司经理办公会如期召开，秘书小赵做了诸如通知参会人员、时间、地点，安排会场，准备会议资料、茶水、保洁等工作……开会伊始，总经理讲话并宣布会议开始。可是，音响没声音，投影仪白屏，秘书小赵忙乱了一阵之后未果，总经理拨通了后勤总管的电话，换了另一间会议室，会议延时半小时。请分析秘书小赵的做法。

案例2：某公司一月一次的公司经理办公会明天拟召开，公司总经理秦某让秘书小梁找出上一个月的经理办公会纪要，他要进一步核实有关事项，一向缜密细心的秘书小梁很快就找出了该纪要。请评价秘书小梁的做法。

案例3：一周一次的员工例会开完了，会议决定，三天之内由秘书小刘牵头，负责落实员工提出的三项诉求。时至第三天，经理问及此事，小刘傻眼了，他忘了，经理为此在下一次召开的员工例会上做了食言检讨。请分析秘书小刘的问题并提出改进措施。

任务测试

1. 什么是经理办公会？如何做好经理办公会的准备工作？

2. 什么是员工例会？如何做好会议的落实工作？

3. 召开突发性会议，要从哪些地方入手？

教学评价

1. 通过本任务的学习和训练，你是否达到学习目标？请学生、老师进行客观评价。

2. 学生反思自己在训练中的表现，请对自己的收获、不足、改进措施展开思考。

3. 师生从教学方法、教学技能、教学媒体三个维度共同对本任务的课堂教学进行分析与评价。

内　容		评　价		
学习目标	评价项目	个人评价	小组评价	教师评价
专业知识	内部事务会议的含义	Yes/No	Yes/No	Yes/No
	内部事务会议的分类	Yes/No	Yes/No	Yes/No
专业能力	能按照内部事务会议的步骤办会	Yes/No	Yes/No	Yes/No
	能区分不同类型的内部事务会议	Yes/No	Yes/No	Yes/No

学生完成任务后的反思：

师生课堂教学评价：

第二节　企业外部事务会议

学习目标

◆ 理解企业外部事务会议的含义。

◆ 熟悉召开企业外部事务会议的步骤。

◆ 能按照企业外部事务会议的具体要求，组织好企业外部事务会议。

任务描述

宜兴公司在业内业绩一直不错，令同行企业艳羡不已，该公司李总是某学会的理事。某学会经过商议，拟在李总所在的宜兴公司召开学会理事会，旨在通过会议促进行业间交流与合作。学会告知了李总，李总令秘书肖林筹备此次会议。

任务分析

理事会属于社团性会议，此类会议一般轮流在各理事会单位举行。承办公司要做好筹备工作，包括向各理事会单位发函，安排会议的时间、地点，拟定会议议题，准备会议资料等。

对于很多企业来说，此会议是间接宣传、树立企业形象的契机。

知识准备

一　企业外部事务会议的内涵

企业外部事务会议是指公司在其地域之内或之外召开的、由外部人员参加的、用以商议同企业外部事务有关的会议。企业外部事务会议，要与外界联系，其会议内容和组织都较企业内部会议复杂得多。企业外部事务会议如商务、社团等，一般要制定相关章程或约定，以便成员共同遵守，会务工作由有关公司承办。

二　企业外部事务会议的类型

按工作性质分，企业外部事务会议有企业的工作年会、学术交流会、经销商会、产品推广会、业务洽谈会等。

三　企业外部事务会议的组织流程

（一）成立会议筹备小组

经公司领导授意，成立会议筹备小组专门负责会议各项工作，安排有关人员各司其职，以确保工作的顺利展开。

（二）进行财务预算

根据会议的规模、时间、参会人数等拟定初步预算方案，报领导审批后确定执行方案。

（三）安排会议的具体事务

企业外部事务会议的具体事项主要有以下方面。

1. 办文

按组委会的要求、根据会议的议题，准备会议相关材料，包括学会理事成员相关交流材料，以及主持人发言稿、代表发言稿、会议讨论稿等。

编写会议议程，具体而微。

2. 办会

确定会议时间、地点，安排会议室、布置展厅。普通会议室供一般会议使用，配备桌椅、讲台等普通硬件设施。专门会议室除配备一般硬件外，还要安放投影仪、笔记本电脑等多媒体设施，以供代表演示。展厅要有供陈列、摆放展品的各种物件。

3. 会前通知

企业内部：告知企业上下员工开会信息，以使全体员工在会议期间维护企业形象，展示主人翁精神。

企业外部：向各理事单位发出会议邀请，包括开会的时间、地点、议题、食宿安排（费用及标准）、会议注意事项（如会议材料的提交方式）等。会议邀请有以下形式。

（1）口头邀请、书面邀请。口头邀请要注意做好记录，以备查（非正式）。书面邀请，要发会议邀请函（正式）；邀请函可以采用公函和便函两种形式。

（2）网络通知。现代办公大多依托网络这种快捷的方式，通过 QQ、微信等平台发出会议信息，接收会议回执等。

4. 会中服务，包括组织接待、会场布置等

（1）组织接待。安排好接机、接站、接车等工作。不论是初次还是多次到相关承办企业开会，企业都要安排人员前往机场、车站等地接待。

（2）会场布置。合理布置大会会场、分会场、小组讨论地点。根据人员规模、会议级别等不同风格、不同类型、不同服务的会场，会场布置要风格多样，不能千篇一律。

（3）安排茶点及膳食。根据会议情况、会议流程，会中合理安排各种茶点及膳食，做到丰富而不奢侈、实用而不浪费。

（4）会间展示。展示学会成就及发展等，供代表参观。利用会展平台宣传自己，使与会者留下深刻印象。

5. 会后服务，清理、打扫会场、送站、总结等

（1）清理会场。会场的清理工作应及时、快速，打扫会场不留有死角，一次打扫完毕。如借用、租用会场的，及时结清所产生的费用，不拖欠租金。

（2）送站等事宜。送机、送站等工作与接机、接站工作应无二致，做到有始有终，迎来送往一同对待。

（3）总结。召集由会务部门和相关部门参加的总结会议，总结会议得失，为今后召开类似会议提供借鉴。

（4）资料的归档。将会议通知、会议纪要等有关材料整理成册，交档案部门归档。如果会议期间有录音、录像资料一并交档案室保存。

＊知识链接＊

图6-3　大型会议管理流程

一、会前两周

（1）召开内部全体会议，成立筹备小组。

（2）明确会议目的，确定召开时间、地点。

（3）领导组：制定工作进度表，由组长统一控制会议筹备进度。

（4）秘书组：①草拟会议通知，经审批后下发各部、中心。②回收会议通知回执，根据各部、中心参会人员名单制作会场座位图。

（5）材料组：①购置会场需要的会议设备及装饰物品（如横幅、花卉、音响设备等）。②根据秘书组制作的会场座位图，制作与会人员的桌签。

（6）宣传组：明确报道主旨，有针对性地进行会议的前期宣传报道。

二、会前一周

（1）召开筹备小组碰头会，由各组的负责人汇报一周以来的筹备落实情况。

（2）领导组：①根据工作进度表的执行情况，对四个组上周的筹备工作进行审核。②在本周内确定此次会议的会议议程（如会议主持人选的确定、领导发言提纲的编写等）。③最终确定会议的各类分发材料，将定稿交于秘书组，根据与会人数进行印制。

（3）秘书组：①开始着手准备会议材料，进行大规模的印刷装订工作。②制作会议签到本。

（4）材料组：①对会场内的音频、视频设备进行系统的调试，力求在会议召开时达到最佳视听效果。②对会场内座椅的排放、横幅的挂钉、座签及一些装饰物品的摆放进行最后的确认，力求达到舒适美观的效果。

（5）宣传组：继续对本次会议进行跟踪报道。

三、会前3天

（1）会议筹备小组在组长的带领下，对会议的所有筹备工作进行验收。

（2）验收过程中任何一个筹备环节出现了问题，由领导组迅速制定解决方案，其他各小组协力解决，确保会议按时正常召开。

四、与会当日

（1）会议筹备小组全体成员在会前30分钟到会场，对各环节做最后确认，应对可能发生的突发情况。

（2）秘书组：①负责会场门前的接待工作（如签到、分发会议纪念品等）。②在会场入座率达80%以上后，由秘书组出面安排与会领导集体入席。③秘书组直接对与会领导负责，满足领导提出的要求。

（3）材料组：①对会中所使用的音频、视频设备进行实时监控。②对与会人员直接负责，负责为有需要的与会人员提供纸张、铅笔、圆珠笔等会议工具。③会议结束后的收尾整理会场的工作由材料组负责。

（4）宣传组：①负责整场会议的照片拍摄或电视摄像工作。②会议结束后的3天内，完成本次大型会议的新闻报道的编写、投稿等工作。

五、会议后3天

在综合管理部内部例会上，对会议的筹备工作进行小结，查找筹备工作中出现的漏洞与不足。

（资料来源：http：//3y.uu456.com/bp-0b1q012b737sa417 866f8f33-1.html。）

技能训练

1. 问题诊断

请分析下面通知存在的问题，并进行修改。

中国施工企业管理协会第九次年会拟在×地 A 企业举行，该企业秘书小韩起草了如下会议通知：

中国施工企业管理协会第九次年会全体理事会议通知

各有关单位：

为贯彻理事会×文件精神，进一步加强理事会工作，密切理事成员间的联系，经研究，决定召开第九次年会。现将有关事项通知如下：

一、会议时间：××××年 3 月 1 日以前。

二、会议地点：××公司会议室。

三、参加会议人员：各理事、代表。

四、食宿统一由××大学安排。希望有关人员按时参加会议。

特此通知

××协会（印章）

××××年××月××日

思考：上述通知有什么问题？请改正。

2. 案例分析

××公司创建于××××年，今年是公司成立 30 周年。公司领导经过研究决定召开公司成立 30 周年校友联谊大会，迎接校友回校联欢，以扩大公司影响。此次活动，公司专门成立了秘书组、接待组等。秘书组主要负责活动筹划、制订议程、拟定邀请重要来宾名单、撰写相关文书，直接接受筹委会领导、协调、监督。接待组主要负责迎接宾客、来宾签到、赠送纪念品、茶水服务、活动迎导、参观解说等。

分组讨论：

（1）举办企业外部事务会议要注意哪些工作？

（2）除了上述工作之外，你认为该公司还有哪些事要做？

任务测试

1. 联系实际，举例说明组织安排企业外部事务会议的主要工作。

2. 简述会中服务的具体内容。

内　　容		评　　价		
学习目标	评价项目	个人评价	小组评价	教师评价
专业知识	外部企业事务会议的含义	Yes/No	Yes/No	Yes/No
	外部企业事务会议的步骤	Yes/No	Yes/No	Yes/No
专业能力	能正确分析企业外部事务会议的办会流程	Yes/No	Yes/No	Yes/No
	能按流程组织一个简单的企业外部事务会议	Yes/No	Yes/No	Yes/No

学生完成任务后的反思：

师生课堂教学评价：

教学评价

1. 通过本任务的学习和训练，你是否达到学习目标？请学生、老师进行客观评价。

2. 学生反思自己在训练中的表现，请对自己的收获、不足、改进措施展开思考。

3. 师生从教学方法、教学技能、教学媒体三个维度共同对本任务的课堂教学进行分析与评价。

第三节 专题会议

学习目标

◆ 理解专题会议的含义

◆ 掌握召开专题会议的步骤

◆ 了解专题会议的要素

◆ 能按照专题会议的具体要求，组织办好专题会议

任务描述

网络越来越多地影响着人们的生活，网上购物市场庞大且潜力巨大。某公司陈经理要求秘书小赖策划一个网络营销专题会议，商议扩大公司网络营销规模，进一步占有市场份额，小赖投入了紧张的会议准备工作中。

任务分析

开好网络营销专题会议，对企业拓展销售渠道，借助网络平台撬动市场，有重要意义。小赖要从以下方面入手，做好专题会议工作：报批后拟定专题会议方案、拟定参会人员名单、谋划会场布置工作并拿出方案、协调争取各部门紧密配合、做好信息收集工作。

知识准备

一 专题会议的内涵

专题会议是指为达到一定目的，在特定时期、特定场合下，专门围绕一个主题召开的会议。专题会议与综合会议相对，其内容单一，只涉及某一项，议题集中，只围绕某一个议题，"一会一议"。

知识拓展

开好专题会议的要素

一、选择会议形式

随着信息技术的发展，网络会议形式也越来越多，会议的档次也显得越

来越高。如"网络视频会议"方式，简便而经济。

二、注重会议质量

开会最重要的是要讲究会议质量。如何提高会议质量呢？

首先，一般会议必须规定三个角色：一是主持人，二是记录人，三是调度人。这三个角色中，会议主持人起到一个主线的作用，其职责是宣布会议开始、提出会议议题、把握会议时间、执行会议制度、总结会议内容、跟踪会议结果。记录人，详细记录会议的要点和细节，准备会议纪要，以便于会后做出客观的会议评估。调度人，起到把握整个会议主题，以防跑题的作用。一般由与会者中职位最高者担任，负责控制会场秩序、紧扣议题议论、指定发言人、总结会议优劣。可以在会议中设一个"停车场"，将相关的在此次会议上一时无法得出定论的议题，暂时放入"停车场"，留到以后机动的时间里讨论，以避免影响会议的进程。在很多时候这个"停车场"是非常有用的。

其次，制定会议制度，严格会议纪律。

此外，企业开会切忌条条框框。要避免死气沉沉，因为怕得罪对方都选择沉默或是各抒己见、议而不决。要形成良好会风"会而议，议而决，决而行"。

三、检查工作

会议组织者除了通知、组织会议外，还有一个任务就是保证会上决定的工作任务得到全面贯彻。很多企业开会，会上决定的事情很多，但是往往不当场明确工作任务的完成时间，导致会后工作任务迟迟不能完成。所以，在充分讨论一个事情后，主持人必须马上决定此事的负责人、需要协调的部门以及完成时间。接着，会议组织者在会议结束后要检查督办各项事情的完成情况，只要做好了检查这个环节，会议才最终真正告一段落。

（资料来源：http：//jingyan.baidu.com/article/456c463b6000380a583144d4.html，有改动。）

二　专题会议的组织流程

（一）会前工作

1. 营销策划

准备专题报告，同时要督促各部门提前做好汇报资料，如市场部拿出产品的网络市场调查报告和预测报告、业务部确定网络销售经营范围、营销部拿出网络营销策划方案（如促销活动策划书、营销渠道策划书等）、财务部制定网络营销预算等。

2. 确定方案

（1）确定会议议题。事先做市场调查，根据市场调查结果，确定商议的主题，预期通过商议达到何种效果。明确会议的中心，确保会议不跑题，事半功倍。

（2）确定参会人员。确定专题会议主持人，拟出参会部门及人员名单（如市场部、营销部、财务部负责人还是业务人员等）。邀请企业领导、经销商、相关行业专家以及新闻媒体参加。会间进行艺术表演。

（3）拟定活动程序。从引导人员进入会场直至会议结束每个环节都应考虑妥当，事前彩排，确保会议质量。

（4）发会议通知。通知的形式应多种多样，可采用书面或网络通知。设计回执，统计回执情况。根据专题会议的内容，通知参会的部门及人员，做好会务准备工作。

（5）布置会场。根据会议人数、规模、讨论的议题等安排各种形式的会议室，布置展示厅，陈列产品。

（6）落实后勤保障。检查各种设备、设施使用情况，确保各种设施到位、不遗漏、不出意外。做好设备、设施和资料的安全防范工作（防盗、防泄密、防水、防火等）。

（二）会中服务

（1）接待服务人员，要周到、热情，宾至如归，做好茶水、膳食工作。对外地人员应做好接站，安排食宿。

（2）会议引导，包括会场引导就座、会中传递话筒等。规定主题发言的时间、内容引导。

（3）沟通协调。了解会议进程和会议进展，及时协调，保证会议正常、顺利进行。

＊知识链接＊

做好企业专题片

1. 明确目的

企业专题片又叫企业形象片，是运用现在时或过去时的电视纪实手法，对企业的整体形象，如发展历程、企业管理、市场开拓、文化建设、品牌建设、发展战略等各方面，给予集中而深入的展示，达到树立品牌、提升形象、彰显文化的目的，它是介乎电视专题片和电视广告片之间的一种电视文化形态，既有电视专题片的真实性和时效性，又有电视广告片的艺术审美价值，可以称之为广告化的专题片，也可以称为专题化的广告片。

2. 明确用途

企业专题片有用来促销、参加会展的，还有用来招商、产品发布的，这些宣传片的要求不尽相同。产品发布会，招商与会议等专题片，重点介绍企业的实力，传播新产品信息，企业专题片的内容要详尽、卖点要突出。如果是促销、参加会展等专题片，需要强调精练，进一步统一、强化企业形象，要做得更精细、打磨得更好。

企业专题片要明确目标和用途，不能为了做宣传片而做宣传片。

（资料来源：百度百科，http：//baike. baidu. com/link？ url＝4mVNJWqUPl-Kg9sLkiyMeb0iGBDvLjH7Z1Jca5AnKITALZtLpj18O62ePfRV2pUAGdporUKC4T-RmN2OtTvpna，有改动。）

（三）会后工作

（1）清理会场，恢复会场原貌。清除相关标语，不留痕迹。归还借用和租用物品，使各种物品归位。

（2）安排好参会人员返程事宜。提前做好参会人员返程票的预订工作，安排好车辆和人员，做好送站工作。

（3）将会议资料整理、归档。将会议文件资料诸如会议通知、会议日程、开幕词、领导讲话、专题报告等整理成册留存。

（4）结算经费。将会议产生的各种费用公之于众，如费用发生变化，应告知参会人员，并说明原因。

（5）必要时整理出专题会议纪要下发公司各部门。做好专题会议的总结工作，必要时奖励或惩罚相关人员，为以后召开会议做参考。

技能训练

1. 案例分析

某化工厂没有及时处理排出的废水，对流经的附近区域造成污染，致使鱼类大量死亡，附近渔民愤怒地涌入化工厂，造成严重的社区关系纠纷。化工厂经过调查，发现此次"废水事件"对该社区确实产生了严重影响，为了平息这起社区关系纠纷，化工厂及时采取了措施。

分组思考并讨论：

（1）该化工厂是否应该组织策划专题会议，怎么开。

（2）该化工厂如何改善工厂与社区的关系。

2. 模拟演练

某汽车集团公司是一家享有国内声誉的名牌企业。近期，该公司产品质量出现了问题，消费者屡屡投诉，该企业拟召开"产品召回专题会议"，之后召回有问题的这批汽车，以树立企业形象，挽回社会声誉。

思考并讨论：

（1）专题会议的流程有哪些。

（2）如何确定该专题会议的议题、内容、人员等。

训练要求：全班参与，模拟、演练召开企业专题会议。

任务测试

1. 什么是专题会议？专题会议的要素有哪些？

2. 以一个专题会议为例，说明召开专题会议要做好哪些工作？

教学评价

1. 通过本任务的学习和训练，你是否达到学习目标？请学生、老师进行客观评价。

2. 学生反思自己在训练中的表现，请对自己的收获、不足、改进措施展开思考。

3. 师生从教学方法、教学技能、教学媒体三个维度共同对本任务的课堂教学进行分析与评价。

内　容		评　价		
学习目标	评价项目	个人评价	小组评价	教师评价
专业知识	专题会议的含义	Yes/No	Yes/No	Yes/No
	专题会议的要素	Yes/No	Yes/No	Yes/No
专业能力	能结合专题会议分析其步骤	Yes/No	Yes/No	Yes/No
	能模拟组织召开专题会议	Yes/No	Yes/No	Yes/No

学生完成任务后的反思：

师生课堂教学评价：

第四节　董事会会议

学习目标

◆ 理解董事会会议的含义

◆ 了解董事会会议的类型

◆ 掌握召开董事会会议的流程

◆ 能按照董事会会议的具体要求，组织办好董事会会议

任务描述

某公司是经营旅游产品的公司，由于国际国内大小经济环境的变化以及该公司经营策略的失当，公司利润下滑，公司上层决定，召开董事会，

解决公司出现的问题。公司总经理安排秘书袁诚做好董事会会议的筹备工作。

任务分析

董事会会议是公司遇到重大问题或要做出重大决策时而召开的重要会议，是现代企业和公司在管理过程中不可或缺的重要会议。要做好董事会会议的会务工作，会前要充分酝酿，会中服务要充实有效，会后要督促落实。

知识准备

一　董事会会议的内涵

董事会会议是指由董事会在职责范围内研究决策公司重大事项和紧急事项而召开的会议，由董事长主持召开，根据议题请有关部门及相关人员出席列席，不包括部分董事聚会商议相关工作或董事会仅以传阅方式形成书面决议的情况。董事会会议是董事会议事的主要形式。董事按规定参加董事会会议是履行董事职责的基本方式。

图 6-4　董事会会议

我国《公司法》规定，董事会是公司的最重要的决策和管理机构，是由董事组成的、对内掌管公司事务、对外代表公司的经营决策机构。董事会是依照有关法律、行政法规和政策规定，按公司或企业章程设立并由全体董事组成的业务执行机关，负责公司或企业和业务经营活动的指挥与管理，对公司股东会或企业股东大会负责并报告工作。

董事会会议的基本内容包括议案的提出和审议以及董事会决议。

董事会的职权主要有以下内容。

1. 召集股东会会议，并向股东会报告工作。

2. 执行股东会的决议。

3. 决定公司的计划和方案。

4. 制定公司的年度预算方案、决算方案。

5. 制定公司的利润分配方案和弥补亏损方案。

6. 制定公司增加或者减少注册资本以及发行公司债券的方案。

7. 制定公司合并、分立、解散或者变更公司形式的方案。

8. 决定公司内部管理机构的设置。

9. 决定聘任或者解聘公司经理及其报酬事项，并根据经理的提名决定聘任或者解聘公司副经理、财务负责人及其报酬事项。

10. 制定公司的基本管理制度。

11. 公司章程规定的其他职权。

董事会中，董事长是董事会的主席，要负责召集和主持董事会会议，对业务执行的重大问题进行监督和指导。董事会的常规工作是制作和保存董事会的议事录，备置公司章程和各种簿册，及时向股东大会报告资本的盈亏情况和在公司资不抵债时向有关机关申请破产等。

二 董事会会议的种类

董事会会议分为定期会议和临时会议两种。

（一）董事会定期会议

其是指由法律和公司章程确定的每年度定期召开的董事会会议。至于每一年度召开几次，由公司章程在法律确定的限度内自定。我国《公司法》规定，股份有限公司董事会每年度至少召开两次会议；有限责任公司董事会会议的次数，《公司法》未做具体限制，由公司章程确定，议题一般是：公司年度的经营情况、人事薪酬议案、当年度的财务决算报告以及次年的财务预算、审计报告，以及董事会工作报告等。

（二）董事会临时会议

是指在两次定期会议之间于必要时召开的、不定期的董事会会议。我国《公司法》规定，1/3 以上的董事提议可以召开董事会临时会议。

董事会的临时会议是公司遇到出现债务等状况时而召开的临时会议（我国《公司法》规定，代表 1/10 以上表决权的股东、1/3 以上董事或者监事会，可以提议召开董事会临时会议。董事长应当自接到提议后 10 日内，召集和主持董事会会议），以商议解决问题。

（三）召开董事会的要求及注意事项

如果是上市公司，每年至少召开两次定期会议或例会，因为公司必须发布中期报告和年度报告。美国上市公司董事会每年平均召开 7 次以上会议，董事会下设的各专门委员会召开会议的次数更多。而我国上市公司董事会每年平均召开 4 次以上会议，今后召开会议的次数还应当增多。

每次董事会会议应当于会议召开 10 日前通知全体董事和监事。董事会会议应有过半数的董事出席方可举行。

董事会做出决议，必须经全体董事的过半数通过。

董事会的表决，实行一人一票。董事会会议，应由董事本人出席；董事因故不能出席，可以书面委托其他董事代为出席，委托书中应说明授权范围。

董事会应当对会议所议事项的决定做记录，出席会议的董事应当在会议记录上签名。

任务实施

【实施流程】：召集会议（由董事长主持）→确定议事规则→征集议案→确定议题及议事日程→形成决议等

* 知识链接 *

董事会成立的条件

董事会是由董事组成的、对内掌管公司事务、对外代表公司的经营决策机构。公司设董事会，由股东会选举。董事会设董事长一人，副董事长一人，董事长、副董事长由董事会选举产生。董事任期三年，任期届满，可连选连任。董事在任期届满前，股东会不得无故解除其职务。

作为公司董事会，其形成有资格上、数量上和工作安排上的具体要求，也有其具体职责范围。

（1）从资格上讲，董事会的各位成员必须是董事。董事是股东在股东大会上选举产生的。所有董事组成一个集体领导班子成为董事会。

法定的董事资格：第一，董事可以是自然人，也可以是法人。如果法人充当公司董事，就必须指定一名有行为能力的自然人作为其代理人。

第二，特种职业和丧失行为能力的人不能作为董事。特种职业如国家公务员、公证人、律师和军人等。

第三，董事可以是股东，也可以不是股东。

（2）从人员数量上说，董事的人数不得少于法定最低限额，因为人数太少，不利于集思广益和充分集中股东意见。

但人数也不宜过多，以避免机构臃肿，降低办事效率。因此公司或在最低限额以上，根据业务需要和公司章程确定董事的人数。

由于董事会是会议机构，董事会最终人数一般是奇数。

（3）从人员分工上，董事会一般设有董事长、副董事长、常务董事。人数较多的公司还可设立常务董事会。董事长和副董事长，由董事会成员过半数互相选举产生，罢免的程序也相同。

（4）在董事会中，董事长具有最大权限，是董事会的主席。主要行使下列职权：

第一，召集和主持董事会会议。

第二，在董事会休会期间，行使董事会职权，对业务执行的重大问题进行监督和指导。

第三，对外代表公司，即有代表公司参与司法诉讼的权利、签署重大协议的权利等。

（资料来源：https：//wenda. so. com/q/1363153087061259？src = 150&q = %E8%91%A3%E4%BA%8B%E4%BC%9A。）

三　董事会会议的组织流程

（一）会前准备

会前准备工作要做得到位，准备工作应充分。

1. 资料准备、装袋

将董事会会议资料准备完毕装袋，如董事会报告、财务报告、利润分配方案、章程修改方案、董事会决议草案等。

2. 确定会议议程

应包括以下部分：确定会议标题；确定会议时间；确定会议地点；确定主持人；确定审议内容。

3. 会议文件

（1）工作报告（本年度工作汇报/下年度经营计划）。

（2）本年度财务决算。

（3）下年度财务预算。

（4）议题或报告。

4. 确定人员准备

董事会会议应当有过半数的董事（包括委托其他董事代为出席的董事）出席方可举行。董事会会议应当由董事本人出席。董事因故不能出席的，可以书面委托其他董事代为出席，委托书应当说明：（1）委托人和受托人姓名；（2）授权范围，包括受托人是否有权对临时提案进行表决等；（3）委托人签字。

受托董事应当在会议召开前向主持人提交书面委托书，并在授权范围内行使权利。

一名董事原则上不得接受超过两名未出席会议的董事的委托。独立董事只能委托独立董事代为出席会议。在审议关联交易事项时，非关联董事不得委托关联董事代为出席。

5. 发出会议通知

6. 布置会场、准备物品、会前检视

会场的布置应根据会议需要选择合适的类型。

准备好笔、纸张等文具用品，事先放置好茶点、果盘等生活用品。

检查灯光、音响、设备、空调，视情况需要，空调一般宜提前 1 小时预热或预冷。

7. 会议签到

提前做好签到表，工作人员提前到达会场，务必使每一位董事会成员都签到，会前告知董事会主席签到情况。

（二）会间服务

1. 茶水等服务。安排专门文职人员进行服务。服务工作力求专业、主动、周到。

2. 资料装袋、发放。资料的准备要齐全，发放资料需两人以上，以确保无误。资料除了人手一份外，还应留有余地，以备不时之需。

3. 清点参会人数（签到表）、落实委托授权签字、关注会议签字事项。每次会议应到人数、实到人数等都应掌握，签字、委托授权签字应核实。

4. 会议记录、签字。会议记录要统一规范，格式、内容各要素齐全。签字也应规范，不符合要求的，及时纠正，不留到第二天。

5. 书面意见收集及签字。收集意见要做到细心、不遗漏，一一确认签字。

6. 审议事项及表决。每次议题、表决结果等都要一一记录在案，以备查。

7. 决议及签字一般有如下内容。①企业名称；②开会时间；③开会地点；④参加人员；⑤决议事项或内容：现经董事会一致同意，决定……即时生效……上述决议经董事签名作实；⑥签名顺序：董事长—副董事长—董事。以上视具体情况，可增减。

8. 撰写会议纪要及签字。会议纪要撰写时要忠实于会议记录，领导审核签字后下发，对于议决事项，秘书人员要督促检查到位情况。

9. 发放、收集、征集议案表格。议案的发放应落实到人，以使征集工作正常进行。议案的收集应及时，以确保议案征集工作有效进行。

（三）会后工作

1. 清理会场。清洁、保密工作，不能将会议秘密的有关资料、纸张等遗落在会议现场。

2. 补正资料。经过会议讨论后，完善、纠正或增减的资料应补充、改正，重新整理发放给相关成员。

3. 发文（董事会决议及公告）。根据《公司法》对公司董事会的有关规定，董事会的决议应当包含以下内容。

①会议基本情况：会议时间、地点、会议性质。

②会议通知情况及董事到会情况：会议通知的时间、方式；董事实际到会情况。

③会议主持情况：应当由董事长主持，董事长因特殊情况不能履行职务时，由董事长指定的副董事长或其他董事主持（应附董事长因故不能履行职务指定副董事长或董事主持的委派书）。

④议案表决情况：董事会的具体表决结果为持赞同意见的董事数占董事总数的比例。董事会会议必须经全体董事的半数以上通过。

⑤签署：董事会决议，由到会董事签字。

4. 总结。解决了什么问题、讨论布置了什么问题、形成了什么决议、今后的发展方向等。

5. 归档。如会议通知、会议报告、会议纪要等会议有关材料整理成册，交档案部门管理。如果会议期间有重要的音像资料，也应一并交档案室保存。

* 知识拓展 *

股东大会

股东大会（Shareholders Meeting）是公司的最高权力机关，它由全体股东组成，对公司重大事项进行决策，有权选任和解除董事，并对公司的经营管理有广泛的决定权。股东大会既是一种定期或临时举行的由全体股东出席的会议，又是一种非常设的由全体股东所组成的公司制企业的最高权力机关。它是股东作为企业财产的所有者，对企业行使财产管理权的组织。企业一切重大的人事任免和重大的经营决策一般都得经股东大会认可和批准方才有效。

（一）股东大会的类型

1. 法定大会

凡是公开招股的股份公司，从它开始营业之日算起，一般规定在最短不少于一个月、最长不超过三个月的时期内举行一次公司全体股东大会。会议主要任务是审查公司董事在开会之前 14 天向公司各股东提出的法定报告。目的在于能让所有股东了解和掌握公司的全部概况以及进行重要业务是否具有牢固的基础。

2. 年会

股东大会定期会议又称为股东大会年会，一般每年召开一次，通常是在每一会计年度终结的 6 个月内召开。由于股东大会定期大会的召开大都为法律的强制，因此世界各国一般不对该会议的召集条件做出具体规定。年会内容包括选举董事、变更公司章程、宣布股息、讨论增加或者减少公司资本、审查董事会提出的营业报告等。

3. 临时大会

临时大会讨论临时的紧迫问题。除了上述三种大会外，还有特种股东会议。股东大会临时会议通常是由于发生了涉及公司及股东利益的重大事项，无法等到股东大会年会召开而临时召集的股东会议。关于临时股东大会的召集条件，世界主要国家大致有三种立法体例：列举式、抽象式和结合式。

我国采取的是列举式，《公司法》第 101 条规定，有以下情形之一的，应当在两个月内召开股东会：

（1）董事人数不足本法规定人数或者公司章程所定人数的 2/3 时。

（2）公司未弥补的亏损达实收股本总额的 1/3 时。

（3）单独或者合计持有公司 10/100 以上股份的股东请求时。

（4）董事会认为必要时。

（5）监事会提议召开时。

（6）公司章程规定的其他情形。

（二）股东大会的基本内容

1. 议案的提出和审议。

2. 表决（略）。

（三）股东会议的组织

1. 会议记录。

2. 股东会决议。

（资料来源：http：//baike. baidu. com/link？url＝HXpYenD8CQCwpDIOf xXTYaA9w92fK－0ydS0hb5xRsqk2PBxM16r6 0DrMUWapVjrJF＿ OyLn175pcqva2 p8XTqKq，有改动。）

技能训练

1. 模拟练习

某公司 A 是 H 国著名的金融公司，由于 H 国最近提高了税率，因此 A 公司每年今后要支付比以往更多的税金，A 公司顶层决定迁址，离开 H 国，前往税收相对较低的地区或国家，A 公司拟召开董事会，商议迁址事宜。

训练内容如下。

（1）会前讨论：召开董事会议前，要做哪些准备工作？

（2）会中商议：董事会议中，要做好哪些服务工作？

（3）会后总结：如何总结董事会议？会后主要工作有哪些？

训练要求：以班级为单位，全体班级成员参加，分别饰演董事会成员，模拟召开董事会。

2. 案例分析

甲公司和乙公司都是实力雄厚的大公司，为了进一步增强市场竞争力，获得更大的经济效益，两公司决定合并，以达到优势互补，优化资源配置，降低生产成本，提高劳动生产率，促进先进技术的研究和开发，扩大市场占有额等目的。甲公司接到合并动议后拟召开董事会，共商合并事宜。

分析并讨论：

（1）甲公司拟召开的董事会属于何种类型？

（2）如何开好董事会？

任务测试

1. 何谓董事会议？董事会议有哪些种类？

2. 筹办董事会议，要做好哪些工作？

教学评价

1. 通过本任务的学习和训练，你是否达到学习目标？请学生、老师进行客观评价。

2. 学生反思自己在训练中的表现，请对自己的收获、不足、改进措施展开思考。

3. 师生从教学方法、教学技能、教学媒体三个维度共同对本任务的课堂教学进行分析与评价。

内　容		评　价		
学习目标	评价项目	个人评价	小组评价	教师评价
专业知识	董事会会议的含义	Yes/No	Yes/No	Yes/No
	董事会会议的类型	Yes/No	Yes/No	Yes/No
	董事会会议的基本环节	Yes/No	Yes/No	Yes/No
专业能力	能对董事会会议的内容、流程展开分析	Yes/No	Yes/No	Yes/No
	能根据董事会会议的流程办会	Yes/No	Yes/No	Yes/No

学生完成任务后的反思：

师生课堂教学评价：

第五节　企业培训会议

学习目标

◆ 理解企业培训会议的含义

◆ 熟悉企业培训会议的方法

◆ 掌握企业培训会议的步骤

◆ 能按照专题会议的具体要求，组织召开企业培训会议

任务描述

新年伊始，甲企业为了发展的需要，注入了新鲜血液，招进了一批新人进入企业，为了让新员工尽快步入正轨，企业决定对这些人员进行培训，以使其从局外人转变成为企业人，让个体成员融入团体，使他们逐渐熟悉、适应组织环境并开始初步规划自己的职业生涯、定位自己的角色、发挥自己的才能。秘书杨××被指派全权负责此事。

任务分析

公司对新人的培训旨在增强员工对企业的归属感和主人翁责任感，促进企业与员工、管理层与员工层的双向沟通，增强企业的向心力和凝聚力，培养企业的后备力量，塑造优秀的企业文化。

杨秘书准备好了各种培训资料，包括企业和部门的组织结构、经营目标、策略、制度等。开出了聘请专家、行家里手的名单，安排了教学、后勤等人员，联系了会场、会议厅等。

知识准备

一　企业培训会议的内涵

企业培训会议是指在一定时期、一定范围内，为了对从事某一行业的某些专业人员进行新技能、新技术、新知识等方面培训而召开的会议。企业培训会议旨在培养和训练员工，通常由企业内部或者行业部门举办，重在传授知识技能。

＊知识链接＊

召开新进员工的培训会的目的

为新员工提供正确的、相关的公司及工作岗位信息，鼓励新员工的士气；让新员工了解公司所能提供给他的相关工作情况及公司对他的期望；让新员工了解公司历史、政策、企业文化，提供讨论的平台；减少

新员工初进公司时的紧张情绪，使其更快适应公司；让新员工感受到公司对他的欢迎，让新员工体会到归属感；使新员工明白自己工作的职责、加强同事之间的关系；培训新员工解决问题的能力及提供寻求帮助的方法。

员工培训目的有以下几种。

1. 降低员工流失率。

2. 让员工适应工作。

3. 展现清晰的职位及组织对个人的期望。

4. 帮助新员工更快地胜任本职工作。

5. 增强企业的稳定程度。

6. 减少员工抱怨。

7. 融入企业文化。

（资料来源：https：//wenda.so.com/q/1533115561214319。）

二　企业培训会议的方法

（一）讲授法

传统的培训方式，优点是运用起来方便，便于培训者控制整个过程，缺点是单向信息传递，反馈效果差，常被用于一些理念性知识的培训。

（二）视听技术法

通过现代视听技术（如投影仪、DVD、录像机等工具），对员工进行培训。优点是运用视觉与听觉的感知方式，直观鲜明。但学员的反馈与实践较差，且制作和购买的成本高，内容易过时。它多用于企业概况、传授技能等培训内容，也可用于概念性知识的培训。

（三）讨论法

按照费用与操作的复杂程度又可分成一般小组讨论与研讨会两种方式。研讨会多以专题演讲为主，中途或会后允许学员与演讲者进行交流沟通。优点是信息可以多向传递，与讲授法相比反馈效果较好，但费用较高。而小组讨论的特点是信息交流的方式为多向传递，学员的参与性高，费用较低。多用于巩固知识，训练学员分析、解决问题的能力与人际交往的能力，但运用时对培训教师的要求较高。

（四）案例研讨法

通过向培训对象提供相关的背景资料，让其寻找合适的解决方法。这一方式使用费用低，反馈效果好，可以有效训练学员分析解决问题的能力。另外，培训研究表明，案例、讨论的方式也可用于知识类的培训，且效果更佳。

（五）角色扮演法

受训者在培训教师设计的工作情境中扮演其中角色，其他学员与培训教师在学员表演后做适当的点评。由于信息传递多向化，反馈效果好、实践性强、费用低，多用于人际关系能力的训练。

（六）自学法

适合于一般理念性知识的学习，由于成人学习具有偏重经验与理解的特性，让具有一定学习能力与自觉性的学员自学是既经济又实用的方法，但此方法也存在监督性差的缺陷。

（七）互动小组法

也称敏感训练法，此法主要适用于管理人员的实践训练与沟通训练。让学员在培训活动中亲身体验来提高他们处理人际关系的能力。其优点是可明显提高人际关系与沟通的能力，但其效果在很大程度上依赖于培训教师的水平。

（八）网络培训法

新型的计算机网络信息培训方式，投入较大，使用灵活，符合分散式学习，节省学员集中培训的时间与费用。这种方式信息量大，新知识、新观念传递优势明显，更适合成人学习。因此，特别为实力雄厚的企业所青睐，也是培训发展的一个必然趋势。

（九）个别指导法

也叫"师傅带徒弟""学徒工制"，是由一个在年龄上或经验上资深的员工，来支持一位资浅者进行个人发展或生涯发展的方法。师傅的角色包含了教练、顾问以及支持者。身为教练，会帮助资浅者发展其技能，身为顾问，会提供支持并帮助他们建立自信；身为支持者，会以保护者的身份积极介入各项事务，让资浅者得到更重要的任务，或帮助他们升迁、加薪。

（十）场景还原法

新型的员工培训方法，它的主要方式就是让新员工有一个途径从项目、任务、客户、同事等多个维度来了解事情发生的前因后果和上下文，而这个途径就是"活动流"。

＊ 知识链接 ＊

图6-5 培训过程指导

在员工的培训中，过程指导尤为重要。很多管理者在培训员工的过程中，通常也会有"过程指导"的内容，但大部分员工经过"过程指导"后仍是一知半解，达不到管理者的要求，主要原因是培训者（师傅）没有完全掌握过程指导的技巧。

过程指导有五个关键要素为：①样板；②协同；③观察；④纠正；⑤强化。

样板即根据各项标准要求所做出来的模板，是员工日常工作的参照物。

协同即带领、陪同员工完成各项工作。

观察即通过对员工工作的全过程进行观察，以了解员工工作中的优缺点。

纠正即根据观察被培训者工作的结果，指出做得好的和做得不足的地方，然后对做得不足的地方进行纠正。

强化即按照样板标准坚持做下去，最终形成习惯。

（资料来源：百度百科，http：//baike.baidu.com/link？url，有改动。）

三 企业培训会议的组织流程

（一）会前准备

1. 培训目的

企业培训应当有明确的针对性，从实际工作的需要出发与职位特点紧密结合，与培训对象的年龄、知识结构、能力结构、思想状况紧密结合。

2. 培训资料

包括培训期间有关人员的讲话稿、培训指南、培训内容、培训时间地点、培训日程、师资特色、场地、食宿安排、作息时间、注事项等内容。

根据培训的内容，提前编发有关会议资料如培训所需书籍、设备、会员证、餐券等。

3. 培训人员

根据培训的内容确定培训人员，收集、统计参会人员，将参会人员有关信息整理造册。

4. 出席嘉宾

提前预约出席嘉宾，确保其出席培训会议，提升培训会议质量和加重培训会议砝码。

5. 培训教师

根据企业培养人才的要求，聘请业内资深教师。

6. 培训事宜

布置培训场地，培训会议对场地的要求相对较高——除了一般的封闭式会场外，应该还有各类拓展训练设施或者场地，可能的话还应该有高品质的休闲放松场地。另外，还应检查场地设备、设施到位情况。

7. 食宿及其他

按参会人员的数量预订住宿，按参会人员的不同要求，制定不同的住宿标准供参会人员选择。确定用餐标准、就餐方式。

8. 会议通知

明确会议的主办方、承办方、会议的名称、时间、地点、内容等。

9. 会议用车

视培训规模，安排好会议用车，包括接待用车和会议场地转换用车、参观用车等。

10. 会议及指示标志

在一定区域范围悬挂会议指示牌，会场外悬挂"欢迎参加××培训会议"横幅、会场内悬挂培训会议标志。

＊知识链接＊

新进人员培训流程

一、就职前培训

到职前：

（1）致新员工欢迎信。

（2）准备好新员工办公场所、办公用品、部门内训资料。

（3）为新员工布置第一项工作任务。

二、部门岗位培训

到职后第1天：

（1）到人力资源部报到，进行新员工须知培训。

（2）到部门报到，经理代表全体部门员工欢迎新员工到来。

（3）介绍新员工认识本部门员工。

（4）部门结构与功能介绍、部门内的特殊规定。

（5）新员工工作描述、职责要求。

（6）讨论新员工的第一项工作任务。

（7）派老员工陪新员工到公司餐厅吃第一顿午餐。

到职后第5天：

（1）一周内，部门经理与新员工进行非正式谈话，重申工作职责，谈论工作中出现的问题，回答新员工的提问。

（2）对新员工一周的表现做出评估，并确定一些短期的绩效目标。

（3）设定下次绩效考核的时间。

到职后第 30 天：

部门经理与新员工面谈，讨论试用期一个月来的表现，填写评价表。

到职后第 90 天：

人力资源部经理与部门经理一起讨论新员工表现，是否合适在职岗位，填写试用期考核表，并与新员工就试用期考核表现谈话，告知新员工公司绩效考核要求与体系。

三、公司整体培训

（1）公司历史与愿景、公司组织架构、主要业务。

（2）公司政策与福利、公司相关程序、绩效考核。

（3）公司各部门功能介绍、公司培训计划与程序。

（4）公司整体培训资料的发放，回答新员工提出的问题。

（资料来源：https：//www.360kuai.com/pc/96550a17f71e7685d？cota＝4&kuai_ so＝1&tj_ url＝so_ rec&sign＝360_ 57c3bbd1&refer_ scene＝so_ 1，有改动。）

（二）会间服务

1. 报到

（1）报到名册。根据会议回执情况将参会人员信息造册、打印，名册信息具体翔实。

（2）接待。工作人员要提前到达报到地点，提前准备好相关资料并装袋（资料袋数量既要留有余地，又要避免浪费），待人员报到后统一发放。

（3）接站。按人员到达的不同方式，派遣不同人员接机、接站、接车。

（4）发放培训资料。培训资料主要包括培训人员名册、培训流程、培训指南、培训证等，其他资料如学习资料袋、餐券。

（5）其他。提前准备好收费票据和其他临时票据。

2. 会议期间培训具体工作

（1）发放培训会议程表。议程表要发送到每位与会者。

（2）举办培训会开班典礼。除做好开班典礼的各项服务工作，如主席台的布置、迎宾、安排领导座次等，还要做好典礼资料搜集、整理、保存工作，包括各种讲话稿的收存、照相、摄像、留影等。

（3）培训工作。做好有关培训教学的各种沟通、协调工作，诸如上课地点方式、所需教学器材和设备等，所有设施设备都应提前调试，确保正常使用。

培训期间要做好培训管理工作，以保证培训工作的正常进行。培训期间要制定有关学习制度和考核制度，以确保培训工作的有效性。培训宜采取班级制，妥当安排班主任、建立班委，对学员进行分组。

培训全过程要注意资料的收集、整理，培训人员名单、培训课程、培训成绩、培训证、学员对培训的反馈意见（包括对培训内容、授课效果、培训管理、住宿、膳食等方面建议）、学员通讯录等都要整理、备案，培训全程还要注意照相、摄像，并将这些影像资料留存。

做好培训教学的其他后勤保障工作，如餐饮服务、医疗服务、安全保卫服务等。

（4）结业典礼。做好会场布置、领导及学员代表讲话、发放培训结业证等工作。

（三）会后服务

会后服务包括清理会场、送站、资料归整等。

（1）清理会场。

（2）送站。根据订票情况，稳妥安排好送站工作。

（3）资料归整。编发培训简报或撰写培训总结、培训纪要，将培训所有资料整理、归档，包括培训会议通知、领导讲话稿、培训总结、培训纪要等。

（4）结算费用。及时与学员结清会议产生的各种费用。

（5）总结。总结培训会的组织与服务工作，以便将来更好地组织类似会议。

* **案例链接** *

大通曼哈顿银行如何培训员工

背景资料

（1）培训是一种投资

大通曼哈顿银行重视培训、重视人才的主要表现形式是在对教育费用的重金投入上。因为这是一种投资，可以带来长期稳定的巨大收益。对这一点，几乎所有的美国商业银行都有共识，大通曼哈顿银行在此做得更加突出一些。它们平均每年对教育经费的支出就达5000万美元。而且，如果在银行工作满半年以后，还可直接申请入学，由银行提供全部费用。重金的投入加快了人才培训的步伐，也间接地加速了大通曼哈顿银行内部素质的提高。

银行内部素质的明显提高，使得大通曼哈顿银行在资金的投入上更加增大，就去年来说又增设了几个培训项目，资金又增加了2000万美元。大通曼哈顿老总裁曾说过：企业的实力是一定要让人才队伍超前于事业发展，才能更快地适应国际金融市场并得以发展。大通曼哈顿银行设置专门培训机构和专职人员，他们的人事管理部门下属的1~5个培训处都有足够的人员抓培训工作，大通曼哈顿银行的职员培训部门由83个有经验的培训管理人员组成。

他们的主要任务，一是为领导提供员工教育的有关信息，如本年度培养的具体人员和对其培训的基本项目，及其培训的结果，他们尤为重视对各学员心理素质的培训，每个学员都要在培训部门所设的各种各样的困境中，战胜并超越自我，最后才能真正占有一席之地；二是负责银行领导与员工之间的信息交流，培训部定期让员工与银行领导会面，把自己心理上的想法和愿望反馈给银行领导，这样直接地沟通了员工与领导之间的关系，并缩短了他们之间的距离，为日后工作的开展起到很重要的作用；三是根据银行领导或董事会的要求，组织员工撰写个人年度培训计划；四是组织落实各种培训工作，如他们的职工教育技能培训可分月进行，趣味性的培训每周两次。

认真执行年度培训计划是大通曼哈顿银行每年必做的一项工作，银行要求全体员工每年要搞一个自我培训计划，并做到切实可行。如某员工在自我培训计划中这样写道：1~2月，对银行内部的基本环境和结构做一次调查。2~3月，对自身不足之处和对银行的不满之处做一个系统的总结。3~7月，主要对自己不足之处加以改善。7~12月，对银行的不足之处提出更好的建议。大通曼哈顿银行的培训计划，是在员工提出的新一年培训计划基础上，由总行制定，再由员工选择，如微机、写作、银行新业务等。然后，交员工所在部门审核并报上级部门。最后，由培训主管部门汇总、实施。

（2）培训与晋级、提升、奖金紧密结合

大通曼哈顿银行把培训与晋级、提升、奖金紧密结合。使用这种办法极大地调动了员工主动参加培训的积极性。在大通曼哈顿银行搞了一个员工鉴定表，每人每年都要填写一次，其中是否参加培训是重要一栏，这栏的好坏关系将来提资晋职的机会，在这方面大通曼哈顿银行的员工深有体会。

大通曼哈顿银行还把培训与奖惩政策结合。在银行规定表上有这么一条："凡无正当理由且多次拒绝参加培训者，银行予以解雇"，以此来推动全体员工参加培训的积极性。

一位哲人说过，压力会使强者振奋，会使弱者消沉。大通曼哈顿银行的员工和领导无疑是属于前者。压力使银行的形象得到改变，赢得了储户的信任。压力也使他们的培训工作取得了突破。他们在员工教育上侧重经营能力的培训也是出于一种压力。美国政府对银行的管制很多，比如银行拒绝贷款或存款都要向客户说明原因，因此，银行时常针对政府新出台的一些政策和法规相应地搞一些备忘录，同时召开分行业务主管参加总行负责人主持的专题研讨会，以提高员工的政策水平和经营能力。

大通曼哈顿银行要求技术性较强的工作岗位人员要具备大学以上学历。为此，有些员工积极申请参加学历或学位培训。银行负责支付全部费用，学习人员的工资照发。但规定，只能业余时间学习。建立这种"资助自我开发"制度，企业自然增加了部分开支，但从长远看至少有两大好处：一是公司规模扩大时职工可以内部流动，尽快投入较大的工作空间；二是在公司进行技术调整时下岗职工可以增加谋职机会。银行要求职工加强道德修养，鼓励职工在离开银行后继续成为对社会有益的人，并把类似的培训看作是企业对社会的一种回馈。

（3）到国外培训夫妻同行

大通曼哈顿银行的分支机构遍布世界各地，员工有 8 万多人。去年，他们把在国外招来的新雇员调回国内进行 2 年岗前培训，并在会计、信贷等 4 个主要业务部实习半年，然后再派到其所在国家工作，这种做法受到银行领导的赏识，也受到这些新雇员的欢迎。一个企业不能故步自封，必须学习他人的长处，吸收外国的新知识更为重要。所以，大通曼哈顿银行的本地员工工作期满 6 年者就可前往国外分支机构考察。大通曼哈顿银行的老总们非常相信"百闻不如一见"这句话，他们说，让员工在国外住上一段时间，获得宝贵经验，自然而然就产生了国际性构想。职工有这样的构想，对企业将大有裨益。除此之外，本部每年又选派业绩较好的七八个分支机构的老板，前往日本东京的三菱和住友银行实习两个月，这个制度也广受员工好评。

大通曼哈顿银行为培养国际性的从业人员，每隔一两年，银行便派几名员工去日本实习，虽然志愿前往日本实习的员工很多，但银行培训部绝不会批准一人独行，必须夫妻同行。银行培训部的理由是夫妻同行，一起学日文，以后回国内夫妻经常以日语交谈，那么所学的就不会忘记，反之只有丈夫一人学会日语，回国后找不到交谈对象，一番心血便白费了。银行进一步的计划是在荷兰以及世界各地普遍进行实际交流，这样一来可派员工到世界各地趁机学习一下法语、德语、西班牙语，那么无论哪一国的顾客，都能享受到大通曼哈顿银行宾至如归的服务。

（4）培训动力在于员工有使命感

通常使学员培训处的专家们最头痛的事情，莫过于如何提高员工的学习积极性，而在大通曼哈顿的银行培训处，这种事却被认为是很简单的。大通曼哈顿的银行培训专家们认为，只需让员工有使命感自然会充满干劲。办法是平常教导学员，怎么做才能对企业对国家有所贡献。培训处的学员有了前进的方向和目标，就会竭尽全力工作，企业也不愁培养不出人才了，翻开世界历史便可知道，一项工作如果对社会大众没有什么帮助，往往很难获得成功。另外，大通曼哈顿银行的培训组织让员工渴望通过自己的学习、工作，表达他们贡献社会的心愿，使单纯地为日后高薪收入而努力，更增加了一份责任感。

同时，银行如果发现所属员工做了好事，不管事情大小，一定要表扬。大家都听过赏罚分明这句话，不过要确实做到，并不简单。银行要求自己非做到不可，大通曼哈顿银行从不会吝啬对员工的鼓励。银行老总认为在众人面前表扬做好事的职工，非常重要，即使微不足道的小事，也要表扬，让对方产生成就感与价值感。表扬不一定要采取发给奖金的方式，例如除了表扬之外，再招待职工到国外旅行，从效果上来看，仍然很划算，一般人往往以金钱来衡量一切事物，其实金钱绝非万能，适当的赞扬反而有提高士气的效果。

大通曼哈顿银行久盛不衰，其主要原因就是从最基层抓起，从员工的培训选拔上抓起。

（资料来源：新浪，http://blog.sina.com.cn/s/blog_ 63f416c80102ea0q.html。）

技能训练

分析讨论

（1）有人说，"若要企业跑得快，全靠企业传帮带"，你赞同此种说法吗？为什么？

（2）很多中小企业里的培训专员说自己没有施展的空间，看着那些大企业每天不停地进行培训，而自己却近乎无事可做。还有的专员认为小企业不需要培训。你认为这些培训专员的想法正确吗？

（3）在培训方式上，即便没有足够的培训预算，也能够"花小钱，办大事"。例如转训、OJT和公开班、同业交流等，都可以起到很好的效果。①转训是效果较好的方式之一，由经验丰富、能力突出、学习能力强的员工参加培训，然后将所学内容转训给其他员工，这种方式可以将内容传递下去。②OJT 则是由老员工对新员工、主管对下级的一种在工作中进行辅导的培训方式，这种方式在一些大型企业中也是存在的，但中小企业无疑更有优势，因为中小企业在组织结构和人员配备上更为精简，培训起来效果更高。③公开班也是一种费用较为低廉但效果不错的培训方式，只是在课程的选择上要慎重，课程要有实际内容，才能取得良好的收益。④同业交流则是另外一种比较容易被忽视的方式，虽然这种交流不能和培训在直接意义上挂钩，但仍然是学习的一个很好的手段。你认为上述培训方法可行吗？根据自己所掌握的资料，说说培训的方法还有哪些？

任务测试

1. 什么是企业培训会议？

2. 培训的组织与服务工作主要应做好哪些方面？

3. 列表比较 5~6 种企业常用培训方法的优劣。

培训名称	优点	不足	其他

教学评价

1. 通过本任务的学习和训练，你是否达到学习目标？请学生、老师进行客观评价。

2. 学生反思自己在训练中的表现，请对自己的收获、不足、改进措施展开思考。

3. 师生从教学方法、教学技能、教学媒体三个维度共同对本任务的课堂教学进行分析与评价。

内 容		评 价		
学习目标	评价项目	个人评价	小组评价	教师评价
专业知识	企业培训会议的含义	Yes/No	Yes/No	Yes/No
	企业培训会议的方法	Yes/No	Yes/No	Yes/No
专业能力	能分析某种企业培训会议的步骤	Yes/No	Yes/No	Yes/No
	能根据企业培训会议的步骤筹办企业培训会议	Yes/No	Yes/No	Yes/No

学生完成任务后的反思：

师生课堂教学评价：

第六节　会展

学习目标

◆ 理解会展的含义

◆ 熟悉会展的类型

◆ 能区分不同类型的会展

◆ 能根据会展流程筹办会展

任务描述

××会展公司经常举办各种大型会展活动，形成了规模化会展业体系。该公司经常和高校建立合作关系，安排高校学生到公司服务，诸如顶岗实习等，通过会展锻炼，吸纳表现良好的学生作为其旗下员工。近期，该公司拟开展会展活动，以扩大影响和交流，王刚顶岗实习到该公司，他被安排参加会展工作。王刚很珍惜这次机会，他从思想、行动各方面高度重视，准备积极应对工作，尽早进入工作情况。

任务分析

会展作为一个新兴的产业备受关注，作为一个参加学习会展的学生，王刚应主动掌握公司的情况，查找、了解有关会展的各方面材料，虚心向领导、同事学习请教，对会展业有更深的了解与认识，知晓会展是会议、展览会、节事活动和各类产业/行业相关展览的综合，做好会展工作需拟定预算方案、确定会展形式及内容、合理制定日程、配备好相关服务人员、确定好场地等。王刚还应做好领导、前辈、同事交办的每一件事，吃苦耐劳、努力锤炼，通过会展工作奠定人生基石。

知识准备

一　会展的概念

会展是指在一定地域空间，许多人聚集在一起形成的、定期或不定期、制度或非制度的传递和交流信息的群众性社会活动，是会议、展览（Exhibition，Trade Show，Exposition，Trade Fair 或 Trade Events 等）、大型活动等集体性的商业或非商业活动的简称。

会展概念的内涵是指围绕特定主题集合多人在特定时空的集聚交流活动，外延包括各种类型的博览会、展销活动、大中小型会议、文化活动、节庆活动等。

会展有广义和狭义之分，广义的会展是会议、展览会、节事活动和各类产业/行业相关展览的统称，狭义的会展仅指展览会和会议。

会展的基本形式有会议、展览会、博览会、交易会、展销会、展示会等。

会展产业是指由会展相关服务企业、机构、部门形成的产业体系。会展不仅能带来巨大的经济效益，更重要的是还能带来巨大的社会效益。因此，受到很多地区和城市的重视。

我国会展产业链已经相当完善并且高速发展，全国各地都在不断举行各种类型的世界博览会，这些博览会是会展最典型的活动。

二　会展的种类

展览会即为一种展示，无论名称如何，其宗旨皆在于教育公众。它可以展示人类为满足文明需要所运用的手段，或显示人类在某一或多个领域中历经奋斗所取得的成就，或展现未来前景。

（一）按会展项目的性质划分，分为贸易类和消费类会展

（1）贸易类会展：是指为产业及制造业、商业等行业举办的展览活动，参展商和参观者主体都是商人，参展商可以是行业内的制造商、贸易商、批发商、经销商、代理商等相关单位，参观者主要是经过筛选邀请来的采购商，一般的观众被排除在外，展览的最终目的是达成交易。

（2）消费类会展：是指为社会大众举办的展览活动，这类会展项目多具有地方性质，展出内容以消费品为主，通过大众媒介如电视、电台、报刊、网络等吸引观众。观众主要是消费者，消费者需要购买门票入场，这类项目非常重视观众的数量。

（二）按会展项目内容划分，分为综合类和专业类会展

（1）综合类会展：是指包括全行业或数个行业的展览会，也被称作横向性展览会，如重工业展、轻工业展。

（2）专业类会展：是指展示某一行业甚至某一项产品的展览会，如钟表展。

（三）按展览规模划分，有国际、国内、地区、地方展，以及单个公司的独家展等

（1）国际展览会：是指有不止一个国家参加的展览会。展期一般不短于3周，不超过3个月，拥有明确的主题，总面积不超过25公顷，国外参展商比例在20%以上，国外观众比例在4%以上。

（2）国内展览会：是指本国成员参加的展览会。国内展览会又分为全国性展览会和区域性展览会。

（四）按展览时间划分，分为定期和不定期两种

（1）定期展览会：定期的有一年四次、一年两次、一年一次、两年一次等。

（2）不定期展览会：一般视需要和条件举办，分长期和短期，长期展可以是三个月、半年甚至常设，短期展一般不超过一个月。在发达国家，专业贸易展览会一般是三天。

（五）按展览场地划分，分为室内场馆、室外场馆以及巡回展会

（1）室内场馆：多用于展示常规展品的展览会，如纺织展、电子展。

（2）室外场馆：多用于展示超大超重展品的展览会，如航空展、矿山设备展。

（3）巡回展会：在几个地方轮流举办的展览会被称作巡回展。

* *知识拓展* *

形形色色的展览会

（1）综合展览会。这类展览会一般规模都相当大，往往按行业划分展区并视规模设国际展厅供外国展出者使用。如莱比锡博览会。

（2）贸易展览会。贸易展览会的优势是观众对口，推销成本低，宣传影响大，接近市场等。贸易展览会的成功需要明确的举办目的，有效的计划和科学的管理。

（3）消费展览会。展览会通过大众媒体比如电视、电台、新闻报刊吸引观众。

（4）地方展览会。地方展览会为中小企业提供与潜在客户进行直接接触以及与大企业进行公平竞争的机会。

（5）农业展览会。农业展览会展出的内容有种子、牲畜、手工制品（比如草提篮）、化肥、农业机械、农业环境、农业技术等。

（6）经济活动展览会。内容包括保险、银行、金融、租赁、投资等，也就是第三产业的展览会。

（7）独家展览会。除了陈列产品之外，常设展厅里还安排操作、测试，展示公司历史、发展前景、重大成就等内容。

（8）流动展览会。流动展览会经常使用飞机、轮船、火车、卡车、拖车、组合房屋等作为展馆，在不同地点、不同时间展出相同内容。如香港海上展览国际有限公司使用一艘豪华邮轮于××××年组织了一次时间长达 151 天的海上展览会，该展停靠了地中海沿岸的 11 个国家的 15 个港口。

（资料来源：道客巴巴，http://www.doc88.com/p-6951153672971.htm，有改动。）

三　会展的组织流程

（一）前期准备

1. 确定目的。请有关人员对会展所带来的经济效益、社会效益进行分析、估算等。

2. 准备材料。①会展期间要散发的各种宣传材料等；②准备搭建展厅的各种材料。

3. 展前宣传。主要效果是扩大企业在行业中的知名度。

4. 落实人员。从会展设计、施工及展厅摆设等人员都要落实到位。

5. 落实来宾。预约出席的来宾，确保其出席会展。

6. 聘任专家。聘请会展资深专家莅临会展。

7. 其他。做好会展期间一系列工作。包括：会场的布置，会标，灯光，多媒体，电源，桌椅，茶杯，广告牌和各个服务的安排都要落实到位。确定酒店房间的数量和类型，需要摆放的水果、点心和其他卫生及特殊的安保工作。提前检查菜单、餐厅卫生、桌椅数量和摆设。提前调整宣传设备的摆放和位置，会议期间的摄影设备和摄影人员的搭配要及时到位。加强楼层和门卫等处的检查。在大厅、楼层、餐厅、会议室和电梯标示箭头和安全出口。

8. 发出通知。通知的拟定要明确，如会展会议的主办方、承办方，会议的名称、时间、地点、内容、规模等。

9. 准备用车。根据会展规模，安排好用车，包括接待用车和场地转换用车、参观用车等。

10. 制作标识。在一定区域范围悬挂会展指示牌。

（二）会展服务

会展服务是决定企业参展成败的决定因素，主要包括展位的选择、展台布置、展品的选择及其展示方式的设计、展台人员的配备、洽谈环境以及展会期间的相关活动等。

1. 展位的选择。要考虑公司产品特点、技术特点、市场定位、展览期间的活动安排等。展位要充分表现企业文化、宣传品牌理念，树立企业整体形象。

2. 展台布置。要有个性、有视觉冲击力，展台设计要能反映企业形象，吸引观众的注意力。

3. 展品的选择。要选择能体现自身产品优势的展品，有针对性、代表性、独特性。

4. 展示方式的设计。展品要配以图表、资料、照片、模型、道具、模特或讲解员等真人实物，借助装饰、布景、照明、视听设备等展示手段，加以说明、强调和渲染。

5. 展台人员的配备。选择有亲和力，相貌、声音、性格、能动性俱佳的人员。

＊案例链接＊

图 6-6 云南白药借力南博会展示新形象

第三届中国—南亚博览会暨第 23 届中国昆明进出口商品交易会于××××年××月××日在云南昆明举行。其间有来自 75 个国家和地区的 3179 家企业参展，客商超过 2 万人，累计外贸成交 251.9 亿美元，入场人数达 74 万人。云南著名企业云南白药，在这次南博会上成为品牌馆中一道亮丽的风景。云南白药从企业历史文化到系列产品进行全方位整体展示，同时配合检测体验、养生知识、个人护理知识讲解、茶艺表演等特色活动。

（1）形象展示。云南白药以其良好的品牌形象、丰富多样的产品以及特色推广活动，吸引了众多嘉宾、参展商、顾客走入云南白药展馆。

（2）产品推广。云南白药在展示公司整体形象、发展历程、品牌价值的同时，还分系列展示公司产品，包括：云南白药主系列药品、特色植物药、云南白药应急包、医疗器材等产品。

（3）体验参与。云南白药展馆全时段提供免费中医体质检测，吸引了大批市民前来免费体验。

（4）茶艺表演。（略）

（资料来源：搜狐，http：//www.gywb.cn/content/2015－07/08/content_3438343.htm，有改动。）

（三）后续工作

1. 致谢。致谢的主要对象有在会展策划中给予过帮助支持的人员和单位，参观展台的客户。

2. 展后宣传。开新闻发布会或者通过媒体发布新闻稿件是常见的展后宣传方式。

3. 发展巩固新老客户。更新巩固新老客户是展会后必要的工作。

4. 签订合同。与相关有合作意向的企业签订合同。这是举行会展的终极目的，标志着会展的结束和业务的开始。

* *知识拓展* *

会展经济

会展经济，指通过举办各种形式的会议和展览、展销，带来直接或间接经济效益和社会效益的一种经济现象和经济行为。会展经济一般被认为是高收入、高赢利的行业。据专家测算，国际上展览业的产业带动系数大约为1：9，即展览场馆的收入如果是1，相关的社会收入为9。会展经济可分为："政府推动型"（如德国和新加坡）、"市场主导型"（如法国、瑞士和香港）、"协会推动型"（如加拿大和澳大利亚）、"政府市场结合型"（如美国）四大模式。

会展经济从内容上可分为会议与展览两个基本组成部分，二者多融为一体，即国际性会议多以会议为主，但在会议同期举办一些商业展览活动；而国际性展览会虽以展览为主，但展出期间各种研讨会、专题会等也同时举行。会议因展览而增加了内容，有了直观效果；而展览因会议提升了档次，更显其专业性。会与展就这样相得益彰。在国外，会展业与旅游业、房地产业并称为世界"三大无烟产业"。

会展活动的作用如下。

（1）为宣传产品、打造国优品牌创造了机会，尤其对新产品上市作用更为明显。

（2）为生产者提供了广阔的市场空间，根据会展期间签订的合同组织，获得生产上的主动权。

（3）为需求方提供更大范围的选择权，看样选货，以质论价，降低了采购成本，提高了采购质量。

（4）加深了感情，沟通了信息，促进产品的升级换代，有利于企业管理水平的提高。

（5）最根本的作用在于创造了经济效益，企业创效，国家增收，从而推动经济发展和社会进步。

（资料来源：https：//baike. so. com/doc/6673231-6887075. html，有改动。）

技能训练

1. 分析讨论

（1）全班讨论分析：会展对促进经济的发展有何作用？

（2）分小组查阅资料，分析并列举出各种类型的会展经济带的作用。

2. 课堂讨论

全班参与，挑选部分学生介绍所掌握的会展，共同讨论并分析。

（1）这些会展属于何种类型？

（2）这些会展的实用性体现在哪里？

任务测试

1. 什么是会展？举办会展具体应做好哪些方面的工作？

2. 浏览中国的主要网站，对会展的类型、作用等进行归类。

3. 查阅网站和资料，列举出 3~5 个国内、国际有影响的会展的名称、来源、主题等。

教学评价

1. 通过本任务的学习和训练，你是否达到学习目标？请学生、老师进行客观评价。

2. 学生反思自己在训练中的表现，请对自己的收获、不足、改进措施展开思考。

3. 师生从教学方法、教学技能、教学媒体三个维度共同对本任务的课堂教学进行分析与评价。

内 容		评 价		
学习目标	评价项目	个人评价	小组评价	教师评价
专业知识	会展的含义	Yes/No	Yes/No	Yes/No
	会展的分类	Yes/No	Yes/No	Yes/No
	举办会展的基本环节	Yes/No	Yes/No	Yes/No
专业能力	能运用会展流程筹办小型会展	Yes/No	Yes/No	Yes/No
	能理解会展经济对经济的促进作用	Yes/No	Yes/No	Yes/No

学生完成任务后的反思：

师生课堂教学评价：

第七章
会议业现状与发展趋势

　　会议属于现代社会的高端服务业，是集经济社会乃至政治社会文明成果的交流、集聚、放射、扩大的特殊产业。会议业已经不是过去简单的商品买卖交易，它汇聚了巨大的信息流、技术流、商品流和人才流，是体现产品或技术市场占有率及盈利前景的晴雨表，不断地推动商品贸易、投资合作、服务贸易、高层论坛、技术和文化交流等各方面的发展与进步。

第一节　国内外会议现状

学习目标

- ◆ 掌握会议产业的含义与特征
- ◆ 熟悉我国会议市场状况
- ◆ 了解国际会议市场状况
- ◆ 能分析并领悟会议的社会功能与经济影响

任务描述

　　罗云在国内某著名家电集团公司办公室工作，公司决定参加2019年3月14~17日在上海举行的"中国家电博览会"，这是亚太地区最大的家电展。公司确定由办公室、市场营销部、产品开发部等部门共同策划、拟定计划，完成此项任务。罗云是第一次参与这样的重大活动，他感到既兴奋又紧张。

图 7-1　会议开幕式

任务分析

罗云作为公司秘书，要参与完成此项任务，他应知道"中国家电博览会"是会议业的一种形态（即会展），企业的运营和发展不仅需要开内部会议，还要经常参加各种外部会议、会展。会议业作为一种新兴产业，全球的各个国家都高度重视会议产业的建设与发展。对于会议业，尤其是国内、国际的会议市场基本状况，对秘书而言无疑是必须了解的。

知识准备

一　会议产业概述

（一）会议产业的含义

会议产业，是指以规模化、集中化、现代化的手段运作会议及相关活动的行业。会议产业属于第三产业，是一种新兴的产业形式，是市场经济发展到一定阶段的产物。会议以文化为其基本内涵，具有很强的带动性。会议产业不仅能创造巨大的直接经济效益，还可以带动上下游的相关产业，是一个集交通、住宿、餐饮、购物、旅游文化交流、区域形象推介、商品交易和投资项目洽谈为一体的高效益、无污染的"产业链"。

会议是人类的基本社会活动，历史悠久、种类很多，由于会议产业的统计较少，很难用数据直接说明会议产业的"蛋糕"到底有多大，因此会议市场通常可分为两大块：①盈利性会议；②非盈利性会议。有人认为政府的工作性会议、商务性会议、宣传教育会议等不盈利的行为不属于会议产业。事实上，只要造成消费和能拉动相关行业就形成了产业经济效能，从这个角度出发，可以把会议分为国际性会议、工作和商务性会议、市场化运作性会议三大类。

（二）会议产业的特征

1. 会议产业属于朝阳产业

会议产业属于第三产业，是一种新兴的产业形式，是市场经济发展到一定阶段的产物。市场经济使更多的个人和组织成为经营主体，如何推销自己及其产品和思想，并建立起广泛的商业关系成为十分紧迫的任务。会议作为面对面的双向沟通过程，通过某一主题吸引与之有关的各方参与其中，围绕主题共同探讨发展思路，交流经验和文化，传播信息，可以获得一般场合难得的收获。因此，会议产业会随着市场经济的发展而不断发展壮大。

2. 会议产业以文化为其基本内涵

会议产业就其本质而言是一个传递信息的枢纽，起着上传下达、科技推广、交流信息等作用。它的参与者不是行政指派，而是来自市场。吸引人们参加的唯一原因是会议的主题符合自己的需要。因此，以产业形式操作的会议，必须以重大的文化主题作为号召力，并邀请重要人物参加，使会议真正成为当前思想、信息、技术交流的前沿舞台。

3. 会议产业与旅游业密切相关

旅游是人类休闲的一种方式，但旅游与会议产业结合则体现了经济生活的需要。让参加会议者同时兼顾旅游，既是单位对员工的奖励，也是会议接待单位对客人的奖励。目前，会议与旅游结合形成的"国际会议旅游"发展迅速。而由于参会者来自全球各国的大企业，因此，会议旅游具有规模大、档次高、成本低、停留时间长、利润丰厚等特点，对所在城市的经济发展起着巨大的推动作用。

4. 会议产业具有带动性

会议产业的发展，可以拉动城市建设、完善城市功能，并扩大影响、提高知名度，同时促进社会就业、传播信息、扩大交流等，经济和社会效益十分明显。一个国家举办国际会议的多少，象征着该国家经济、政治、文化、科技等诸多方面的雄厚实力。同样，召开国际会议的多少也是衡量一个城市是否符合国际大都市的标志之一。正因为如此，当今世界上对国际会议举办权的竞争也日趋激烈，很多国家也形成了相应的会议产业，建有相应的会议旅行社、专业会展组织机构。

* **知识链接** *

2019 年 12 月 4~6 日，第十二届中国会议产业大会（CMIC2019）在北京雁栖湖国际会展中心如期举行。大会由北京市文化和旅游局、北京市怀柔区人民政府、中国会展经济研究会主办。秉承以往 CMIC 高质量、高要求、国际化、专业化的办会宗旨，大会组委会以精准的客需对接系统、完善的平台沟通机制及对行业趋势的专业把控为参会者带来了又一次的行业盛典。

与会者覆盖全产业链实现供需全面对接，几乎囊括了中国会奖产业链当中的所有重要机构：近 50 家政府机构；近 400 家专业会议公司（PCO）；约 450 家目的地管理公司（DMC）；超过 800 家全国性协会；500 家各种类型的企业；400 家会议酒店、会议会展中心等。会议期间设置了超过 20 余场活动，展览面积 3000 平方米，同期举办专场洽谈会 4 场，共有来自境内外会议与奖励旅游产业链的 2500 余人参会参展。

今年的 CMIC 以"探索·突破·创未来"为主题，旨在通过业界的交流与沟通，为中国会奖行业发展探索新思路、新策略、新产品与新体验，促进产业成链发展，引领行业创新变革，突破旧有的思维方式、运营策略、盈利模式及竞争手段，创造会奖行业的新未来。

（资料来源：第十二届中国会议产业大会，http：//www.hweelink.com/cmic2019/。）

二 中国会议市场现状

（一）概况

改革开放以后，我国的会议产业迎来了快速发展的新阶段。目前中国会议业已形成一定规模，出现了一大批会议城市。其中北京、上海和广州是三大会展城市主体，其他一些城市如杭州、成都、西安、深圳、厦门、武汉等发展也很快。在中国会议市场，公司会议占 65.1%，社团会议占 9.3%，政府会议和事业单位会议占 25.6%。商务会议是会议市场最主要的构成类型，社团会议是重点部分，我国与美国、英国会议构成相比较，这两个国家的政府会议占整体会议市场的比重较小。近年来，商务会议市场尤其是科技、媒体、通信等新兴热门行业，技术的更新升级和产品的推陈出新，都借助行业峰会、产品发布会、研讨会等形式进行对外发布、展示，积极实现企业与用户的最佳互动，这一市场规模的扩大对会议产业的进步及对会议企业的贡献都是不可替代的。

图 7-2　国家会议中心

根据立木信息咨询发布的《中国会议产业发展调研与投资前景研究报告（2018 版）》，目前我国每年举办会议高达几千万场，参加会议人数达上亿之多，会议带来的交通、餐饮、住宿等相关行业产值几千亿元，年均增长幅度在 20% 左右。会议平均消费在 15.86 万元。其中，住宿是三项消费中最高的，平均消费为 7.28 万元，占总消费额的 46%；餐饮消费排在第二，平均消费为 5.6 万元，占比 35.3%；会场消费最低，平均消费仅为 2.97 万元，占比 18.7%。统计显示，社团会议由于持续时间较长、会议规模较大和所用会议室种类较多，会议平均消费水平最高，达 19 万元。其次为政府会议和企业会议。事业单位会议的平均消费最低，仅为 10.8 万元。国际会议一直是业界最为感兴趣的一类会议，国际会议的会议平均消费为 42.2 万元，是国内会议消费的 3 倍。其中，住宿费、餐饮费、会场费各占 1/3。

随着我国旅游环境日益完善，许多跨国公司将企业年会放在我国举办，我国正在成为奖励旅游的首选目的地国家。会议产业的投资额也相应地增长。在中国会议市场，从会议的需求者看，有以公关、营销为目的办会的企业、公司，有以学术、思想和技术交流为目的办会的行业协会、社会团体等非营利组织，还有使用公共资金办会的中央和地方政府及其各个部门、教育团体、医疗卫生机构等。从会议服务的提供者看，有酒店、会议中心，属于国家或地方政府的会议设施；有具有一系列适合会议的基础设施、景点、配套服务的会议举办地；有提供设计策划、组织协调、交通、远程通信、翻译、设备租赁、演出娱乐、商务旅游代理、宴会、礼仪等一系列专业服务的公司。从参加者和组织者划分，会议的主要类型有公司类会议、协会类会议、其他组织类会议。

自 2012 年底，我国会议产业重新调整产业发展格局，产业链内各行各业都在这场变革中寻找新定位，开拓新市场，产业发展动力强劲。中国会议市场在震荡之中面临着诸多机遇与挑战，包括会议目的地、会议组织者、会议场所、会议与奖励旅游公司、技术设备等供应商都在重新定位，寻求发展突破口。会议目的地更加关注如何紧抓转型升级新机遇，全力打造国际会议目的地品牌；会议组织者们全力推行"新会风"，会议内容更加务实，会议形式更加新颖，会议策划与运营管理日趋专业化；而面对会议市场的重新布局，会议场所方则更加关注怎样捕获新市场，调整盈收模式，力主创新经营课题；为会议增光添彩的会议与奖励旅游公司则一直关注如何探索全新经营模式，努力提升客户价值；以及技术设备等供应商们关注如何挖掘更多业务机会、更多利润增长点等。

从中国的经济发展、社会环境和旅游业的紧密关联性来判断，我国会议产业也将处于发展的黄金期。根据 ICCA 公布的数据，从 2010 年至 2019 年，亚洲及大洋洲举办国际会议 27743 场，而中国共计举办会议 4635 场，占总数约 16.7%，这显示出中国是亚太地区最主要的国际会议目的地之一。中国（不含香港、澳门及台湾地区）仍然是举办国际会议最多的亚洲国家，2019 年举办 539 场国际会议，比 2018 年增加 37 场，增长 7.4%。2019 年，北京、香港与吉隆坡均举办 91 场国际会议，排在第 7~9 位，上海则以 87 场会议排在第 10 位。值得注意的是从 2010~2019 年的数据来看，北京共举办 1228 场国际会议，在亚太地区排在第 3 位，仅次于新加坡的 1543 场和首尔的 1343 场，而中国的另一座城市上海则以 847 场位列第 7，这样充分说明中国的会议城市在这 10 年中经历了快速的发展，并逐渐受到国际会议主办方的欢迎。

（二）成果与问题

总体而言，我国的会议产业虽然起步较晚，但近几年发展速度很快，取得的成绩也很显著。

其一，会议越来越受到各方面的重视，会议的专业性和品牌性不断增强，会议专业人员进一步增多。

其二，会议的规模、数量逐步增大。

其三，会议公司整体实力开始逐渐增强。

其四，许多新型的会议接待设施——会议中心、会展中心、会议酒店接连投入市场，有力地推动了我国会议产业向前发展。

其五，各地区纷纷将会议产业作为新的经济增长点来加以推动。

其六，绿色、环保、节能、低碳、生态等先进理念更多融入会议产业的各个方面。

尽管目前我国会议公司、会展中心的数目很大，但仍存在以下问题。

一是会议市场总体而言没有形成有影响的品牌规模，市场运作的专业化程度还不高，社会认知度也还很低。

二是会议组织管理、会议策划、会议服务的工作人员素质参差不齐，专业知识急需提高。

三是我国会议业管理不够规范，制度不够健全，缺乏明确的监管、规章、标准。会议业行政部门干预较多，会议业缺乏自己的协会组织。

四是会议产业建设重硬件轻软件，重视展览而忽视会议的功能与作用。

五是国际化的会议、会展少，世界上会议业发达的国家或地区，举办的大都是世界著名会议会展，如米兰国际博览会、巴黎博览会等。

六是会议在全国存在区域发展不平衡。

知识链接

钉钉用户数超 3 亿

截至 2020 年 3 月 31 日，钉钉的用户数超过 3 亿，超过 1500 万家企业组织全面开启数字新基建。5 月 17 日，钉钉举办 2020 年春夏新品发布会。

发布会上，堪称钉钉"迄今最大版本更新"的 5.1 版发布，新版名为"年宝玉则"。包含家校共育 2.0、F1 视频会议一体机、钉钉 Live 等软硬件系列产品。钉钉推出了集成无线投屏功能的 F1 视频会议一体机。按照钉钉的说法，"具备高清影音、即插即用、简单开会以及高性价比的特点，直接降低远程协同的成本，大幅提升异地会议的协同效率和参会体验"。钉钉还推出了与全球领先的 AR 眼镜创业公司 Nreal 联合打造的首款 AR 眼镜。这个 AR 眼镜的一大用处是参加视频会议。

升级后的钉钉 Live 首次支持百人同屏互动、多人连麦，音质大大提升。视频会议一体机+视频会议软件升级+用于参加视频会议的 AR 眼镜+百人同屏互动，钉钉成功盯上了视频会议的大蛋糕。

（资料来源：《钉钉用户数超 3 亿　1500 万企业组织全面开启数字新基建》，新浪网，https：//tech.sina.com.cn/2020－05－18/doc－iirczymk2283548.shtml。）

三　国际会议市场现状

（一）概况

相关统计显示，1963～2012 年全球共举办了 173432 场会议，从 1963～1967 年的 1795 场增加到 2008～2012 年的 54844 场，其数量以年均 10% 的速度指数增加。根据 ICCA 公布的最新统计数据说明，2019 年国际会议总量创新高。

在发达国家，一个国家举办国际会议的多少，象征着这个国家经济、政治、文化、科技等诸多方面的雄厚实力。从国际上的会议和会展关系看，欧洲提倡大会展小会议，国际会议联盟则认为是大会议小会展。总体来讲，不同的经济基础及经济发展水平导致会议会展业在全球的发展很不平衡。欧洲整体实力最强，北美洲位居第2，其次是大洋洲、亚洲、南美洲、非洲。

根据国际会展权威人士估算，国际展览业的产值约占全世界各国GDP总和的1%，如果加上相关行业从展览中的获益，展览业对全球经济的贡献则达到8%的水平。国际会议同样是一个巨大的市场，根据国际大会及会议协会（ICCA）统计，每年国际会议的产值约为2800亿美元。全世界规模性的国际会议约7万多个，国际展览超过8万个，二者总数超过15万个。按照1∶9~10的产业拉动系数计算，国际会展、会议产业为世界经济带来的增长总额超过3万亿美元。

进入21世纪以来，国际会议会展产业经过20世纪70~90年代快速发展，随着世界经济一体化的不断深入，逐渐走向成熟，许多国家和地区的经济对会议产业的依赖程度越来越高，信息技术的融入致使会议产业的全球化程度加深，朝着"国际化、资本化、产业化"方向发展，成为世界各国的重要新兴产业。

＊经典案例＊

瑞士达沃斯小镇

达沃斯风光旖旎，景色如诗如画，是欧洲人心中的"人间天堂"。然而，世界经济论坛在此举行前，它只是个默默无闻的小镇。自首届论坛以后，达沃斯举世瞩目，开了世界会议旅游史的先河。每年仅该论坛举办的几天内，达沃斯就可收入2000多万瑞士法郎。达沃斯立足会议，与瑞士各大旅游名城走差异化路线，凭依经济论坛扬名后，进一步放大原有的"滑雪胜地"优势，依托会议带来的知名效应继续做大旅游市场。当地又把从会议上的盈利，继续投入酒店、餐饮等旅游服务改善之中，形成旅游与会议相辅相成、相互促进的良好局面。如今，达沃斯这个小城要接待来自世界各地的230多万名游客（见图7-3）。

图 7-3　达沃斯小镇

（资料来源：《达沃斯小镇》，百度百科，https：//baike. baidu. com/item/ % E8% BE% BE% E6% B2% 83% E6% 96% AF% E5% B0% 8F% E9% 95% 87/3195148。）

（二）欧美地区会议发展概况

欧洲是现代会展产业的发祥地，1851 年在伦敦举行的万国博览会成为现代博览会的起始点（见图 7-4）。经过 100 多年的积累和发展，欧洲已成为世界上整体实力最强、规模最大的会展区域，会议市场份额一直高居榜首，但也是当今会展产业竞争最激烈的地方。每年在欧洲举办的贸易展览会约占世界总量的 60%，而且欧洲展览会规模巨大，参展商数量和观众人数众多，绝大多数世界性"航母"级超大型和行业顶级展览会都在欧洲举办。世界著名的国际性、专业性贸易展览会中，约有 2/3 都在德国举办。从总体上看，欧洲会展的质量、贸易效果和活动组织水平普遍高于其他地区，德国、法国、英国、意大利、西班牙、瑞士等国，不仅拥有许多著名的品牌会展，而且产业具有成熟度最高、产业集中度最高、活动组织水平最高"三高"特点，代表着当今世界会展产业发展的最高水准。

欧洲的德国会议产业始终在世界占据领先地位。2017 年，德国在国际大会及会议协会（ICCA）的排名中连续第 14 年位列欧洲第 1 位，全球排名仅次于美国。据 ICCA 的统计数据，2017 年在德国举办的国际协会大会为 682 个。国内市场上，据德国会议活动晴雨表（Meeting Event Barometer

图 7-4 万国博览会

Germany）统计，2017 年，约有 4.05 亿人参加德国的各项会议和活动，较 2016 年增长 2.8%。德国所有会议和活动的数量在 2017 年达到 297 万件，较 2016 年减少了 1.7%。德国的会议与活动整体呈现非常积极的发展形势。2017 年，在德国举办的各类会议和活动中，大会、会议和研讨会占绝对主导的类型，数量占比达 57.8%。

北美洲的美国，是世界最著名的国际会议举办地，举办的会议场次在全球遥遥领先，会议产业也同样取得令人瞩目的成绩。美国会议产业按照会议类型划分包括三类，第一类是一般性会议，即 Meeting，包括企业会议、协会类机构举办的中小型会议等；第二类是 Convention，主要指的是大型会议，每年或者是每两三年定期举办的年会，主办者通常是协会类的组织，往往带有展览，规模比较大；第三类是 Incentive，主要是指奖励会议、活动、旅游。在 2011 年 2 月 CIC 公布的《美国会议产业影响力研究报告（初期）》中显示，2009 年，美国总参会人数达到 2.05 亿人次，对美国国内生产总值的贡献为 1060 亿美元，产生的联邦税收、州级税收和地方税收总计达 256 亿美元。而在 2012 年，在美国召开的会议数量超过 180 万个，美国会议业对国内生产总值（GDP）的贡献达 3938 亿美元，按照 2012 年美国约 15.7 万亿美元的国内生产总值计算，美国会议业产值占国内生产总值的比重约为 2.5%，创造的联邦税收、州级税收和地方税收总计达 887 亿美元，三年内美国会议业创造的税收增加了近 2.5 倍，高于电影和录音、航空运输、铁路运输等其他产业。美国会议业除了对国内生产总值和税收等方面产生巨大影响，在就业、劳动收入等方面也起着巨大的作用。2012 年，会议业为美国提供了约 530 万个就业岗位，并创造了约 2346 亿美元的总劳务收入。相关新闻显示，到 2020 年，美国将创造 2000 万的就业岗位，与 2010 年相比，就业总人口将增加 14.3%，其中与活动策划相关的职业需求更有显著增长。2019 年，美国举办的国际会议达 934 场，高居榜首。随着经济逐步复苏和企业全球化发展，美国企业将需要越来越多的会议活动策划人员。

另外，巴西是美洲地区的后起之秀，在 2005～2014 年共举办会议 2794 场，跃居世界前 10 位。

（资料来源：《美国会议产业经济影响力报告摘要》，http：//info. meadin. com/meetings。）

（三）亚洲地区会议发展概况

随着亚洲国家经济的发展，亚洲会场份额在稳定增长，并在 1993～1997 年超过了北美洲，位居全球第 2 名。从展馆数量和展馆面积上，亚洲 5000 平方米以上的展馆有 200 多个，仅次于欧洲和北美洲，总面积占全球面积比重的 20% 以上。亚太地区展览场馆的室内总面积增长最快，在 2006～2011 年增加 9.6%，在 2011～2013 年增加 5.1%，远远超过了世界平均水平，并且 2013 年其场馆数量和面积仅次于欧洲，已遥遥领先于中东、非洲以及美洲。2019 年，亚洲共计举办 2672 场国际会议。与欧美地区相比，亚太地区的发展速度更快，发展潜力还很大。

以新加坡为例，新加坡被称为"国际会议之都"，是亚太地区会展业最为发达的国家和地区之一。该国会议业开始于 20 世纪 70 年代，经过几十年的发展，已享誉整个亚洲甚至全球。2007 年新加坡举办了 400 多场大型国际会议，第一次被国际协会联盟（UIA）评选为"世界第一大会议城市"，1983 年新加坡被国际协会联盟授予"亚洲最佳会议城市"荣誉称号，标志着新加坡会展业已取得了亚洲霸主地位；2000 年、2008 年新加坡被国际协会联盟分别评为世界第五大"会展之都"和"全球最佳会议城市"，标志着新加坡成为世界会展强国。2012年，在新加坡举办的会议共有52场，其中有150场是ICCA会议，在当时全球前10名的城市中唯独新加坡是亚洲城市。2013年，共有994场符合国际协会联盟标准的会议在该国举办，比上年增长了4.4%，再次荣获"国际最佳会议国家及城市"的称号。2019年共举办148场，新加坡仍然是举办国际会议最多的亚洲城市。新加坡会议业的成功重在创品牌，强调服务取胜，最主要的是提高展会的质量，管理上提倡简单高效。

此外，亚洲的日本、泰国、中国等国的会议业也通过不断地发展，形成了自己的优势并各具特色。

＊知识链接＊

国际会议认定权威组织

1. ICCA国际会议标准

ICCA，The International Congress & Convention Association，即国际大会及会议协会，创建于1963年，是全球国际会议最主要的机构组织之一。现有成员数目已经超过了720个，遍及近80个国家。在会议领域内，它是最具有国际影响性的协会。

ICCA规定的国际会议标准有三个：至少有50个参加者；定期组织举行会议（不包括一次性会议）；必须在至少三个国家举行。

北京市旅游局、北京国际会议中心、上海国际会议中心都是它的会员单位。目前，在国内见到的有关国际会议的统计数字，大部分来源于ICCA的统计资料。

2. UIA国际会议标准

UIA，Union of International Associations，即国际社团组织联盟，创建于1907年，是全球国际社团组织最主要的机构组织。北京国际会议中心曾经是该组织的会员单位，由于台湾问题，北京国际会议中心退出了该联盟。现在国内很少使用UIA的统计数据，所以这个组织在国内没有什么太大的影响，但在国际上，它还是一个很重要的国际会议组织。

UIA规定的国际会议标准有四个：至少有300个参加者；国外参加者至

少占总量的 40%；参加会议的国家至少有 5 个；最短会期为 3 天。

（资料来源：《会议》，百度百科，https：//baike.baidu.com/item/%E4%BC%9A%E8%AE%AE/9531378。）

技能训练

1. **课堂讨论**

华夏企业协会举办了"华夏公司融资操作研讨会"，此次会议邀请了国内一批顶尖的经济学家、管理学家到场发表演说，各大媒体闻风而动，齐聚会场。秘书邓琳琳负责会议的信息宣传工作。她因事先对情况估计不足，当许多记者向她索要新闻稿、宣传资料、专家讲座大纲时，无法满足对方的要求，无法为领导提供适用的信息。

思考：

（1）这属于哪种类型的会议？

（2）秘书邓琳琳的工作存在哪些问题？其原因是什么？应如何改进？

2. **案例分析**

万国博览会（伦敦世界博览会）

英国工业革命以后，英国为了展示史无前例的昌盛和强大，于 1851 年举行了世界史上的第一次博览会。为此，在伦敦海德公园修建了专门的会址。会址建筑是一座像温室一样的巨大玻璃房子，起名叫"水晶宫"。维多利亚女王的丈夫艾伯特亲自组织万国博览会的工作。博览会展示了英国的财富和技术成就，标志着英国作为"世界工厂"的繁荣和昌盛。万国博览会是一项由主办国政府组织或政府委托有关部门举办的有较大影响和悠久历史的国际性博览活动。它已经历了百余年的历史，最初以美术品和传统工艺品的展示为主，后来逐渐变为荟萃科学技术与产业技术的展览会，成为培育产业人才和一般市民的启蒙教育不可多得的场所。

全班讨论：

（1）为什么万国博览会最早产生于英国？

（2）英国修建万国博览会会址的目的是什么？其意义和影响是什么？

训练要求：

（1）学生应上网查阅英国万国博览会建立的历史背景，记录资料并展开分析。

（2）教师应对课堂讨论进行点评、总结。

任务测试

1. 简述会议产业的含义和特征。

2. 联系现实，谈谈我国的会议现状。

3. 简要分析美国的会议市场及对社会的影响。

内　容		评　价		
学习目标	评价项目	个人评价	小组评价	教师评价
专业知识	会议产业的含义	Yes/No	Yes/No	Yes/No
	会议产业的特征	Yes/No	Yes/No	Yes/No
	中国会议市场状况	Yes/No	Yes/No	Yes/No
	欧美会议市场状况	Yes/No	Yes/No	Yes/No
专业能力	分析会议对社会的影响	Yes/No	Yes/No	Yes/No

学生完成任务后的反思：

师生课堂教学评价：

教学评价

1. 通过本任务的学习和训练，你是否达到学习目标？请学生、老师进行客观评价。

2. 反思自己在训练中的表现，请对自己的收获、不足、改进措施展开思考。

3. 师生从教学方法、教学技能、教学媒体三个维度共同对本任务的课堂教学进行分析与评价。

第二节　中国会议教育现状

学习目标

◆ 了解我国会议教育的背景

◆ 熟悉我国会议教育的状况

◆ 能对我国会议教育提出改进办法

任务描述

陈玉在大学读的是文秘教育专业，后来通过考试进入一所职业院校担任文秘专业的"会议管理"课程老师。在教学过程中，她将以前自己老师的教学方法运用于学生的教学，结果发现许多学生不是在睡觉就是在玩手机或者是发呆，她感到迷惑不解。后来，她与同事进行了交流，并虚心向老教师、教研室主任请教，改变了教学方法，教学效果得到很大提高。

任务分析

陈玉老师遇到的问题折射出了当今中国会议教育的缺陷。总体而言，我国的会议教育起步较晚，在专业建设、课程建设、人才培养等方面均取得了一定成果，但也存在理论化过强、与实践脱节，人才培养与会议市场需求的对接不足等问题，需要从师资、教材、教学方式、实践平台等方面加强创新与建设，才能促进我国会议教育的发展，培养出合格的会议相关人才。

知识准备

一　我国会议教育的产生

中国经济步入新常态，会议产业得到庞大的发展，会议产业更是以1：9的高额经济效益获得了全国各省区市各类机构、高校的积极关注，而会议业发展的模式，即会中有展、展中有会的形式则进一步推进了会议产业的发展。从2004年开始，我国的高校开始设置会展相关专业，以及与会议相关的专业课程，我国的会议教育在某种程度上可以说是在会展背景下产生的。

二　我国会议教育存在的问题

我国会议产业市场不断扩大，对会议人才的需求也是巨大的。但从业人员素质不高、专业人才缺乏已经成为阻碍会议业发展的重要瓶颈。主要原因如下。

（一）会议教育体系不够完整

目前，我国对会议业的研究经常将会议、展览、旅游三个运作方式和工作流程各异的产业捆绑研究。尽管三者关系紧密，但在所依托资源、产品类型、产生背景、经济性质等方面都不同，运作机制也不同。会议教育一直都依附于会展、旅游、工商管理等行业及学科，缺乏独立的一套教育体系。

（二）会议教育的培养目标不够明确

许多高等院校，对会议人才的培养缺乏明确定位，对会议人才的市场需求、人才培养的类型和结构，以及会议人才的就业状况不太了解，使培养的职业人才缺少特色性、应用性、针对性，未能有效实现培养高技能实用型人才的目标。

（三）课程设置不够合理、教材编制缺乏科学性

我国现在对会议教育的课程配置不够合理。更多的是注重展览业人才的培养和输出，在课程的设置上更是重展览而轻会议。高校中的会议教育大多是为了辅助会展业服务而设立的。

会议教育类的教材多采用的是文字形式，缺乏课外实践活动以及课堂互动练习，及时更新的引例更是少之又少。课程内容大多锁定在会议的文案写作、会议组织的一般流程上，不注重培养学生对会议的操作性训练。

（四）师资队伍缺乏专业经验

高校很多会议教育者属于半路出家，在任教之前缺乏会议的策划和组织的实战经验，在课堂讲解时很难设身处地地对知识点进行生动讲解，采取的方式是课堂灌输式的教育，对教学效果的提高产生很大的约束。

（五）教育方式比较死板

由于教材的限制，学校硬件设备的不足，很多高校、职业院校还在实行

"填鸭式"理论教学，既没有充分发挥多媒体和网络等现有教育器材的最大作用，也没有建立会议模拟实训室。授课时没有结合新闻和实际事例来说明会议的具体操作流程，多是纸上谈兵，学生的思维难以扩展。

（六）缺乏校企合作的实践教学机制

高校会议教育缺乏产教融合、校企合作的意识，会议实践化教学观念比较薄弱，实践教学体系不够完善。学生低层次、简单化的实践内容较多，高层次、系统化的实践内容相对缺乏。学生多是重复会议的某一项服务工作，而很少有机会全程参与整个会议的运作过程，缺乏足够的实践平台去检验学习成果，这导致了理论与实践脱节，学生学到的知识和技能还远不能满足业界的实际需求。

三　我国会议教育发展的思路

会议组织管理和策划、会议服务是会议产业急需的两类实用性人才，为使会议人才的培养既符合教育规律又适应市场需求，我国的会议教育必须在以下方面加强建设。

（一）完善会议教育体系

教育界和学术界应给予重视建立完善的会议教育系统，促进会议教育的网络信息化，对会议业人才进行规范化、系统化、专业化的教育，成立专业、权威协会对会议教育进行研究，让会议教育在 21 世纪这个网络时代更好地成长。

（二）合理设置会议课程

在高校的会议教育教学中，进行系统化、专业化的教育，根据会议市场化运作的要求，开设对应课程以培养学生组织策划、会议市场开拓、会议服务管理、会议客户关系管理、会议立项及产品营销宣传、会议礼仪等方面的能力，在成绩考核时不仅仅注重学生的理论知识掌握是否到位，更要注重的是实际操作能力的考核，这样会议教育才可以更好地对企业输出对口人才。

（三）加强教材编制

针对当前教材编制内容空洞乏味的问题，可以适时地更新教材内容，适当地加入会议组织以及现场的图片，随书附带光盘以视觉欣赏方式介绍代表性会议的组织过程以及现场管理和服务的概况，会议教育需收集代表性会议的组织视频，教师可以在课堂上通过视频播放与学生进行互动答疑，学习会议的专业化、规范化的组织形式。在实践课堂上可以进行小组分工，现场模拟会场管理。

（四）加强"双师型"队伍建设

"双师型"的教师队伍是提高会议教育教学质量的关键。高校要舍得投入，加大对师资的培训力度，有计划地安排教师到会议企业进行专业实践，提高专业教师的实践能力、动手能力和科研能力；定期组织会议教育者和研究者与会议企业人员进行互动交流，掌握行业发展现状和市场人才需求的最新动向，促进教学与时俱进，不断学习会议知识和掌握实践要领，实现企业与会议教育者相结合；给予教师到会议产业先进国家和城市培训的机会，以便了解会议产业最新发展状况、研究成果以及会议教育的课程设置等；企业应向学校派遣兼职教师，充实教师队伍，真正实现校企合作育人。

（五）创新教育方式方法

利用各大高校现有的多媒体等硬件资源，以更多会议现场的所见所闻来结合教材的理论知识，不仅要教会学生会议的理论知识，更要渗透到实践的会议活动中去，将理论作为实践的思想指导。要改善以往仅仅对会议理论知识的考核方式，探索团队合作实地操作考核方式，培养团队精神，有效地了解学生的理论渗透程度，并根据学生的实践表现进行教学策略上的改进。此外，为凸显会议的开放性、国际性特征，可以探索国际化合作办学模式，利用国内外会议教学资源，吸收国外会议教育的先进经验，培养适合我国会议产业的高质量人才。

（六）校企共建实践平台

本着互利共赢的原则，建立"产学研"战略合作模式，打造学生的实践平台，校企双方共负重责。从学校方面来说，首先应选取综合实力强、在业内有代表性的大型会议企业或组织作为实践教学基地，校企双方共同进行教学基地建设，使学生的实践能够循序渐进，由低层次、简单化的内容发展到高层次、系统化的实践内容；其次，高校还要重视校内实训平台的建设，如会议实训室、实验室等，以弥补校外基地在实践内容及时间安排等方面的不足。

[资料来源：陈颖、苏英：《中国会议教育的现状问题与对策研究》，《中小企业管理与科技（上旬刊）》2015 年第 4 期，http：//jjxj. org/guanlixue/show-2221-2. html，有改动。]

技能训练

1. 课堂讨论

（1）你接了个机密型的会议服务，当你续完茶水后，会议主办方告诉你不用站立会场，如有需要再通知你，但要确保任何人都不允许进入会场。没过一会儿，来人说有非常紧急的情况需及时告知正在与会的一位客人，如不及时告知可能造成很严重后果。这时你该怎么处理？

（2）在会务服务过程中，客人请你外出帮忙买东西或办其他事，该如何处理？

2. 课外调研

（1）学生分组，选择 2 所开设会展专业、文秘专业的院校，调查了解其对会议类课程以及学生会议组织与服务能力培养的具体教学内容、教学方法、实训条件。

（2）小组根据调研结果撰写调研报告，并需在课堂进行汇报。

任务测试

1. 简述我国会议教育存在的问题及改进策略。

2. 搜集有关我国会议教育的文献资料并作简要评述。

教学评价

1. 通过本任务的学习和训练，你是否达到学习目标？请学生、老师进行客观评价。

2. 学生反思自己在训练中的表现，请对自己的收获、不足、改进措施

展开思考。

3. 师生从教学方法、教学技能、教学媒体三个维度共同对本任务的课堂教学进行分析与评价。

内　　容		评　　价		
学习目标	评价项目	个人评价	小组评价	教师评价
专业知识	我国会议教育产生背景	Yes/No	Yes/No	Yes/No
	我国会议教育存在的问题	Yes/No	Yes/No	Yes/No
	我国会议教育改进的策略	Yes/No	Yes/No	Yes/No
专业能力	分析我国会议教育现状	Yes/No	Yes/No	Yes/No

学生完成任务后的反思：

师生课堂教学评价：

第三节　国际国内会议市场发展趋势

学习目标

◆ 了解国际会议市场发展趋势

◆ 熟悉我国会议市场发展趋势

◆ 能对国际国内会议市场进行对比分析

任务描述

星光公司虽然成立时间只有3年，规模也不太大，可是业务在国内的市场迅速增长，并已在3个省份设立了分公司。公司的王总经理于是开始考虑利用移动互联网这个平台，增加新的会议模式，以提升会议的效率。一天，他把秘书小米叫到跟前，问他是否了解当今时代兴起的视频会议、会议App等，小米一下子觉得蒙了……

任务分析

随着科学技术的不断创新以及科技成果尤其是互联网技术的广泛运

用，会议的理念、组织与形式也在不断地丰富与创新。作为企业的秘书，小米应与时俱进，主动关注国际国内会议市场发展变化动态，学习相关的新型会议知识和技术，才能更好地为领导和企业服务、提升企业的会议质量。

知识准备

一 国际会议市场的发展趋势

关于对国际会议未来发展趋势的分析，以下数据均采用 ICCA 国际会议标准。

趋势一：全球国际会议的数量不断增长

相关统计显示，1963～2012 年全球共举办了 173432 场会议。1995 年，全球共召开国际会议 3000 场，到 2004 年增加到 4804 场，平均年增长率为 6%。但从 1963～1967 年的 1795 场，到 2008～2012 年的 54844 场，其数量则是以年均 10% 的速度指数增加。2019 年 ICCA 国际会议统计报告在 5 月份发布，通过报告的调研数据发现，从数量方面，全球国际会议数量出现增长态势，2019 年甚至创出新高，共举办了 13254 场国际社团会议，相比 2018 年的 12937 场增加了 317 场，增幅约为 2.45%，会议数量仍保持持续上升状态。

趋势二：欧洲将持续拥有最高市场份额

欧洲在国际会议的市场份额中一直处于领先地位，1995 年欧洲举办国际会议 858 场，拥有 57.9% 的市场份额，此后一直处于增长状态，2004 年，市场份额增加到 59.1%；2019 年，欧洲共计举办 7033 场国际会议，亚洲共计举办 2672 场国际会议，北美共计举办 1472 场国际会议，拉美地区共计举办 1160 场国际会议，非洲、大洋洲以及中东地区分别举办 415 场、345 场、157 场国际会议。从国家角度分析，美国 2019 年举办的国际协会会议数量最多，达到 934 场，紧随其后第 2 至第 5 分别是德国、法国、西班牙和英国，分别举办 714 场、595 场、578 场、567 场，由此看出，国际协会会议仍以欧洲为主。

* 经典案例 *

为了 G20 峰会，德国也是拼了！

2017 年 7 月 7~8 日两天的 G20 峰会举行期间，20 国政要，6500 名各国代表齐聚德国汉堡。为此德国在汉堡投入 1.5 万警力，62 匹警用马匹、153 只警犬，11 架直升机及大批路障，安保费加上会议组织费用共计投入 1.3 亿~1.85 亿欧元。汉堡展览会厅、易北爱乐音乐厅成了安保的重点关注对象。本次 G20 峰会，是汉堡近年来举办的最高级别的会议，前期准备已达一年，投入可谓前所未有。邻国增援齐上阵。本次为 G20 峰会投入的 1.5 万警力中，除去德国本土警力，还有从邻国荷兰、奥地利和丹麦而来的警力支援，一律配枪。装甲车、直升机和水炮车纷纷亮相。

（资料来源：《1.5 万警力投入和 1.8 亿欧预算——为了 G20 峰会，德国也是拼了！》，搜狐，https：//www.sohu.com/a/15055 4157_ 170331。）

趋势三：在亚洲召开的国际会议数量大幅提高

图 7-5　会议酒店

1995~2004 年，在亚洲及中东地区召开的国际会议数量大幅度提高，其中 1995 年有 497 场，2004 年增加到 868 场，增长幅度很大。2004 年国际会议接待数量世界排名前 40 位的城市中，亚洲城市有 9 个，分别为新加坡、中国香港、北京、首尔、吉隆坡、曼谷、台北、上海、东京，占总量的 22.5%。2010~2019 年，亚洲及大洋洲举办国际会议 27743 场，而中国共计举办会议 4635 场，占总数约 16.7%，显示出中国仍然是亚太地区最主要的国际会议目的地之一。

知识链接

"因为他们想要成为第一"

新加坡何以成为亚洲第一的国际会议城市，新加坡的会议从业者认为，这与政府积极的执政理念以及有效的运作模式密切相关。第一，政府角色。主要包括：一是定位正确——新加坡政府认为 MICE 是旅游业的重要组成部分，应当纳入旅游业的框架中来促进和发展；二是管理得当——专门的机构和人员，针对性的政策和扶持资金，系统性的推广计划等；三是协调到位——政府与企业有机结合，形成了一套统一而协调的市场运行机制；四是理念先进——国际化的视野，创新性的思维模式；五是举措果断——新加坡近些年推出的滨海湾金沙和名胜世界，排在全球最具影响力综合体设施的前列，涵盖会议、展览、奖励旅游以及娱乐、购物、美食等，成为新加坡推动新时期会奖旅游业发展的重要抓手。第二，MICE 市场环境。受访者认为，新加坡有着亚洲最理想的举办国际会议的环境，包括合适的地理位置、便利的交通、良好的城市形象、国际化的语言环境、完善的会议展览设施、无可挑剔的服务等。第三，办会性价比。一是新加坡国际化程度高，城市品牌形象好，对于参会者有很强的吸引力；二是政府积极协助、企业服务到位，会议的综合效果不错；三是虽然新加坡办会的收费用稍高，但其性价比合理，能被接受；四是滨海湾金沙、圣淘沙等特色鲜明的综合性设施，对于企业会议与奖励旅游活动很有吸引力。

（资料来源：《新加坡何以位居亚洲第一国际会议城市》，中国贸易新闻网，http://www.ccpit.org/Contents/Channel_ 3432/2015/0421/456905/content_ 456905.htm。）

趋势四：中国接待国际会议数量跻身世界前列

在我国召开的国际会议数量逐年提高，1995 年世界排名第 15，接待国际会议 56 场，占全球国际会议数量的 1.9%；2004 年世界排名第 13，接待国际会议 120 场，占全球国际会议数量的 2.5%（大陆地区加上香港地区，则世界排名第 6）。

我国接待国际会议主要集中在北京和上海两座城市，北京处于稳步增长状态，国际会议接待数量从 1995 年的 38 场增加到 2004 年的 65 场；上海接待数量快速增长，1995 年只有 3 场，2004 年增加到 31 场。2004 年国际会议接待数量排名表中，北京排在第 10 名，上海排在第 35 名。

2019 年，中国（不含香港、澳门及台湾地区）仍然是举办国际会议最多的亚洲国家，2019 年举办 539 场国际会议，比 2018 年增加 37 场，增长 7.4%。值得注意的是从 2010~2019 年的数据来看，北京共举办 1228 场国际会议，在亚太地区排在第 3 位，仅次于新加坡的 1543 场和首尔的 1343 场；而中国的另一座城市上海则以 847 场位列第 7，这样充分说明中国的会议城市在这 10 年中经历了快速的发展，并逐渐受到国际会议主办方的欢迎，这也从一个层面说明了中国在世界上的影响力日益巨大。

（资料来源：高峰：《国际会展的发展趋势》，http：//www.chinairn.com/doc/70300/277133.html。）

＊知识链接＊

ICCA 中国委员会

为进一步推进中国会议市场发展，吸引招徕更多的国际大会和协会会议来华举办，2010 年 9 月 21 日，上海联手北京以及国内其他 ICCA 会员单位，以北京奥运会和上海世博会的成功举办为契机，成立了 ICCA 中国委员会。它的成立是中国会议发展的里程碑，标志着中国会议业有了一个专门组织和专业团队，同国际组织之间的交流与合作将更加密切，从而增强中国会议旅游业的国际竞争力，共同推动中国的会议旅游市场的发展。

（资料来源：《ICCA 中国委员会》，360 搜索，https：//m.baike.so.com/doc/404390-428219.html。）

趋势五：混合式会议（线下＋线上）将逐渐得到推广

因 2019 年突发的疫情而一飞冲天的视频会议、会议直播，到今天发展势头依然很猛，多个信号显示，视频会议很可能将持续增长。当然，线下会议在复苏后仍将得到发展。

混合式会议是线下会议和同期的线上会议的组合，既有现场听众和常见的背景板、LED、讲台和餐饮、展览展示，也有在外地/境外的主持人、演讲人和观众同时参与讨论分享、互动，另有一部分观众观看同步的直播。

VOK DAMS 是欧洲知名的活动营销公司，CEO Colja Dams 说，"2021 年将是混合活动的时代。2019 年前是 Live Event（现场活动），2020 年可谓 Virtual Event（虚拟活动）时代，但 2021 年开始，我们将迎来 Hybrid Event（混合活动）线上线下共存的时代。"

二　国内会议市场的发展趋势

我国会议市场已经开始进入一个快速增长时期，未来将出现以下发展趋势。

（一）会议的专业性将不断增强

会议愈来愈受到会议组织机构的重视，专业性不断增强。会议产业链的专业分工也将更为明晰。会议策划与组织的效果越来越好；会议中心与会议酒店硬件设施快速改善，服务水平也进一步提高；作为第三方的专业会议公司更是有了突飞猛进的发展，行业影响力不断提升。

（二）会议理念将不断转变

人们不再仅仅满足于"为开会而开会"，"会议"中将有更多的休闲、健康、享乐等方面的元素体现出来。随着政府、公务会议市场的变化，会议市场的需求方式变化，竞争将更为激烈的细分市场边界渐渐模糊。目前五星级酒店都有强大的会议功能，酒店的商务、会务、旅游的功能已经界定不清。用会议带动酒店的发展模式已成为酒店创收、盈利的一种运营模式。

（三）会议策划将更为丰富、更具选择性

会议策划中，"会议目的地选择"与"会议附加活动丰富程度"，已经超过了"会议内容"，成了参会代表决定是否参加某个会议的最优先考虑的选项。"会议目的地"包括：国家、城市、区域、会议中心、度假村等。"会议附加活动"包括：在时间安排上有会前活动、会中活动及会后活动等；在内容上有主题相关活动、餐饮活动、娱乐活动、旅游活动、体育活动等。

（四）政府机构在会议产业中的作用将更加凸显

会议业与旅游业、展览业一样，既是市场经济的产物，受市场经济运行规则所支配，但又离不开政府的管理、扶持和协调，许多大型的国内国际会议都是由政府宏观运作而举办的。会议产业在我国还是一个新兴产业，需要政府认证分析会议产业的基本走向，把握会议市场的真正需求，并据此制定出符合我国会议产业实际的政策措施，只有这样，才能在未来会议市场的竞争中立于不败之地。

（五）配套齐全、设施一流的度假型会议中心（convention resort）将成为我国会议市场上一大热点

会议中心包括城区与郊区两大类，城区会议中心作为城市功能的有机组成部分，多为政府投资；郊区会议中心一般为企业集团投资，即所谓打造一个"会议目的地"。美国迪斯尼、Gaylord、金沙等企业集团等在美国有数十家这一类型的会议度假村。从数据分析来看，2018 年，我国 26.1% 的国际会议在会议酒店举行，20.3% 的国际会议在大学院校举行，9.8% 的会议在专业的会议会展中心举行，而只有 0.7% 的国际会议是在特色场所举行。

（六）品牌会议快速增多，会议规模不断增大

随着竞争的加剧，各酒店或会议中心会针对市场需求以及自身产品特点，整合优化自身会议产品资源，更新设施设备和技术，提高会议服务的精细、快捷化程度。

以上海国际会议中心为例，该会议中心作为全国第一批因市场需求而建的会议型酒店，每年都接待 700 多场会议，其中国际性的会议占到 1/10 左右。其优势主要体现在以下三个方面。①品牌效应强大。上海国际会议中心完成了"财富"全球论坛、APEC 领导人峰会及系列会议、第 35 届亚洲发展银行年会、APEC 第五次电信部长会议、联合国亚太经社会第 60 届会议等国内外重要会议及政要接待任务，接待过 60 多个国家的总统和 20 多个国家的总统夫人，为上海国际会议中心品牌在会议市场上奠定了基础。②软实力过硬。品牌的优势需要有一支技术过硬、素质高的管理团队，打造精品会

议更需要这样一支队伍。深化和细化服务管理，打造精细化管理，提高自身的竞争能力一直是上海国际会议中心的工作之重。③清晰的会议设计流程环境。上海国际会议中心始终致力于向会议客人提供方便、清晰的会议服务流程。

（七）会议将趋于节俭、高效、数字化

新技术将大面积在会议产业中应用，微信、微博等移动互联技术逐渐融入会议产业，可以起到全面、快捷、准确的功效。无论是会议场所还是会议公司，在提倡节俭高效的大环境下，提供更加高效精细的服务将成为企业、会议活动甚至产业的核心竞争力。

* 知识链接 *

云会议是基于云计算技术的一种高效、便捷、低成本的会议形式。使用者只需要通过互联网界面，进行简单易用的操作，便可快速高效地与全球各地团队及客户同步分享语音、数据文件及视频，而会议中数据的传输、处理等复杂技术由云会议服务商帮助使用者进行操作。目前国内云会议主要集中在以 SAAS（软件及服务）模式为主体的服务内容，包括电话、网络、视频等服务形式，如好视通云会议、视高云会议、全时云会议，基于云计算的视频会议就叫云会议。云会议大大提升了会议的方便性、快捷性、稳定性、安全性、可用性。云会议是视频会议与云计算的完美结合，为与会者带来了最便捷的远程会议体验。

* 案例展示 *

受新冠疫情影响，2020 年 6 月 15~24 日的第 127 届广交会首次从实体展馆迁移到网上展示，海内外近 2.6 万家企业、16 个大类的 180 万件商品参展。平台提供全天候网上推介、供采对接、在线洽谈等服务。其中宁波交易团参展企业 1184 家，数字展位 1662 个，数字展位规模居全国第 4。为迎接"网上广交会"，早在 4 月中旬，宁波交易团就拟定了网上广交会总体方案，明确了工作重点，全面为参展企业做好各项服务保障。为帮助企业尽快熟悉网上参展流程和直播业务，宁波市商务局专门在 2020 宁波"云洽会"期间，举办了 4 场网上消博会的系列配套活动，通过"方舱展厅"接入国

际快线，组织 182 家境外采购商、284 家宁波供货商开展了 716 场次的网上视频对接洽谈。每场全球网上展均安排了直播，使宁波企业积累了丰富的网上展会实战经验，也为本次网上广交会做了充分的预热准备。

（资料来源：《第 127 届广交会宁波再次探索"方舱展厅"模式》，百度快照，http：//www.hweelink.com/articles/1785.html。）

技能训练

案例分析

中国进出口商品交易会，又称广交会，从 1957 年起每年的春秋两季在广州举行。迄今为止已有近 60 多年的历史，共举办了 127 届。从 101 届起，"广交会"更名为"中国进出口商品交易会"。它是中国目前历史最长、层次最高、规模最大、商品种类最全、到会客商最多、成交效果最好的综合性国际贸易盛会。所以它被称为"中国第一展"。第一届广交会参展国家和地区 19 个，展览面积 9600 平方米，参展客商 1223 位，展出商品 12000 多种，交易额 1755 万元。春秋季两届的成交总额占全国创汇总额的 20‰。2004 年广交会的展览面积达到 55.5 万平方米，已达到世界单年期展览会面积的第 2 名。到 2011 年春季展会，展览面积 116 万平方米，展览数量 58699 个，参展商数量 24415 个，出口成交额 368.8 亿美元。在广交会的创办初期，主要是以农副土特产为主。20 世纪 90 年代，机电产品、高新科技产品、高附加值产品和日用消费品逐步成为广交会的主导产品。混合参展商为广交会的主要特色，从单一的出口交易会变成了进出口交易会。1957~2011 年，累计出口成交额约 8892 亿美元，累计境外采购商约 572 万人，参展国家地区数量增加 11 倍，参展客商数量增加 20 倍，布展面积增长 120 倍，出口成交额增加 2100 倍。2019 年，中国对外贸易中心（集团）经营收入位列世界各大展览机构第 4；所经营的广交会展馆办展面积达 752.4 万平方米（含广交会），列世界展馆之首；自主举办的家博会、建博会、汽车展均为世界知名品牌大展。2013~2016 年连续 4 年被评为中国服务业企业 500 强，2013~2018 年连续 6 年被评为广东省企业 500 强、广东省服务业 100 强。

思考：

（1）广交会在其发展历程中出现了哪些变化？发生这些变化的根源是什么？

（2）广交会的主要特色是什么？

（3）广交会办会成功的经验是什么？

训练要求：

（1）要求学生在完成思考题前，自主上网查阅广交会的相关资料及评论。

（2）课堂展开讨论，取长补短，完善各自的答案。

任务测试

1. 简要分析我国会议市场的发展趋势。

2. 上网收集资料并记录，会议市场还有哪些发展趋势？

教学评价

1. 通过本任务的学习和训练，你是否达到学习目标？请学生、老师进行客观评价。

2. 学生反思自己在训练中的表现，请对自己的收获、不足、改进措施展开思考。

3. 师生从教学方法、教学技能、教学媒体三个维度共同对本任务的课堂教学进行分析与评价。

内　容		评　价		
学习目标	评价项目	个人评价	小组评价	教师评价
专业知识	国际会议市场的发展趋势	Yes/No	Yes/No	Yes/No
	国内会议市场的发展趋势	Yes/No	Yes/No	Yes/No
专业能力	会分析会议市场发展动态	Yes/No	Yes/No	Yes/No
学生完成任务后的反思：				
师生课堂教学评价：				

参考文献

1. 向国敏：《会议学与会议管理（第二版）》，首都经济贸易大学出版社，2016。

2. 张芹玲、宋菲：《会议策划组织与会议文书》，科学出版社，2012。

3. 钟文、刘松萍：《会议策划实务》，重庆大学出版社，2016。

4. 向阳、强月霞：《会议策划与组织》，重庆大学出版社，2000。

5. 杨冰：《办公有招法：4步就能办好会》，中共中央党校出版社，2015。

6. 王瑞成、成海涛：《会议组织与活动策划》，华中科技大学出版社，2015。

7. 黄立新：《会议组织与管理》，高等教育出版社，2015。

8. 专业会议管理协会主编《会议圣经专业会议管理完全手册》，明月、英双译，电子工业出版社，2016。

9. 周健华：《会议策划与组织》，北京师范大学出版社，2018。

10. 向阳：《秘书会务管理》，北京大学出版社，2011。

11. 梁春燕、李琳：《会议组织与服务》，北京大学出版社，2015。

12. 童以鸿、石含洲：《会议组织与服务》，科学出版社，2014。

13. 李强华：《办公室事务管理》，华中科技大学出版社，2014。

14. 葛红岩、施剑南：《会议组织与服务——知识·技能·案例·实训》，上海财经大学出版社，2011。

15. 张浩：《新编办公室工作规范管理实务大全》，海潮出版社，2014。

16. 胡伟等：《会议管理》，东北财经大学出版社，2009。

17. 李艳婷：《现代会议组织与服务》，中国人民大学出版社，2012。

18. 张丽琍：《商务秘书实务》（第二版），中国人民大学出版社，2008。

19. 中国高等教育学会秘书专业委员会组编《秘书与会议组织和服务》，人民出版社，2007。

20. 高海生：《秘书基础》（第二版），高等教育出版社，2008。

21. 孟庆荣：《秘书工作案例及分析》，清华大学出版社，2007。

22. 杨素华：《秘书实务》，北京大学出版社，2008。

23. 杨树森：《秘书学概论教程》，安徽大学出版社，2005。

24. 白皓、孟海利：《商务秘书》，北京航空航天大学出版社，2009。

25. 杨锋：《秘书实务》，中国人民大学出版社，2011。

26. 杨锋：《秘书工作案例与分析》，暨南大学出版社，2010。

27. 赵志强：《会议管理实务》，中国人民大学出版社，2011。

28. 吴良勤等：《会议组织与管理》，中国劳动社会保障出版社，2011。

图书在版编目（CIP）数据

会议组织与服务 / 谢思著. -- 北京：社会科学文
献出版社，2023.6
（职教师资本科秘书学专业丛书 / 王雯主编）
ISBN 978-7-5228-1553-4

Ⅰ.①会…　Ⅱ.①谢…　Ⅲ.①会议-组织管理学
Ⅳ.①C931.47

中国国家版本馆 CIP 数据核字（2023）第 048327 号

职教师资本科秘书学专业丛书

会议组织与服务

著　　者 / 谢　思

出 版 人 / 王利民
组稿编辑 / 陈　颖
责任编辑 / 薛铭洁
责任印制 / 王京美

出　　版 / 社会科学文献出版社·皮书出版分社（010）59367127
　　　　　　地址：北京市北三环中路甲 29 号院华龙大厦　邮编：100029
　　　　　　网址：www.ssap.com.cn
发　　行 / 社会科学文献出版社（010）59367028
印　　装 / 三河市龙林印务有限公司

规　　格 / 开　本：787mm×1092mm　1/16
　　　　　　印　张：19.5　字　数：297 千字
版　　次 / 2023 年 6 月第 1 版　2023 年 6 月第 1 次印刷
书　　号 / ISBN 978-7-5228-1553-4
定　　价 / 98.00 元

读者服务电话：4008918866